À vos fouets, prêts…

Pâtissez !

43, quai de Grenelle – 75905 Paris, Cedex 15

BIBLE **Hachette**
de la pâtisserie

À vos fouets, prêts…
Pâtissez !

hachette
CUISINE

LA PÂTISSERIE

LA RENCONTRE DE LA PRÉCISION ET DE LA FANTAISIE

Cet ouvrage est d'une conception nouvelle : il n'est pas recueil de recettes comme le sont la plupart des livres de cuisine, mais plutôt précis de pâtisserie. Que ce terme ne vous fasse pas peur ! La théorie y a été remplacée la photographie. Elle ont pour but de vous apprendre à faire de la pâtisserie, et de vous donner l'envie d'en faire souvent. Un détail important pour les débutants : les chapitres commencent tous par une recette de base photographiée pas à pas, ce qui permet de présenter chaque opération. Toutes les préparations de base sont décrites en détail, avec les tours de main qui facilitent la tâche, les difficultés à surmonter et les écueils à éviter. Aucun doute, la réussite n'est pas laissée au hasard. Si donc vous vous posez des questions lors de la préparation ou de la cuisson d'une pâte, retournez à la page de la recette de base : vous y trouverez les réponses. La base comprise et assimilée, vous pouvez passer aux variantes associées. Nous décrivons leurs particularités, ce en quoi elles s'écartent de la recette de base, les petits trucs qui assurent leur réussite. Ainsi, de difficulté en difficulté, vous arriverez à confectionner de véritables chefs-d'œuvre, ceux qui demandent du savoir-faire et quelques essais, peut-être, et qu'il vous plaira de préparer, d'admirer et de savourer. Vous serez alors sans conteste devenu un spécialiste, et ce livre aura toujours de quoi vous intéresser : chaque chapitre est une source inépuisable d'idées, qui vous conduiront à des créations personnelles. Arrivés à ce stade de la maîtrise, vous saurez depuis longtemps que la précision est la base même de la réussite en pâtisserie. Précision dans les pesées et dans les mesures. Jamais un pâtissier ne travaille à l'à-peu-près. Les créations dont nous parlons sont plutôt une façon de combiner les différents éléments de base pour aboutir à de nouveaux délices. Un mot encore : ne commencez pas votre « apprentissage » par des choses trop difficiles ou trop longues à faire. Vous n'auriez pas le plaisir des petites conquêtes si vous livriez tout de suite bataille ! Et ne vous laissez pas décourager par des réussites « presque au point ». Certaines grandes pièces exigeront à coup sûr que vous recommenciez une, deux ou même trois fois…
Que de mots, mais il fallait qu'ils soient dits ! Passez maintenant à la pratique – c'est tellement plus intéressant !

SOMMAIRE

TECHNIQUES ET PROCÉDÉS

EN PÂTISSERIE, IL EST ESSENTIEL DE NE PAS IMPROVISER !

C'est en fait la différence entre la cuisine en général et la pâtisserie : alors que les grandes réussites culinaires sont souvent le résultat de l'esprit de fantaisie dont a su faire preuve le cuisinier, ajoutant une pincée de ceci ou une giclée de cela, en pâtisserie, il faut s'en tenir strictement à la recette. Une fois que la pâte est dans le four, on ne peut plus rien y changer. Et si on n'a pas respecté les proportions exactes, si on a modifié l'ordre dans lequel on ajoute les différents ingrédients, le résultat final est compromis. En procédant à l'à-peu-près ou en se montrant trop généreux, on ne va pas loin en pâtisserie !

L'ustensile le plus important : la balance

Il suffit de jeter un coup d'œil dans le fournil d'un pâtissier pour s'en rendre compte : en plein milieu, la balance occupe la place d'honneur. Et on ne verra jamais un professionnel improviser quand il est question de mesurer les ingrédients. Il faut les peser au gramme près. Les bonnes balances de ménage sont relativement chères. Elles doivent permettre de peser les grammes avec autant d'exactitude que les quantités plus importantes (jusqu'à 2 ou même 5 kg). Il faut qu'elles soient stables et ne puissent se dérégler d'elles-mêmes. Un verre doseur à lui seul ne suffit pas. Il peut tout juste convenir à doser les liquides. Il faut veiller à ce qu'il soit gradué pour les quantités inférieures au 3/8 de litre. Les verres doseurs les plus pratiques sont ceux qui portent également une graduation en centimètres cubes. Il ne peut donc être question d'en utiliser un pour doser les ingrédients solides tels que la farine, le sucre, etc. que s'il n'y a vraiment pas moyen de faire autrement.

Le rôle des œufs est déterminant

Dans les recettes de pâtisserie, on a l'habitude d'indiquer tout simplement le nombre d'œufs à utiliser. Pour les professionnels, cela ne suffit pas : ce n'est pas assez précis. Du gros œuf de plus de 70 g à l'œuf de poulette de 45 à 50 g, on trouve des œufs de toutes les tailles. Il est clair que cela influence la consistance de la pâte. Les recettes rédigées par les professionnels indiquent donc toujours le poids total des œufs à ajouter. Les œufs qu'on trouve le plus généralement dans le commerce pèsent en moyenne de 55 à 65 g. C'est sur ce poids que se basent les recettes du présent ouvrage. Il va de soi qu'on n'utilisera que des œufs frais. On les reconnaît au fait que leur blanc adhère fermement au jaune. Si on n'est pas sûr de leur fraîcheur, il est préférable de les casser un à un dans une tasse ou sur une assiette. Plus le blanc est liquide, moins l'œuf est frais. Quand le blanc se détache nettement du jaune, la prudence est de mise. S'il reste ne serait-ce qu'une goutte de jaune dans le blanc, il devient impossible de monter ce dernier en neige ferme !

Quand il s'agit de petites quantités

Voici ce que contient environ, selon le cas, une cuillerée à soupe ou à café rase :

FARINE

1 cuil. à soupe = 10 g
1 cuil. à café = 3 g

SUCRE

1 cuil. à soupe = 20 g
1 cuil. à café = 6 g

FÉCULE

1 cuil. à soupe = 9 g
1 cuil. à café = 3 g

BEURRE

1 cuil. à soupe = 15 g
1 cuil. à café = 5 g

SUCRE GLACE

1 cuil. à soupe = 10 g
1 cuil. à café = 3 g

CACAO

1 cuil. à soupe = 10 g
1 cuil. à café = 3 g

NOISETTES, AMANDES, ETC. MOULUES

1 cuil. à soupe = 10 g
1 cuil. à café = 6 g

LEVURE

1 cuil. à soupe = 10 g
1 cuil. à café = 6 g
1 sachet = 16,5 g

Important : le temps de cuisson

Il ne peut être question de s'en tenir les yeux fermés aux temps indiqués dans les recettes, qui sont influencés par des facteurs aussi nombreux que variés (type et âge du four, moules utilisés, température ambiante lors de la préparation de la pâte, etc.).
Il est donc important de vérifier le degré de cuisson peu avant que le temps indiqué soit écoulé, d'abord en jetant un coup d'œil dans le four (les fours modernes sont généralement munis d'un hublot, ce qui évite d'ouvrir la porte), puis à l'aide d'un bâtonnet qu'on plonge à l'endroit le plus épais du gâteau, jusqu'au fond. S'il n'en ressort pas absolument sec, sans miettes ni pâte y adhérant, on prolongera la cuisson jusqu'à ce que l'essai, répété éventuellement à plusieurs reprises, soit concluant.

Les rainures du four : à quel niveau doit-on enfourner le gâteau ?

Il faut noter qu'en principe le milieu de la pièce à cuire doit se trouver au milieu du four. On glissera donc les gâteaux hauts tels que brioches ou kouglofs au niveau de la rainure inférieure ou, selon les dimensions du four, un « étage » plus haut, les fonds de pâte sablée et les galettes au milieu du four. Un détail important : ne jamais poser les moules sur la plaque du four, mais bien sur la grille prévue à cet effet. La chaleur inférieure serait en effet trop forte au point de contact du moule et de la plaque, et l'air chaud ne pourrait pas circuler normalement. Il va sans dire qu'on ne posera en aucun cas le moule directement sur le fond du four : le gâteau risquerait d'être carbonisé.
La hauteur à laquelle on enfourne est moins importante dans les fours à chaleur tournante : l'air chaud qui circule permet d'y glisser jusqu'à trois plaques à la fois en veillant, bien sûr, à ce que l'espace entre elles soit suffisant pour permettre aux gâteaux de lever en cuisant.

Important : régler très exactement la température

La température de cuisson est indiquée, dans nos recettes, en degrés Celsius (°C). Dans un four à gaz à réglage gradué, on s'en tiendra au mode d'emploi du modèle utilisé. Dans un four à chaleur tournante, les conditions sont différentes de celles qui règnent dans un four conventionnel. La chaleur doit y être inférieure de 10 à 20 % environ.
Il ne faut toutefois pas oublier que les fours ne fonctionnent pas tous de la même manière et qu'il n'est pas toujours possible de se fier aux températures indiquées. L'acquisition d'un thermomètre pour le four (qu'on peut acheter pour quelques euros dans une quincaillerie) n'est donc pas un luxe, mais quasiment une nécessité. Il indiquera la température exacte qui règne dans le four.

POUR UN BON DÉPART : L'OUTILLAGE ET LES USTENSILES ADÉQUATS

Il est impossible de travailler si on ne dispose pas du matériel indispensable. Et il ne peut s'agir de jouets : il faut de véritables outils. Solides et de bonne fabrication, pour qu'ils ne tombent pas en morceaux à l'usage. Et en nombre suffisant. Un seul bol ne suffit pas, et on ne peut se passer de certains ustensiles spéciaux. Ce qui ne veut pas dire, malheureusement, que tous les gadgets proposés dans les magasins d'articles ménagers soient vraiment utiles, ni même pratiques. Il est de loin préférable de se mettre en chasse en parfaite connaissance de cause et de choisir des ustensiles de toute première qualité dans des magasins de confiance. Voici un aperçu de ce dont il faut tenir compte.

L'ÉQUIPEMENT DE BASE

- *Fouets* de tailles différentes, pour monter les blancs en neige, fouetter la crème fraîche et battre les crèmes de toutes sortes. Pour mélanger avec précaution les appareils délicats. En acier chromé inaltérable (et non en aluminium, qui noircit, ou en fer étamé, peu résistant).
- *Plaque à gâteau en acier inoxydable*, de forme circulaire, très pratique pour transporter les décors délicats et démouler les fonds cuits à blanc ou les gâteaux.
- *Bols* en acier inoxydable pour fouetter. Deux grandeurs au moins. Grâce à la bonne conductibilité du matériau, ils conviennent aussi pour la cuisson au bain-marie : glaçages, crèmes et pâtes fines.
- *Pinceau* à longs poils souples et naturels. Pour étaler les glaçages, enduire de lait, de crème ou de jaune d'œuf. Il faut le rincer à fond après chaque usage.
- *Ciseaux de cuisine* en acier résistant, faciles à manier. Pour entailler la pâte, rogner les bords, etc.
- *Spatule en caoutchouc ou maryse*. Pour gratter les bols à crème et à pâte, lisser et mélanger délicatement les pâtes et les appareils les plus divers.
- *Cuillères*. En matière synthétique résistant aux acides (fruits, par exemple) et en bois, pour les crèmes et les pâtes.
- *Roulettes à pâte*. À bord cannelé, pour découper les morceaux de pâte de manière décorative. À bord lisse et bien aiguisé, pour couper les pâtes dures et portionner les gâteaux dans leur moule.

- *Zesteur*. Il est indispensable pour prélever très finement le zeste des oranges et des citrons, ainsi que la peau des concombres.
- *Couteau de cuisine* muni de petites dents irrégulières, qui permet de couper les gâteaux friables, tels que les biscuits, en tranches lisses et régulières.
- *Spatule métallique*. Sorte de large couteau non aiguisé. Un ustensile véritablement universel, servant à lisser pâtes, crèmes, glaçages, etc. et à transporter les fonds cuits à blanc et les gâteaux de toutes sortes. La lame doit être en acier très souple de première qualité – c'est ce qui explique le prix relativement élevé des bonnes spatules !
- *Cornes à pâte*. En matière synthétique inaltérable, lisses ou dentelées. Pour étendre les pâtes et les appareils, décorer et lisser les gâteaux. Et chaque fois que la lame de la spatule métallique est trop longue ou trop encombrante.
- *Grille à pâtisserie*. Indispensable pour laisser refroidir toutes les pâtisseries fraîchement démoulées, qui seront ainsi « aérées » de toutes parts.
- *Cornets en papier*, qu'on remplit de glaçage pour former les lignes, les chiffres et les lettres d'un décor.
- *Poche à douille unie et/ou en étoile*. Remplie d'une pâte molle, d'une crème ou d'un appareil quelconque, elle sert à former et à décorer.
- *Seringue à pâtisserie*. C'est en quelque sorte une poche à douille rigide, mais plus difficile à manier puisqu'on ne « sent » pas le contenu.
- *Anneau à gâteau*. En plastique, bien qu'il en existe aussi en acier inoxydable, il présente l'avantage de s'adapter à différents diamètres. On le pose sur une plaque à gâteau normale et on verse la pâte dans le moule ainsi obtenu. De cette manière, on ne doit plus s'en tenir à utiliser strictement les moules à fond amovible vendus dans le commerce, ce qui est bien pratique pour confectionner les gâteaux.
- *Mesurettes* en plastique, en bois, en aluminium ou en acier inoxydable. Elles servent à doser la farine, le sucre, le sel, etc.
- *Tamis*. On devrait en avoir de différentes tailles, pour tamiser la farine, saupoudrer de sucre glace, etc. En matière synthétique résistant aux acides (quand il s'agit de filtrer du jus de citron, par exemple) ou en métal, pour les ingrédients chauds et plus épais.
- *Rouleau à pâtisserie*. Pour abaisser les pâtes, concasser les épices, les noix, etc. Les rouleaux à pâtisserie de bonne qualité sont montés sur roulement à billes. Leur prix est alors relativement élevé, mais ils sont aussi beaucoup plus résistants.
- *Bols*. Pour travailler les pâtes, battre les crèmes, fouetter la crème fraîche ou monter les blancs d'œufs en neige. Ils doivent être résistants, pour ne pas se déformer à l'usage, et très stables.
- *Verre doseur*. S'il ne remplace pas une balance, il est très utile pour doser les liquides.

Outre les « outils » de travail ici présentés, il faut, pour faire de la pâtisserie, toute une série d'ustensiles qui se trouvent dans la plupart des cuisines :

- couteaux de différentes tailles, du petit couteau à éplucher au grand couteau à découper
- presse-agrumes
- râpe
- casseroles de plusieurs dimensions, pour confectionner les crèmes et préparer la pâte cuite
- deux louches au moins, une grande et une petite
- robot ménager, mixer, presse-purée, batteur ou hachoir électrique. Chacun de ces appareils a ses spécialités et on les choisira en fonction de ses besoins.

LA DIVERSITÉ DES FORMES

La forme du moule joue un rôle important en pâtisserie. Le matériau utilisé a, lui aussi, son mot à dire, et on s'en rendra vite compte en confectionnant pour la première fois un gâteau dans le moule en céramique : il lui faudra nettement plus longtemps pour être cuit de part en part. Pourquoi ? Nous vous l'expliquons ci-après, tout en précisant les points à observer quand on décide d'acheter de nouveaux moules.

SUFFIT-IL DE COMPTER LES MOULES POUR DÉCELER LES DIFFÉRENCES ?

Ce que vous pouvez voir sur la photo ci-contre ne représente en fait qu'un choix limité parmi les innombrables moules existants, tant en ce qui concerne la forme que le matériau.

Les *moules* en tôle noire ou en *acier de couleur foncée* sont les plus courants. Ils absorbent bien la chaleur, qu'ils transmettent sans retard à la pâte.

Les *moules en tôle blanche* (moule à savarin, moule à kouglof, etc.) réfléchissent la chaleur du four, qui se répartit ainsi dans tout l'espace disponible et n'est donc pas transmise directement à la pâte. Résultat : l'extérieur du gâteau est doré avant que l'intérieur soit cuit. Dans les moules en tôle blanche, le temps de cuisson peut être de 10 à 20 % supérieur. Ils conviennent aux fours à gaz et à chaleur tournante, dans lesquels la chaleur agit plus directement.

Les *moules à revêtement intérieur* (moule à brioche ou à charlotte) sont ceux de la nouvelle génération. Les gâteaux s'en démoulent facilement, même si le moule n'a pas été graissé avec un soin tout particulier. Ils sont aussi très faciles à nettoyer et garantissent d'excellents résultats en ce qui concerne la couleur et la cuisson des gâteaux qu'on y prépare.

Les *moules en cuivre* (moule à kouglof) ont fait leurs preuves et sont en outre très décoratifs. Leur prix est toutefois élevé, leur entretien difficile, et ils doivent être rétamés de temps à autre.

Les *caissettes en papier* sont pratiques pour les biscuits et les petits fours. Prêts à l'emploi, ils ne doivent pas être graissés ni farinés. On les détache tout simplement en fin de cuisson, avant de les jeter.

Les *moules en fonte* du bon vieux temps sont très décoratifs (on peut les suspendre dans la cuisine), mais aussi très lourds. Ils absorbent bien la chaleur du four, qu'ils transmettent régulièrement aux gâteaux qu'on y fait cuire. On pourra donc éteindre le four avant la fin de la cuisson.

Les *moules en verre à feu* sont mauvais conducteurs de la chaleur et le temps de cuisson s'en trouve considérablement prolongé. Ils permettent toutefois de surveiller à tout moment la couleur du gâteau.

Les *moules en céramique* sont, comme ceux en verre à feu, mauvais conducteurs. Si le temps de cuisson est prolongé d'un bon tiers, ils n'en sont pas moins très décoratifs.

Les *moules en porcelaine à feu* présentent toujours un bord peu élevé et cannelé. Ils sont, eux aussi, mauvais conducteurs de la chaleur, ce qui n'est pas un inconvénient, loin s'en faut, dans le cas des pies (ou tourtes), qui comportent uniquement un couvercle de pâte. Ils conviennent en outre aux fours à micro-ondes.

Les *moules en silicone* sont très utilisé aujourd'hui et vous permettent de réaliser des gâteaux de toutes sortes et de toutes formes sans avoir à les beurrer préalablement. Ils assurent un démoulage sans problème, puisque les gâteaux n'y adhèrent pas. Ils s'altèrent toutefois rapidement à l'usage, et ne conviennent que pour les fours électriques ou à micro-ondes, en aucun cas pour les fours à gaz.

Les *moules en carton* à jeter, qui accompagnent souvent les mélanges prêts à l'emploi, représentent un gaspillage d'énergie, tant au niveau de la production qu'à celui de la cuisson. Ils n'en sont pas moins très pratiques, le graissage et le nettoyage se trouvant éliminés.

L'*anneau à gâteau en acier inoxydable* est surtout utilisé par les professionnels. On peut en régler le diamètre à volonté avant de le poser sur une plaque, sans être limité aux moules à fond amovible qu'on trouve dans le commerce. Le gâteau est en outre très facile à démouler.

Les *moules à petits biscuits* ne sont en fait que des emporte-pièces, dont on se sert pour découper la pâte sablée.

Les *moules à tartelette*, ronds ou en forme de barquette, servent à cuire à blanc des fonds qu'on garnit par la suite. On les fonce de pâte sablée et on les empile avant de les glisser au four après avoir rempli le moule supérieur de légumes secs (voir page 20). Cela suffit pour que la pâte ne gonfle pas exagérément dans les moules.

Les bons vieux *moules en fer-blanc* de nos grands-mères sont difficiles à entretenir (il est indispensable de les faire sécher dans le four ou sur la plaque de la cuisinière pour qu'ils ne rouillent pas), mais garantissent un résultat parfait : des pâtisseries dorées à point en un temps record.

Le *moule en aluminium ménager* est pratique, puisqu'on le jette après usage, mais présente les mêmes inconvénients que les moules en fonte blanche (il réfléchit la chaleur, et le temps de cuisson s'en trouve prolongé).

L'ÉQUIPEMENT DE BASE

Il faut en tout cas un moule à fond amovible, dont on peut détacher le bord. Il comporte généralement un anneau complémentaire en forme de couronne, qui permet de se passer d'un moule à savarin.

On trouve des moules à fond amovible de différents diamètres. Si on aime les gâteaux en pâte levée ou travaillée, on n'hésitera pas à acheter un moule à brioche ou à kouglof. Son « relief » peut varier, mais il comporte toujours une cheminée centrale au travers de laquelle la chaleur se transmet au cœur du gâteau.

Un moule rectangulaire de 0,5 à 1,5 litre ou plus est indispensable pour la préparation des pains et des cakes les plus divers. On s'en servira aussi pour confectionner pâtés et terrines.

Tous les fours comportent au moins une plaque à pâtisserie. Si elle ne suffit pas, notamment quand on prépare des petits biscuits, on pourra se servir de la grille chemisée d'aluminium ménager.

Les moules miniatures sont particulièrement intéressants pour les petits ménages. Ils ont exactement les dimensions d'un gâteau ou d'une tarte qu'on peut manger seul ou à deux, sans laisser de restes.

CONSEILS PRATIQUES ET TRUCS POUR L'UTILISATION JUDICIEUSE DE MOULES JUDICIEUSEMENT CHOISIS

On pèse soigneusement les ingrédients et on les travaille rigoureusement selon la recette avant de remplir le moule adéquat et de le glisser au four pour un temps donné… et quand la merveilleuse brioche en sort, impossible de la démouler ! Ou elle est pâle et sans forme au lieu de glisser, dorée et appétissante, sur le plat à gâteau. Cela ne vous est jamais arrivé ? Vous avez de la chance ! À moins que vous ne connaissiez déjà tous les trucs du métier ? Si c'est le cas, vous pouvez tourner la page.

COMMENT RECONNAÎTRE UN MOULE DE BONNE QUALITÉ ?

De toute évidence, les gâteaux doivent y cuire régulièrement en un temps donné et se démouler aisément. Il faut aussi que le moule se nettoie facilement, éventuellement après avoir été préalablement mis à tremper. Le moule influence en outre la consistance du gâteau : si celui-ci reste trop longtemps dans le four parce que le matériau est mauvais conducteur de la chaleur, il risque de se dessécher. Le tableau ci-contre montre clairement l'influence du matériau dans les différents types de fours (voir page 18). Il a été élaboré sur la base de recherches très précises et apporte la preuve qu'il ne vaut pas la peine d'économiser sur le prix des moules. Les moules (bon marché) en tôle blanche sont d'une qualité nettement inférieure à tous les autres.

LA PRÉPARATION DU MOULE

- En principe, tous les moules doivent être préalablement graissés, même si l'intérieur est recouvert d'une couche antiadhésive. Deux exceptions à cette règle : la pâte sablée très grasse et la pâte feuilletée, pour laquelle on se contentera de rincer le moule à l'eau froide (la vapeur qui se dégage fera lever le gâteau).
- Il n'est pas indispensable de graisser le moule si on le chemise de papier sulfurisé, ce qui est aisé dans le cas des moules de forme régulière et lisse. Par contre, s'il s'agit d'un moule à cake ou d'un moule à fond amovible, l'opération est plus délicate. Il faudra ciseler ou entailler le papier pour qu'il adhère bien aux parois de manière que la pâte ne soit jamais en contact avec la plaque.
- Utilisez du beurre à température ambiante pour graisser les moules, dont vous enduirez au pinceau tous les recoins.
- Préparez de préférence le moule avant de commencer à confectionner la pâte et réservez-le au réfrigérateur, où la matière grasse utilisée se figera et sera bien visible. De cette manière, vous pourrez le cas échéant faire les « retouches » nécessaires.
- Versez la pâte dans le moule refroidi et glissez au four sans attendre : la pellicule grasse solidifiée n'aura pas le temps de fondre et de se mélanger à la pâte.
- Bien des recettes (biscuits délicats ou pâte sablée) conseillent de saupoudrer le moule de farine, de noisettes ou d'amandes moulues, ou encore de chapelure, cela avant de le mettre au réfrigérateur, bien sûr : plus rien ne peut adhérer à la pellicule figée.

LA QUALITÉ A SON PRIX !

Entre les moules bon marché en tôle blanche et ceux qu'utilisent les professionnels (matériau stable et résistant, recouvert de silicone), la différence de prix peut être importante. La somme que cela représente est toutefois judicieusement investie : les moules de ce genre ont la vie dure. Le prix des moules en tôle noire et à recouvrement Téflon se situe à peu près entre les deux.

UN MOT ENCORE DU NETTOYAGE

Il est préférable de ne pas laisser refroidir trop longtemps les moules utilisés. Le plus simple est de les mettre à tremper sans attendre dans de l'eau chaude additionnée d'un peu de produit pour la vaisselle. Au bout d'un moment, tout ce qui pourrait y avoir adhéré s'enlève très facilement. N'utilisez en aucun cas un produit abrasif, une éponge métallique ou, pire encore, un couteau, qui grifferaient la tôle et le recouvrement au détriment du prochain gâteau qu'on y ferait cuire.

CHOISISSEZ LES MOULES EN FONCTION DU FOUR

C'est dans les fours à gaz ou à chaleur tournante qu'on obtient les meilleurs résultats avec les *moules en tôle blanche*. Glissez la grille au niveau de la rainure inférieure. Dans les fours électriques, veillez, quand c'est possible, à augmenter la température inférieure et à réduire la température supérieure. Si, en dépit de ces précautions, la surface du gâteau prend trop rapidement couleur, il faudra le couvrir de papier sulfurisé ou d'aluminium ménager.

Les *moules en tôle noire* réfléchissent directement la chaleur du four. Si la température inférieure est trop élevée, le gâteau risque de se dessécher. C'est pourquoi, dans les fours à gaz surtout, il faut le faire cuire dans le haut du four, en insérant éventuellement une plaque supplémentaire dessous, pour le protéger de la chaleur inférieure. Dans les fours électriques à température réglable en haut et en bas, réduisez la température inférieure.

Les *moules à revêtement Teflon* sont particulièrement indiqués pour les fours électriques, les résultats obtenus étant encore supérieurs dans les fours à chaleur tournante (cuisson plus rapide et plus régulière). Quant aux *moules recouverts de silicone*, ils sont tout simplement parfaits, et assurent un résultat optimal dans tous les types de fours.

L'échelle de valeur comprend les notes :

- Très bien
- Bien
- Assez bien
- Passable

MOULE EN TÔLE BLANCHE

	Nettoyage	Couleur	Tendance à adhérer	Consommation d'énergie	Temps de cuisson (min)
Four conventionnel	Assez bien	Passable	Assez bien	Passable	Assez bien
Four à chaleur tournante	Assez bien	Bien	Assez bien	Très bien	Assez bien
Four à gaz	Assez bien	Bien	Assez bien	Assez bien	Assez bien

MOULE À REVÊTEMENT TEFLON®

	Nettoyage	Couleur	Tendance à adhérer	Consommation d'énergie	Temps de cuisson (min)
Four conventionnel	Bien	Bien	Bien	Assez bien	Bien
Four à chaleur tournante	Bien	Bien	Bien	Très bien	Bien
Four à gaz	Bien	Assez bien	Bien	Assez bien	Bien

MOULE EN TÔLE NOIRE

	Nettoyage	Couleur	Tendance à adhérer	Consommation d'énergie	Temps de cuisson (min)
Four conventionnel	Assez bien	Bien	Bien	Assez bien	Bien
Four à chaleur tournante	Assez bien	Bien	Bien	Très bien	Bien
Four à gaz	Assez bien	Assez bien	Bien	Assez bien	Bien

MOULE EN SILICONE

	Nettoyage	Couleur	Tendance à adhérer	Consommation d'énergie	Temps de cuisson (min)
Four conventionnel	Très bien	Bien	Très bien	Bien	Très bien
Four à chaleur tournante	Très bien	Bien	Très bien	Très bien	Très bien
Four à gaz	Très bien	Bien	Très bien	Bien	Bien

LA NOUVELLE GÉNÉRATION : MIRACLES DE LA TECHNIQUE

Le marché est vaste, le choix difficile. De nos jours, acheter un nouveau four n'est pas une petite affaire. Il faut d'abord choisir entre le gaz et l'électricité. Puis entre la chaleur tournante et le four conventionnel à température réglable en haut et en bas, avec ou sans gril, micro-ondes et dispositif autonettoyant, à encastrer ou non… on n'en finit plus ! Pour faciliter un tant soit peu la décision, voici un aperçu des avantages et des désavantages des différents modèles.

GAZ OU ÉLECTRICITÉ : COMMENT CHOISIR ?

Jusqu'à ces dernières années, le gaz n'avait guère d'adeptes quand il était question de pâtisserie. Il semblait en effet délicat de travailler à proximité d'une flamme vive. Surtout à de basses températures, notamment pour faire sécher des meringues. Ces temps sont toutefois révolus. Les progrès de la technique s'appliquent depuis un moment déjà aux fours à gaz et, à première vue, il est difficile de distinguer les résultats obtenus avec les nouveaux modèles de ceux obtenus avec les fours électriques les plus modernes. La flamme est invisible et un système de ventilation perfectionné assure une répartition uniforme de la chaleur. Les modèles les plus vendus n'en restent pas moins combinés, la plupart du temps, avec un four électrique, plus « sophistiqué », mais aussi plus cher.

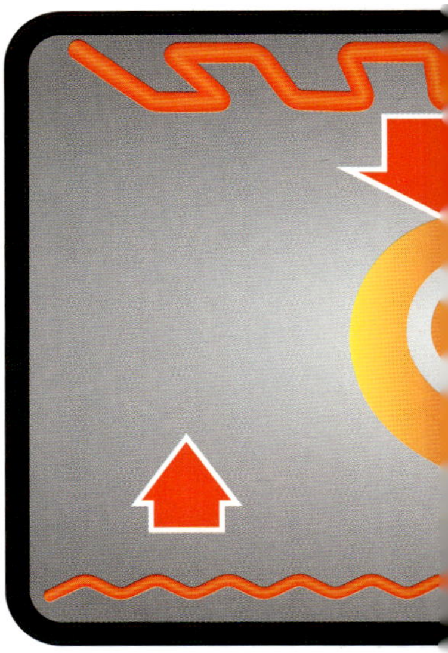

LE FOUR CONVENTIONNEL

On entend par là le système classique de chauffage par le haut et par le bas. Les spirales de chauffage, recouvertes ou non, agissent par rayonnement. En d'autres termes, la chaleur vient de haut en bas et de bas en haut, dans une seule direction. L'avantage : elle agit directement, donc plus rapidement, sur la pièce à cuire. Le désavantage : la température n'est pas la même dans tout le four. À proximité de la porte, par exemple, elle est nettement inférieure, et il peut arriver que le biscuit ou les petits gâteaux sur la plaque soient cuits du côté de la paroi arrière avant d'être dorés devant. Les températures et les temps de cuisson indiqués dans les recettes du présent ouvrage s'appliquent à ce type de fours.

FOUR À CHALEUR TOURNANTE OU À AIR CHAUD

On l'a considéré jusqu'à tout récemment comme le four de l'avenir. Un ventilateur installé sur la paroi arrière fait circuler dans le four l'air chaud produit par les serpentins latéraux. L'avantage : la température à l'intérieur du four est partout la même et agit de toutes parts sur la pièce à cuire, même si on superpose plusieurs plaques. Le désavantage : l'air en mouvement a tendance à dessécher, et certaines pâtes ne prennent pas couleur. Ce système a néanmoins fait ses preuves dans la plupart des boulangeries pâtisseries. La seule difficulté est d'adapter les températures indiquées dans les recettes. La chaleur étant absolument constante dans tout le four, la température choisie doit être inférieure à celle qui règne dans un four conventionnel, mais il faudra prolonger la cuisson. Ce qui, à son tour, sera compensé par le fait qu'il n'est pas nécessaire de préchauffer les fours à chaleur tournante. Il y a une règle fondamentale à connaître : la température des fours à chaleur tournante est inférieure de 15 à 20 % et donc les temps de cuisson sont prolongés de 10 %.

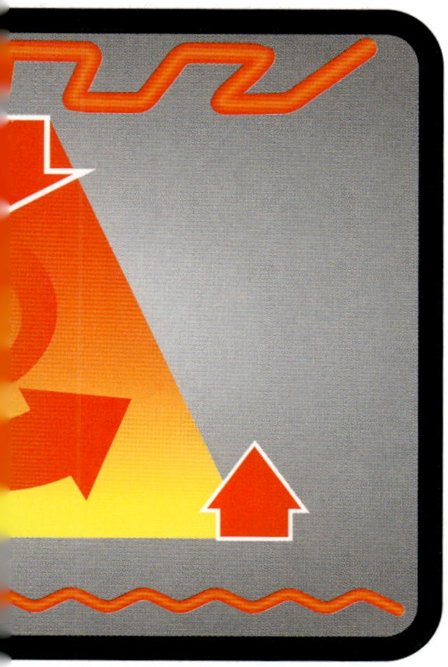

LES FOURS DE LA NOUVELLE GÉNÉRATION

À l'usage, une conclusion s'est imposée : la solution idéale est de combiner les différents systèmes, températures supérieure et inférieure réglables et chaleur tournante, selon les besoins. On va même jusqu'à intégrer aux modèles de luxe des micro-ondes qui, dans certains cas, réduisent considérablement le temps de cuisson. Elles ne sont toutefois pas indiquées pour la pâtisserie : la pâte cuit mais ne lève pas et, surtout, ne prend pas couleur. Dans les fours combinés, on y fait appel pour accélérer la cuisson tout en utilisant l'air chaud ou la chaleur conventionnelle pour dorer la pièce à cuire. Ces fours ultra-modernes présentent un autre avantage : ils sont autonettoyants. Par pyrolyse, c'est-à-dire par décomposition chimique des résidus à haute température. Ou encore par catalyse, les parois émaillées étant traitées de façon à ne subir aucune altération.

FAUT-IL PRÉCHAUFFER LE FOUR ?

C'est une question qu'on se pose depuis que les sources d'énergie sont devenues rares et chères. Et que n'a-t-on pas expérimenté à ce sujet ! Toutefois, en affirmant qu'on obtient des résultats « pratiquement » identiques sans préchauffer le four, il faut bien admettre que l'accent est mis sur « pratiquement » plutôt que sur « identiques ». Bien peu de pâtes supportent d'attendre dans un four froid la température qu'il leur faut pour lever. Ne serait-ce que parce que, dans les anciens modèles, il faut pour cela 20 min ou plus. Il est donc indispensable de préchauffer le four, ce qui, dans le cas des « miracles de la technique » mentionnés plus haut, demande un minimum d'énergie. Et le fait est que, dans le cas des fours à chaleur tournante (qu'il n'est pas nécessaire de préchauffer puisque l'air qui y circule est chaud en un rien de temps), la cuisson est prolongée d'autant.

LA PÂTISSERIE SANS FOUR

Mais oui, c'est possible ! Pour certaines spécialités en tout cas : pâtisseries frites ou gaufres, par exemple. Ou encore pâtes simples, telles que la pâte travaillée pour fonds de tarte aux fruits, qu'on peut parfaitement faire cuire à couvert dans une poêle. Il n'en reste pas moins vrai que, si on aime faire de la pâtisserie, le four est indispensable. Il existe aujourd'hui des modèles miniatures, qui trouvent place dans la plus minuscule des cuisinettes ou sur le « bar » d'un studio.

LES PETITS TRUCS QUI FACILITENT LES CHOSES

QUAND ÇA NE VA PAS

Voici quelques trucs de métier pour éviter les catastrophes :

La crème fouettée ne « prend » pas.

La raison :
- La crème, le bol ou le fouet n'étaient pas assez froids.
- Vous avez ajouté le sucre trop tôt.

Le remède : arrêtez de fouetter avant que la crème commence à floculer et versez dans un récipient en métal (bon conducteur). Laissez refroidir un moment au congélateur ou dans un bain d'eau froide, puis recommencez à fouetter délicatement.

Les blancs d'œufs ne montent pas en neige.

La raison :
- Ils contenaient un reste de jaune.
- Les ustensiles utilisés portaient des traces de graisse.
- Vous avez ajouté le sucre trop tôt.

Le remède : il n'y en a malheureusement pas – il faut recommencer avec des blancs d'œufs frais, auxquels vous ajouterez un peu de sel.

Le gâteau est gluant.

La raison :
- Trop peu de poudre à lever, de levure ou de blancs en neige (la pâte n'était pas assez légère).
- Vous avez travaillé trop longtemps la pâte, qui est devenue coriace.

Le remède : utilisez le gâteau émietté pour garnir une autre pâtisserie ou un dessert (un trifle, par exemple).

Le gâteau ne se démoule pas.

La raison :
- Le moule n'était pas suffisamment graissé.
- Vous n'avez pas laissé reposer le gâteau au sortir du four.

LA CUISSON À BLANC

On peut faire cuire une croûte de pâtisserie vide sans qu'elle ramollisse par la suite. Pour cela, tapissez le moule foncé de pâte de papier sulfurisé avant de le remplir de légumes secs. De cette manière, le fond restera bien lisse et les bords ne s'affaisseront pas à la cuisson. Vous pourrez réutiliser les légumes secs.

SIX D'UN COUP

Foncer individuellement les moules à tartelette, ce n'est pas facile. Pour aller plus vite, rangez les moules beurrés les uns à côté des autres et posez dessus la pâte abaissée à l'épaisseur voulue. Après l'avoir enfoncée délicatement, du bout des doigts ou à l'aide d'un pinceau, passez dessus le rouleau à pâtisserie, qui coupera les bords.

DES GÂTEAUX SUR MESURE

Si le biscuit est trop grand ou que le bord a pris trop vivement couleur, vous pouvez en réduire le diamètre à l'aide de l'anneau d'un moule à charnière ou d'un anneau à gâteau (voir page 15), qu'on peut régler à volonté.

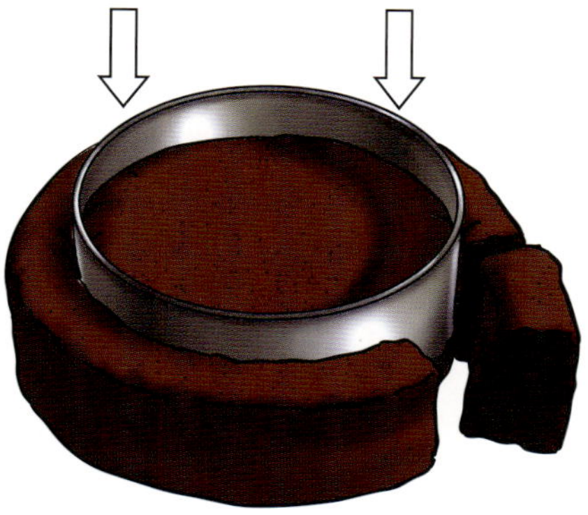

POUR ABAISSER LA PÂTE EN CARRÉ

Il suffit de la rassembler en formant un boudin plutôt qu'une boule. Ou encore de l'abaisser en diagonale en partant du centre.

POUR FONCER LE MOULE OU LA TÔLE

La pâte abaissée est difficile à transporter. Laissez-la donc sur le rouleau avant de la dérouler dans le moule ou sur la tôle.

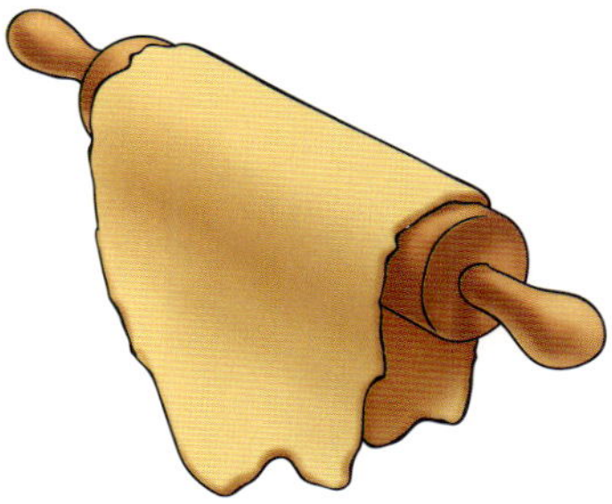

POUR DÉCORER LE POURTOUR D'UN BISCUIT

Avec des amandes émincées et rôties, par exemple. Prenez-les dans la main et pressez-les délicatement contre la crème fouettée ou la crème au beurre qui recouvre le gâteau. Rassemblez celles qui n'adhèrent pas avec un pinceau et collez-les sur la garniture. Donnez la dernière touche à l'aide d'une corne à pâte.

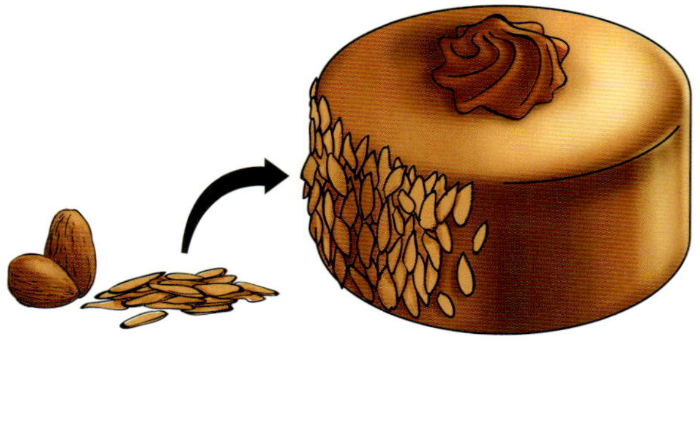

LE BAIN-MARIE POUR LA GÉLATINE

Pour dissoudre la gélatine vite et bien, il suffit de mettre les feuilles trempées et bien essorées dans une louche qu'on pose dans un bain-marie frémissant. Le métal, bon conducteur, transmet directement et rapidement la chaleur. Veillez toutefois à ce que l'eau du bain-marie ne mouille pas la gélatine.

BIEN PRATIQUE, L'ANNEAU À GÂTEAU

Pour un gâteau « à étages », par exemple, rangez les fruits sur des fonds de diamètres égaux, entourés de l'anneau et nappés de crème, avant de verser la liaison sur le tout. Il suffira de détacher l'anneau à l'aide d'un couteau lorsque la crème et la liaison auront la consistance voulue.

COMMENT UTILISER UNE POCHE À DOUILLE

1. Repliez le bord de la poche avant d'y insérer fermement la douille choisie.
2. Remplissez la poche en la maintenant juste sous le rebord.
3. Relevez la manchette, lissez la poche en tordant la partie supérieure, pour que le contenu ne puisse pas déborder quand vous appuyez dessus pour former le décor.
4. Si vous désirez changer la douille, contentez-vous de la superposer de l'extérieur à celle qui se trouve dans la poche. Si vous travaillez avec un appareil épais, il faudra alors la maintenir fermement en place.

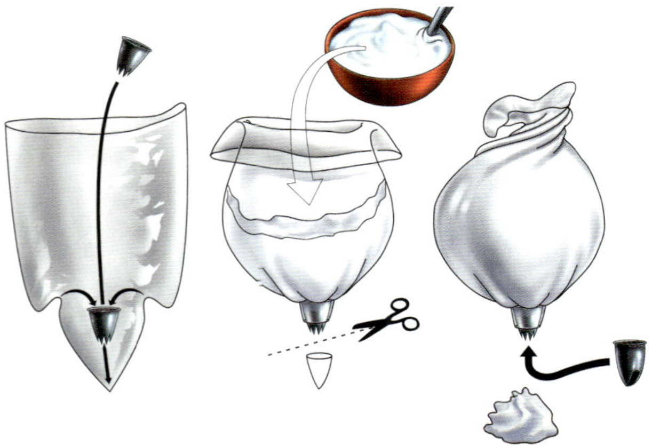

HABILLAGE DE PÂTE D'AMANDES

Abaissez la pâte d'amandes en un cercle dépassant de 5 à 6 cm le diamètre du gâteau et faites adhérer au rouleau.

POUR ÉVITER LES ÉCLABOUSSURES

Posez un torchon de cuisine sur le bol en fouettant la crème.

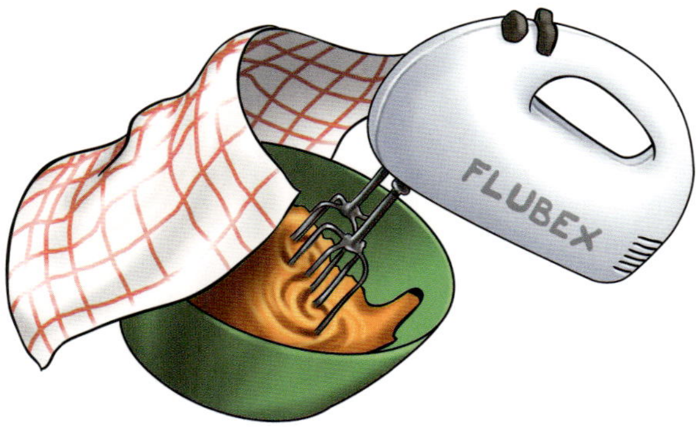

LES DÉCORS EN PÂTE À CHOU FRITE

Les choux garderont leur forme si, après les avoir formés à la poche à douille sur du papier sulfurisé, vous les faites délicatement glisser dans de la graisse très chaude.

DÉCORER LE POURTOUR

Il suffit de l'enduire généreusement de chantilly ou de crème, puis de le faire tourner sur son axe en maintenant une corne à pâte dentelée (voir page 13) sur la garniture. Utilisez ensuite une pelle à tarte pour transporter le gâteau sur le plat de service.

QUAND IL FAUT DU ZESTE,

il suffit de le prélever très finement à l'aide d'un couteau spécialement conçu à cet effet (zesteur).

LE MARCHÉ

LES INGRÉDIENTS DE BASE EN PÂTISSERIE

Il est toujours agréable de se lancer dans la confection d'une pâtisserie. Aussi, il est décevant, une fois que notre choix s'est porté sur une recette, de s'apercevoir qu'il nous manque un produit pour la mener à bien. Nous vous conseillons donc d'avoir toujours dans votre placard quelques produits que tout bon pâtissier, amateur ou expérimenté, se doit d'avoir à disposition. Vous trouverez également dans les pages suivantes tout ce qu'il faut savoir des ingrédients de base en pâtisserie et pourrez ainsi faire vos choix en toute connaissance de cause !

TOUT EST DANS LE GRAIN

Pas de pâtisserie sans farine – c'est une vérité de La Palice. Et quand on fait de la pâtisserie, on sait qu'il y a farine et farine. Les emballages portent normalement toutes les indications utiles à ce sujet, ce qui facilite le choix en fonction de l'usage auquel on la destine.

LE BLÉ, MATIÈRE PREMIÈRE DE NOTRE FARINE

Sauf indication contraire sur l'emballage, la farine ordinaire est obtenue en moulant des grains de blé, ou froment. Le grain de blé comporte trois parties : l'enveloppe extérieure, composée de vitamines, de sels minéraux et de cellulose ; le germe, riche en corps gras ; et l'intérieur blanc et amidonné, ou albumen, ainsi qu'une substance collante contenant des protéines complexes, le gluten.

DU GRAIN À LA FARINE

Le grain peut être moulu plus ou moins finement, selon l'usage auquel est destinée la farine. On commence par le débarrasser de son enveloppe protectrice, le son, riche en fibres végétales et en vitamines, mais surtout du germe, dont la haute teneur en corps gras ferait rancir trop rapidement la farine. L'intérieur du grain ainsi nettoyé est alors graduellement concassé, et il faut pour cela jusqu'à vingt opérations différentes. Grossièrement moulu, il donne ce qu'on appelle le gruau, puis, un peu plus finement, la semoule, avant d'atteindre en fin de compte l'état de poussière que nous connaissons. Les grains de blé concassés et la semoule, vendus comme produits finis, ne sont donc rien d'autre qu'un stade intermédiaire de la fabrication de la farine.

LES DIFFÉRENTS TYPES DE FARINES

Il y a farine et farine. D'une part en fonction des catégories de blé utilisées et, d'autre part, selon l'état du grain avant la mouture. En combinant un blé dur et un blé tendre, on obtient une farine dont la teneur en gluten permet de confectionner des pâtisseries moelleuses mais fermes. Par ailleurs, la manière dont le grain a été « nettoyé » avant d'être moulu détermine la couleur et la finesse de la farine obtenue. En effet, la mesure dans laquelle on élimine l'enveloppe extérieure est déterminante : moins on en laisse, plus la farine sera blanche. Entièrement débarrassée de cette enveloppe protectrice, la partie intérieure du grain, qui contient l'amidon, donne une farine extrêmement blanche et fine, sans grande valeur nutritive, qu'on utilise normalement en pâtisserie. C'est la farine fleur, ou farine supérieure. Les farines encore blanches, provenant des semoules, sont dites farines premières. Elles sont suivies de farines plus ou moins chargées de son et, par conséquent, de plus en plus teintées.

1. *Grains de blé entiers*, à l'état naturel.
2. *Flocons de blé*, obtenus par un procédé spécial à partir du grain entier. On les utilise, mélangés à de la farine, pour préparer du pain.
3. *Grains de blé concassés*. C'est le premier stade du concassage, à partir de grains entiers ou débarrassés de leur enveloppe extérieure.
4. *Farine de Graham*. Elle doit son nom au médecin américain qui l'a « découverte ». C'est une farine complète, relativement fine.
5. *Son*. Enveloppe protectrice du grain, concassée avec le germe.
6. *Semoule*. Stade intermédiaire de concassage du grain débarrassé du son.
7. *Farine complète*. Farine de froment servant à confectionner du pain complet à partir d'un levain.
8. *Farine bise*. Pour un pain savoureux qu'on peut confectionner sans levain, avec de la levure ou de la poudre à lever, grâce à la haute teneur en gluten.
9. Farine mi-blanche. Un peu moins teintée que la farine bise, elle donne des pains très savoureux.
10. *Farine blanche*. Idéale pour les petits pains.
11. *Farine traitée*. C'est une farine fleur qui, grâce à un procédé spécial, absorbe les liquides sans former de grumeaux.
12. *Farine fleur*. La plus fine et la plus blanche des farines.

LE GLUTEN

La farine de blé contient des protéines complexes qui, mélangées à un liquide, donnent une substance gluante, le gluten. À la cuisson (à partir de 75 °C), il gonfle au contact de l'humidité de la pâte, permettant à celle-ci de lever tout en restant ferme. La farine la plus couramment employée en pâtisserie est la farine fleur. Elle donne suffisamment de gluten pour obtenir une pâte moelleuse et à grain fin, sans qu'il soit nécessaire d'ajouter du levain. Les blancs en neige ou un peu de levure ou de poudre à lever suffisent. Par contre, dans le cas de la farine complète, le gluten concentré dans l'enveloppe du grain donne une pâte tellement collante qu'il devient indispensable d'avoir recours à un levain chimique ou naturel.

LES FARINES SPÉCIALES

Le blé n'est pas la seule céréale à donner, moulue, de la farine. Le seigle, par exemple, joue un rôle très important. Toutes ces farines spéciales contiennent une part plus ou moins importante de l'écorce du grain. D'une manière générale, elles sont très pauvres en gluten, et il est indispensable de les utiliser en mélange avec d'autres types de farines. On peut voir sur la photo ci-contre les grains entiers des différentes céréales et la farine qu'on en tire.

QU'ENTEND-ON PAR FARINE COMPLÈTE ?

Comme son nom l'indique, elle est obtenue à partir du grain complet, entier, écorce et germe inclus. Les sels minéraux que contiennent les couches extérieures du grain sont donc protégées, de même que les particules de cellulose, que l'organisme n'est pas en mesure de digérer. Elles jouent donc le rôle de substances de lest et sont indispensables à notre alimentation. Les corps gras contenus dans le germe rendent la farine sensible à l'action de l'air : elle rancit rapidement, et il faut l'utiliser sans attendre.

LES FLOCONS D'AVOINE

On les utilise fréquemment en pâtisserie ; ils permettent de mettre à profit de manière optimale les ressources alimentaires du grain puisque, pour les préparer, on utilise le grain entier. Légers (le grain d'avoine est d'abord concassé, puis finement broyé au rouleau), ils servent à confectionner des pâtisseries moelleuses mais fermes, dont on apprécie le goût très particulier (il rappelle un peu celui des noisettes). Toutes les variétés de flocons d'avoine conviennent pour la pâtisserie, y compris les qualités instantanées.

1. *Seigle*. On le trouve sous différentes formes dans le commerce. Comme il contient peu de gluten, il est recommandé de le mélanger à du froment.
2. *Avoine*. Elle est vendue en grains, en flocons, instantanés ou non, ou sous forme de farine, qu'on mélange normalement avec de la farine de blé ou de seigle.
3. *Orge*. Contient très peu de gluten, mais donne aux pains de froment un goût très particulier.
4. *Maïs*. Pratiquement pas de gluten, ce qu'on compense en ajoutant du blanc d'œuf en neige aux pâtes à base de farine de maïs.
5. *Millet*. C'est une céréale qu'on cultivait déjà à des fins alimentaires aux temps préhistoriques. Elle contient très peu de gluten, et on l'utilise toujours en mélange.
6. *Sarrasin*. Appelé aussi blé noir, il est utilisé généralement avec de la farine de froment, qui masque sa saveur légèrement amère.

BEURRE ET SAINDOUX, ET DU SUCRE, POUR TOUT CE QUI EST DOUX...

Il est important de bien connaître les ingrédients. Le succès en dépend, plus encore en pâtisserie qu'en cuisine. Ne serait-ce, par exemple, que parce que tous les corps gras ne se comportent pas de la même manière à la cuisson. Ou que le sucre ne sert pas uniquement à édulcorer. Voici un bref aperçu de ce qu'il faut savoir.

LES MATIÈRES GRASSES UTILISÉES EN PÂTISSERIE

Sans adjonction de matière grasse, la pâte ne serait qu'une masse friable, sans aucune homogénéité. C'est le corps gras qui lui donne son élasticité et rend la pâtisserie moelleuse ou, selon la pâte, fondante et délicate. Les corps gras communiquent en outre aux gâteaux un goût particulier et constituent en quelque sorte la plateforme sur laquelle les différentes substances aromatiques développent leur pleine saveur. Il faut aussi une matière grasse pour enduire plaques et moules, afin d'empêcher la pâte d'y adhérer. En fondant à la chaleur du four, elle constitue une pellicule protectrice qui joue le rôle de capitonnage. Les corps gras sont donc indispensables en pâtisserie. Et on les choisit en fonction de l'usage auquel on les destine. C'est ainsi, par exemple, que leur point de fusion, c'est-à-dire la température à laquelle les particules de graisse commencent à se décomposer, à dégager de la fumée et à devenir nocives, est très variable. Celui du beurre est particulièrement bas. D'une manière générale, les recettes du présent ouvrage font appel à du beurre, qui assure les meilleurs résultats.

Les graisses végétales

On les fabrique avec des huiles durcies, extraites de certaines plantes ou de leurs fruits. D'un goût parfaitement neutre, elles supportent des températures élevées et conviennent donc bien pour frire.

La margarine

La grande concurrente du beurre, de l'avis des fabricants en tout cas. Dans une large mesure, c'est une question de principes, d'argent ou de goûts. Il faut donc laisser à chacun la possibilité de choisir son corps gras.

L'huile d'olive

Corps gras universel des pays méditerranéens, elle donne aux pâtisseries une texture très douce et une saveur distinctement reconnaissable. La meilleure est l'huile d'olive pressée à froid, dite « vierge ».

Le beurre

Il est irremplaçable et apporte la saveur la plus riche. Il faut toutefois utiliser un beurre de première qualité, sinon on peut tout aussi bien faire appel à une autre matière grasse. Le beurre le plus fin est préparé avec de la crème pasteurisée, ce qui est mentionné sur l'emballage. Le beurre à base de crème aigre se conserve plus longtemps.

Le saindoux

D'un goût moins savoureux, il est utilisé par exemple pour la pâte levée qui servira à confectionner une tarte aux oignons. Il convient aussi pour frire.

LE SUCRE

C'était autrefois une denrée précieuse, que seuls les grands de ce monde étaient en mesure de se procurer. On l'importait des Indes, et il était tellement cher qu'on le conservait dans des boîtes en or ou en argent munies d'une serrure solide. Les gens du peuple devaient se contenter de miel, et ce n'est qu'au début du siècle dernier que fut découvert le procédé permettant d'extraire le sucre d'une betterave indigène.

Fort heureusemen d'ailleurs puisque, sans sucre, pas de pâtisserie ! Outre ses propriétés édulcorantes, en effet, il contribue à la texture et à la compacité de la pâte. Les résultats obtenus en utilisant des édulcorants artificiels sont plutôt décevants. Il faut préciser que la composition chimique du sucre de canne et du sucre de betterave est identique, bien que leurs goûts soient distincts. Signalons enfin que, chaque fois qu'on utilise du sucre en pâtisserie, il faut ajouter une pincée de sel pour souligner la saveur et le « caractère » du gâteau.

Le sucre candi blanc

Purifié et cristallisé en gros morceaux, il se dissout très lentement et on l'apprécie tout particulièrement dans le thé.

Le sucre en morceaux

Sucre très raffiné, légèrement humecté et pressé en forme de cubes plus ou moins réguliers. Il sert avant tout à sucrer le thé et le café.

Le sucre de canne

Il ne faut pas le confondre avec le sucre brut, appelé aussi cassonade ou sucre brun, qui est un sucre roux, de canne ou de betterave, n'ayant été raffiné qu'une fois. Le sucre de canne, lui, peut être blanc ou roux, et est extrait, faut-il le dire, de la canne à sucre.

La cassonade

C'est le sucre brut de canne ; la cassonade est obtenue par cristallisation du sirop de canne, ce dernier étant issu du jus de canne ou vesou par évaporation. Sa saveur la rend particulièrement indiquée pour certains gâteaux.

Le sucre cristallisé

C'est le sucre blanc qu'on utilise le plus couramment. Il se prête pratiquement à tous les usages. Certaines qualités raffinées à l'extrême conviennent tout particulièrement pour les pâtes délicates et les confitures.

Le miel

Produit naturel, liquide quand il est frais, mais s'épaississant à la longue. Il suffit alors de le chauffer lentement pour qu'il retrouve son élasticité.

CINQ AUXILIAIRES PRÉCIEUX POUR TRANSFORMER LES PÂTES LOURDES ET COMPACTES EN GÂTEAUX AÉRIENS

De la farine, du sucre, des œufs, un corps gras, il en faut, mais ce n'est pas suffisant. Si on se contente de les mélanger, on obtient, selon les proportions de l'un ou l'autre de ces ingrédients, un bloc de béton ou un gâteau tellement « gonflé » qu'il en devient ridicule. Pour qu'il soit tout simplement d'une grande légèreté, la pâte doit contenir de l'air. Dans certains cas, il suffit pour cela de bien la travailler, mais ce n'est pas toujours suffisant. Il faut alors ajouter un agent fermentant chimique ou biologique. Comme son nom l'indique, il déclenche dans la pâte un processus de fermentation qui la fait gonfler et la rend légère à souhait.

LES PÂTES QUI DOIVENT LEVER ET LES AUTRES

Il est évident que les pâtes destinées à des pâtisseries compactes ne doivent pas contenir d'air. La pâte sablée, par exemple, la pâte à strudel ou encore la pâte feuilletée. Elles doivent avant tout être consistantes et ne nécessitent pas l'adjonction d'un produit qui les fera lever.

Les gâteaux friables, tels que les biscuits, se situent en quelque sorte à la limite : ils doivent être légers et moelleux, ce qui impliquerait la présence d'un produit à lever. Toutefois, la façon dont on travaille la pâte ou le fait qu'on y incorpore des blancs d'œufs en neige suffit généralement à la rendre assez légère pour qu'il soit superflu d'y d'ajouter, par exemple, de la poudre à lever, et en tout cas jamais plus qu'une pointe de couteau.

En revanche, pour toutes les pâtes lourdes, qui contiennent une quantité importante de matière grasse (pâte levée au beurre) ou qui sont confectionnées avec des grains de blé concassés, par exemple, très riches en gluten, la présence d'un agent les aidant à gonfler est indispensable.

Et plus la pâte est lourde, plus cet agent doit être efficace. Il faut toutefois veiller à ne pas forcer la dose : une pâte trop « aérée » s'affaisse plus facilement au sortir du four.

LEVURE CHIMIQUE OU NATURELLE ?

On distingue deux types de levures : les agents de fermentation chimiques tels que la poudre à lever et le bicarbonate de soude.
Les agents de fermentation biologiques sont la levure de boulangerie et le levain, qui contiennent une levure, c'est-à-dire un champignon unicellulaire pouvant faire lever les pâtes farineuses en y provoquant une fermentation qui dégage de l'acide carbonique.

COMMENT AGIT L'AGENT DE FERMENTATION

D'une manière générale, on peut dire que tous les agents de fermentation provoquent la même réaction : l'humidité et la chaleur qui règnent au cœur de la pâte constituent un milieu idéal pour les substances chimiques et naturelles que leur composition appelle à dégager de l'acide carbonique et/ou de l'alcool. Il se forme ainsi une multitude de bulles d'air qui font gonfler la pâte. Pour éviter qu'elles n'en viennent à l'étouffer, on la pétrira ou on la travaillera énergiquement avant de la glisser au four ou même pendant qu'elle lève, répartissant ainsi les bulles d'air et consolidant en quelque sorte sa charpente.

CONSEILS PRATIQUES POUR L'EMPLOI DE LA LEVURE

L'emploi judicieux d'une levure n'est pas une évidence. C'est en effet un agent de fermentation vivant et très délicat, dont l'action peut être instantanément interrompue ou entravée dans de mauvaises conditions. Le point le plus important est la température à laquelle on travaille : la levure agit de manière optimale aux environs de 35 °C, mais ne supporte ni le chaud ni le froid. Pour se développer, il lui faut du sucre, et on veillera donc à en ajouter une pincée, même dans les pâtes salées. La vitesse à laquelle elle agit dépend essentiellement de la température ambiante : plus il fait chaud dans la pièce, plus vite elle augmente de volume. Ce qui revient à dire qu'à des températures plus basses il lui faut simplement plus de temps pour agir. Ce détail peut présenter certains avantages : si l'on veut des petits pains frais le dimanche matin, on préparera la pâte la veille et on la laissera lever toute la nuit au réfrigérateur.

La poudre à lever

Elle se compose de bicarbonate de soude combiné avec un élément acide tel que l'acide tartrique, par exemple. La réaction chimique produit du dioxyde de carbone, gaz incolore et inodore, qui fait gonfler la pâte au contact de la chaleur.

La levure de boulangerie

Elle doit être fraîche, de couleur gris clair et de consistance ferme, et dégager une odeur légèrement aigre. En vieillissant, elle devient molle, visqueuse et perd toute sa puissance.

Le bicarbonate de soude

On l'utilise surtout pour certaines pâtisseries telles que le pain d'épice et les gâteaux au miel. S'il ne fait pas vraiment lever la pâte, il lui permet de s'étaler largement à la cuisson, ce dont il faut tenir compte quand on la dresse par portions sur la plaque. Généralement vendu en pharmacie.

Le levain

Pour les pâtes à la farine complète ou à la farine de seigle. On trouve parfois du levain en poudre ou liquide dans le commerce, mais le plus simple est de le préparer soi-même (voir page 196).

La levure instantanée

Elle est bien pratique puisqu'on peut toujours en avoir sous la main et qu'elle ne perd rien de son pouvoir fermentant, même au bout de plusieurs mois. Elle n'agit toutefois pas aussi efficacement que la levure fraîche, et il est indispensable d'augmenter légèrement la quantité indiquée dans la recette. On s'en tiendra aux indications sur l'emballage.

COMMENT PARFUMER LES PÂTES

Quand le parfum des pâtisseries se mêle à la bonne odeur du café, ce n'est pas la farine, le sucre et les œufs qu'elles contiennent qui en sont la cause, mais bien les diverses substances aromatiques qu'on a ajoutées à la pâte. Il faut en user avec parcimonie : leur saveur ne doit jamais dominer.

LIQUEURS ET EAUX-DE-VIE

Une giclée d'alcool dans la pâte, la crème, la chantilly – et voilà la pâtisserie transformée en une spécialité de grande maison ! Le rhum est un des favoris : il s'harmonise avec les différentes saveurs sans jamais dominer. Mais on peut aussi utiliser des eaux-de-vie de fruits ou parfumées à l'anis, du cognac, de l'armagnac et différentes liqueurs. Une règle d'or : ne jamais ajouter plus d'alcool qu'on ne pourrait en boire sans forcer la dose ! Et toujours choisir des alcools de qualité.
On utilise aussi en pâtisserie des substances aromatiques naturelles telles que l'eau de fleur d'oranger, l'huile ou l'eau de rose, l'essence d'amande amère, etc. Tous ces produits sont très concentrés et il faut les employer avec parcimonie.

LE DOSAGE

Qu'il s'agisse d'épices, de condiments ou de substances aromatiques, c'est le dosage qui compte. Trop d'épices différentes dans une pâte gâtent, c'est le cas de le dire, la pâte. Et une trop grande quantité d'une même épice ne vaut guère mieux : son goût prononcé lasse après quelques bouchées. Il faut avant tout du doigté et des produits de première qualité. Mieux vaut dépenser quelques euros de plus que de rater un gâteau dans lequel on a mis tout son cœur !

Graines de fenouil

Goût fort et prononcé, rappelant celui de l'anis. On l'utilise pour confectionner des pains très aromatiques ou certaines pâtisseries exotiques.

Vanille

Gousse séchée d'une orchidée grimpante, au parfum très doux et suave. On utilise le contenu des gousses, qu'on retrouve dans la pâte ou dans la crème sous forme de minuscules points noirs. Ils témoignent qu'on a bien utilisé de la vanille et non le produit de remplacement synthétique, la vanilline.

Cannelle

Écorce aromatique du cannelier. Elle se vend en poudre ou en bâtonnets. Ceux-ci servent à aromatiser les liquides dans lesquels on les laisse infuser. On les réduira en poudre pour les ajouter aux pâtes.

Piment

Fruit de la plante du même nom, il s'emploie moulu dans des spécialités régionales.

Gingembre

Tige souterraine, ou rhizome, d'une plante asiatique à la saveur aromatique poivrée. Il faut toujours l'utiliser frais. On conservera les rhizomes dans un pot à fleur, couverts de terre, et on les arrosera légèrement de temps à autre.

Safran

C'est le condiment le plus cher du monde, qu'on tire du stigmate desséché du crocus. Sa couleur est d'un beau jaune intense, et son parfum très aromatique.

Cardamome

Grains poivrés d'une plante tropicale, qu'on dégage de leur écorce fibreuse avant de les réduire en poudre au mortier. La cardamome est une épice relativement chère.

Cumin

C'est l'épice traditionnelle du pain, mais on l'utilise aussi pour décorer certaines pâtisseries. Le petit fruit sec, très parfumé, ne développe son plein arôme que si on le moud de frais.

Macis

Enveloppe dentelée de la noix de muscade. Elle est vendue en petits morceaux qu'on pile très finement au mortier.

Anis

Graines d'une ombellifère très aromatique. D'un goût et d'une odeur persistants, elles entrent dans la fabrication du pain d'épice et de certaines pâtisseries, confiseries et liqueurs.

Noix muscade

Fruit d'un arbre tropical, il faut toujours la râper de frais, avec une râpe ou un moulin à muscade, car elle perd très rapidement son arôme. On l'utilise pour les petits gâteaux ou certains pains d'épice.

Anis étoilé

Nom vulgaire de la badiane, fruit acidulé d'un arbre tropical. En pâtisserie, on utilise les petites graines brunes dégagées de leur écorce, moulues ou broyées. Les « étoiles » entières servent à parfumer bouillons et ragoûts.

UNE VÉRITABLE CORNE D'ABONDANCE

Les fruits secs et confits permettent de donner aux gâteaux les plus divers leur consistance, leur arôme, leur saveur et leur moelleux. Nos grands-mères le savaient bien, qui usaient largement en pâtisserie d'amandes et de noisettes, de raisins et de fruits secs de toutes sortes. Les gâteaux qui en contiennent restent plus longtemps frais et tendres.

LES FRUITS SECS

Ils sont riches en huile, c'est pourquoi il faut les conserver au frais et à l'abri de l'air, dans une boîte hermétique par exemple. Ils se dessèchent rapidement et prennent alors un goût désagréable, qu'ils communiquent aux pâtisseries auxquelles on les ajoute. Il est donc recommandé de les acheter au fur et à mesure de ses besoins. Les restes éventuels pourront être surgelés. On trouve dans le commerce des fruits secs entiers, dans leur coque, décortiqués, effilés ou coupés en bâtonnets (amandes), hachés ou moulus. Il est toutefois préférable de les détailler soi-même, juste avant de les employer, pour qu'ils ne se dessèchent pas. Une exception : emballés sous vide dans des sachets en polyéthylène, ils gardent leur bel aspect, leur consistance et tout leur arôme.

Noix du brésil

Elles viennent, faut-il le préciser, du Brésil et on les vend entières ou décortiquées. D'un goût typique, assez prononcé, elles sont riches en protéines et en huile.

Amandes

L'amande est le fruit gras universel, dont le goût peu prononcé se marie pratiquement avec toutes les saveurs.

Amandes amères et pignons

Très rigoureusement sélectionnées, les amandes amères sont vendues en petites quantités : leur teneur élevée en acide prussique présente un certain danger. Les pignons sont les graines de la pomme de pin, dont le goût rappelle un peu celui des amandes.

Noisettes

En général, elles sont vendues mondées et rôties. Ou entières, avec coquille et pellicule. Elles sont souvent moulues sans être débarrassées de cette dernière.

Noix

Avant leur complète maturité, elles prennent le nom de cerneaux, et on peut alors enlever facilement la pellicule amère qui les entoure.

Pistaches

Vendues entières ou décortiquées. Rôties et salées. Elles gardent leur belle couleur verte à la cuisson, mais sont malheureusement relativement chères.

Noix de pécan

C'est la cousine américaine de la noix. Sa coque est lisse, et les cerneaux sont plus fins et luisants.

Cacahuètes et noix de coco

Cacahuètes grillées, entières ou décortiquées, mondées, parfois salées. On peut acheter la noix de coco entière ou la chair râpée. On trouve aussi des « chips » de noix de coco.

Pruneaux et abricots secs

S'ils sont de bonne qualité, ils ne contiennent pas de soufre. Se renseigner à l'achat !

Figues sèches et gingembre confit

Pour les pâtisseries exotiques ou les cakes anglais qui sont, quand ils en contiennent, sucrés, aromatiques et très moelleux.

Pétales de rose cristallisés

On s'en sert souvent pour décorer les gâteaux d'anniversaire, de mariage, etc. Ils ne peuvent être ajoutés à la pâte, dans laquelle ils fondraient à la cuisson.

Bananes séchées et dattes

Pour les pâtes à biscuits relativement lourdes. Dénoyautez les dattes qui, en fait, ne sont qu'à moitié séchées. N'oubliez pas que ces fruits sont très sucrés !

Fruits confits

On les coupe menu ou on les hache avant de les ajouter à la pâte des cakes anglais ou du kouglof.

Écorce d'agrumes et cerises confites

Écorces d'orange et de citron, indispensables pour le nougat glacé (voir page 298). Les cerises servent généralement à la décoration, mais elles peuvent aussi être ajoutées à la pâte.

Raisins secs

Grains de raisin de table desséchés au soleil ou dans des fours spéciaux. Il en existe plusieurs variétés gros grains, raisin de Smyrne, corinthes californiens, corinthes ou raisins secs bruns.

Les fruits à pépins séchés

Il faut toujours les conserver au frais et, bien sûr, au sec, pour que le jus ne risque pas de s'écouler, ce qui favoriserait les moisissures. Les récipients les plus indiqués pour cela sont les bocaux à couvercle vissé, qu'on ne ferme pas à fond pour permettre à l'air de circuler.

Pour confire les fruits au sucre, un pèse-sirop est indispensable (dans les magasins spécialisés). Il permet de mesurer exactement la teneur en sucre du sirop dans lequel les fruits resteront jusqu'à ce qu'ils en soient régulièrement imprégnés partout. On peut aussi – et c'est plus simple – se contenter de badigeonner les fruits au blanc d'œuf avant de les saupoudrer généreusement de sucre glace. Laisser sécher à l'air et consommer rapidement : la couche de sucre ne conserve pas les fruits.

POUR CONFECTIONNER DE SUCCULENTS GÂTEAUX...

Il faut traiter les différents ingrédients indispensables avec le même soin qu'on a mis à les choisir et à les acheter. Mal entreposés ou conservés dans de mauvaises conditions, ils perdraient vite, en effet, leurs qualités et même leurs propriétés. Et les gâteaux ou les petits biscuits qu'on a confectionnés avec tant de peine et d'amour n'auraient plus le fondant et la saveur qui les font tant apprécier si on les conservait au mauvais endroit, à une température inadéquate, trop ou pas assez longtemps.

CE QUI EST FRAIS DOIT RESTER FRAIS

Tout le monde sait que les denrées périssables telles que le lait et les produits laitiers (crème, beurre, fromage blanc) doivent être enfermées au réfrigérateur dès le retour du marché. Les emballages portent généralement la date limite de conservation.
Les cas des œufs est déjà plus délicat : on les retire de leur carton pour les ranger dans le compartiment spécial du réfrigérateur, et il est alors parfois difficile de déterminer leur « âge ». Il faut alors les marquer pour éviter d'utiliser, même en pâtisserie, des œufs datant de plus de trois semaines.
La levure doit toujours être fraîche pour agir efficacement. Elle dégage alors une odeur agréable, légèrement sure. Sa couleur est grisâtre et sa consistance ferme. Conservez au réfrigérateur ou, pour un entreposage prolongé, au congélateur.
Les fruits, et surtout les baies, seront utilisés aussi rapidement que possible. Ces dernières, en effet, supportent mal l'entreposage. Si vous ne pouvez éviter de les conserver, rangez-les sur un torchon sec dans le tiroir à légumes du réfrigérateur. Lavez, équeutez et épongez soigneusement au dernier moment.

AUTRES INGRÉDIENTS

Conservez la farine dans un récipient aussi hermétique que possible, et en tout cas au sec, pour éviter que les larves de ténébrion (ver de farine) ne s'y logent. Les bocaux à couvercle, en verre ou en plastique, conviennent parfaitement.
Le sucre, lui aussi, doit être conservé au frais et au sec.
Les substances aromatiques utilisées en pâtisserie craignent la lumière. Elles perdent à son contact leur couleur et leur arôme. Il faut donc les conserver dans des récipients opaques ou au fond d'un placard de cuisine.

LES ALIMENTS SECS SONT DÉLICATS !

Les raisins secs et les fruits confits ne sont jamais vraiment secs. Il faut donc les conserver à l'abri des bactéries, mais à l'air pour éviter qu'ils ne moisissent. Le mieux est de choisir des récipients dont vous pourrez laisser le couvercle entrouvert ou des sacs en toile, perméables à l'air.
Les fruits secs riches en huile risquent de rancir si on les conserve trop longtemps, surtout s'ils ne sont pas entreposés au frais. Il est préférable de les utiliser aussi vite que possible. Gardez les restes éventuels au réfrigérateur ou, mieux encore, au congélateur.
La poudre à lever et les substances aromatiques attendront qu'on les utilise dans un endroit sombre et sec. Quant au chocolat, sa durée de conservation est, elle aussi, limitée. Selon la qualité (qui dépend de la teneur en beurre de cacao), on compte six mois à un an au maximum. Ici encore, entreposez au frais (le beurre de cacao peut fondre en formant une couche blanchâtre sur le chocolat), mais pas dans le réfrigérateur.

POUR QUE LES PÂTISSERIES RESTENT LONGTEMPS FRAÎCHES

Il ne peut être question de les traiter toutes de la même manière : les gâteaux à pâte lourde, riches en matière grasse ou contenant des raisins secs ou des fruits confits, imbibés d'alcool ou fourrés, se conservent parfaitement pendant deux à trois jours. C'est le cas des tresses, du cake sablé ou du cake royal, des gâteaux à la crème au beurre ou au fromage blanc, des savarins et des babas. Gardez-les au frais, dans le tiroir à légumes du réfrigérateur par exemple, soigneusement emballés dans de la feuille protectrice ou dans une boîte en matière plastique, pour qu'ils ne prennent pas l'odeur des aliments rangés à proximité.

– Les pâtisseries sèches, gâteaux en pâte à chou, biscuits ou macarons, supportent bien la température ambiante. Conservez-les toutefois dans des boîtes en plastique ou en fer-blanc munies d'un couvercle hermétique.

– Pour toutes les autres pâtisseries, une règle d'or : c'est toutes fraîches qu'elles sont les meilleures !

PÂTISSERIES DE NOËL ET PETITS GÂTEAUX

Certaines pâtisseries de Noël ne développent leur plein arôme qu'au bout de trois à quatre semaines. Emballez-les très soigneusement dans une double épaisseur d'aluminium ménager pour éviter qu'elles se dessèchent. Les *petits gâteaux* qui sortent du four durs comme de la pierre mais doivent être fondants au moment où on les consomme – c'est le cas des pains d'épice et des petits gâteaux à l'anis – se conservent parfaitement enfermés avec quelques quartiers de pomme dans des boîtes en fer-blanc. Pour tous les autres, il suffit d'une boîte ordinaire ou d'un carton, dans lequel on les empilera en séparant chaque couche par du papier de soie. Les *bouchées en chocolat* et les *petits fours* attendront au frais, mais jamais au réfrigérateur, bien à l'abri dans des caissettes en papier individuelles. D'une manière générale, petits gâteaux et confiseries doivent être consommés dans les 10 à 14 jours.

CONSEILS POUR LA CONGÉLATION

À l'exception des meringues et de toutes les autres pâtisseries sèches à base de blanc d'œuf en neige, qui deviennent coriaces au froid, on peut surgeler tous les gâteaux. Et il sera bien difficile de les distinguer des frais si on prend la peine de les passer rapidement au four (170 °C (th. 5-6) environ) après les avoir brièvement décongelés. Il va de soi qu'il ne faut les décorer qu'au moment de servir : la crème, le chocolat et les glaçages ne supportent pas le froid. Pour les tartes et les gâteaux aux fruits, surgelez les fonds de pâte et les fruits séparément. Versez la liaison chaude sur les fruits surgelés : ils décongèleront rapidement et la liaison prendra plus vite. Il est préférable de couper les gros gâteaux en morceaux correspondant à des portions individuelles, que vous pourrez sortir du congélateur au fur et à mesure de vos besoins. Signalons en passant que la plupart des pâtes peuvent être surgelées. Le plus simple, pour gagner du temps, est de les mettre au congélateur dans le moule.

À TABLE !

UN SEUL MOT D'ORDRE : SÉDUIRE !

Quoi de mieux, après un bon repas, que de se sucrer le bec avec un succulent dessert préparé avec amour ? Voici quelques idées de desserts pour couronner en beauté vos repas de tous les jours ou pour des occasions plus exceptionnelles !

POUR COURONNER LE REPAS ? LE DESSERT, BIEN SÛR !

Quelques idées de desserts qui raviront tous les gourmands.

RELIGIEUSES AU CHOCOLAT

Et si vous vous laissiez tenter par une délicieuse religieuse au chocolat (voir page 262) ?

BABAS

Préparés selon la recette page 166, ils sont servis comme sur la photo ci-dessous : avec de la chantilly et des fruits rouges.

MERINGUES ROSES

Un dessert d'été super-léger : confectionnez des petites meringues (voir page 290) et, pourquoi pas, réunissez-les deux par deux avec de la crème fouettée (voir page 314). Présentez dans des caissettes en papier.

TARTE RENVERSÉE À L'ANANAS

C'est le principe de la fameuse tarte Tatin (voir page 142) dans laquelle les pommes sont remplacées par d'épaisses rondelles d'ananas frais. Servez chaud.

CHARLOTTE AUX FRAISES

Un dessert riche, mais rafraîchissant, dont la recette se trouve à la page 82.

PANIERS DE FRUITS FRAIS

En pâte à oublies (voir page 294), elles sont garnies de fruits frais et de Chantilly à la vanille, le tout saupoudré, pourquoi pas, de sucre en grains, d'amandes effilées ou de sucre glace.

À L'HEURE DU THÉ

Il est toujours agréable de préparer quelques douceurs et de se réunir autour d'une tasse de thé odorant pour bavarder, voire refaire le monde. Voici quelques idées de délicieuses pâtisseries que vous pourrez préparer pour la circonstance.

QUATRE-QUARTS

Pâte travaillée (page 106) parfumée avec le zeste de citrons non traités. Le gâteau sera encore plus moelleux si vous remplacez la moitié de la farine par des flocons d'avoine.

TARTELETTES AUX FRUITS

Fond de biscuit (page 138) généreusement garni de fruits. Servez avec de la crème fouettée pour plus de gourmandise.

BISCUIT AUX POMMES

Pâte à biscuits qu'on garnit de quartiers de pomme (page 65). La pâte gonfle en cuisant et, si les fruits disparaissent presque complètement, ils parfument le gâteau qui est alors moelleux à souhait.

BAVAROIS

Le bavarois (voir page 67) est une mousse à base de purée de fruits additionnée de gélatine et de crème fouettée.

TARTE AU FROMAGE FRAIS

Une recette qui plaira aux enfants… et aux grands (voir page 144) !

MILLEFEUILLE

Abaisses de pâte feuilletée (voir page 216), soudées entre elles par de la crème pâtissière.

DES GÂTEAUX POUR LES GRANDES FÊTES DE FAMILLE... ET LES AUTRES !

Anniversaire, baptême, fête de famille, etc. : autant d'occasions de confectionner un gâteau classique et spectaculaire. Quelques recettes pour vous donner des idées...

FRAISIER

Un gâteau assez spectaculaire, mais très simple à faire. Il s'agit tout simplement d'une génoise (voir page 65) à laquelle on ajoute une crème pâtissière et un sirop de fraise. En réalisant deux gâteaux de tailles différentes et en les empilant, vous réaliserez une superbe pièce montée.

SAINT-HONORÉ MINIATURE

Idéal avec le café si on n'est que deux ou trois à table. On n'utilisera que la moitié des ingrédients de la recette de base (voir page 256) pour préparer des petits gâteaux. Décorez de crème fouettée, de rondelles d'orange confites et d'une cerise au centre.

VACHERIN

L'alliance subtile de la meringue (voir pages 278-279), de la glace à la vanille et de la chantilly (voir page 314).

BÛCHE

Biscuit roulé au chocolat (voir page 70) et crème au beurre au chocolat (voir page 310). Décorez la bûche de copeaux de chocolat (voir page 331), que vous saupoudrerez d'une mince pellicule de sucre glace.

MOKA

Un grand classique (voir page 322) : biscuit au chocolat, qu'on coupe dans l'épaisseur en tranches et qu'on tartine de crème moka. Nappez le dessus et le tour avec la même crème avant de décorer à la poche à douille.

LA PIÈCE MONTÉE

Que serait un mariage sans la fameuse pièce montée (voir page 50) ? Elle demande un peu de temps mais le résultat en vaut la peine.

LA PIÈCE MONTÉE

Un mariage, sans pièce montée, ce n'est pas un mariage ! Il en va de même pour les baptêmes et les communions : la pièce montée est le clou du repas. Si vous la réalisiez vous-même ? Il faut du temps et de l'application, mais faire sa pièce montée à la maison est parfaitement envisageable et surtout très économique.

LES BISCUITS

Ils doivent être très « solides », surtout si la pièce montée est vraiment constituée de plusieurs étages : même s'il y en a trois ou plus, le biscuit du bas doit pouvoir supporter le poids qui lui est confié. Il faut penser aussi que la pièce montée ne peut être confectionnée ni décorée le jour de la fête : c'est la veille qu'elle devra être fin prête, et seuls des biscuits en pâte riche resteront parfaitement frais.

LE DÉCOR

Cuisez les biscuits (24 et 18 cm de diamètre, par exemple) un jour avant de décorer le gâteau, et coupez le dessus pour qu'ils soient parfaitement plans. Si vous souhaitez décorer votre gâteau avec un glaçage, montez 2 blancs d'œufs en neige et incorporez 500 g de sucre glace : le glaçage doit être assez épais tout en s'étalant facilement. Utilisez la moitié du glaçage pour napper tout le gâteau et égalisez soigneusement à la spatule. Mettez le reste dans la poche garnie d'une petite douille en étoile. Dressez des guirlandes et des rosettes. Décorez de roses et de feuilles en pâte d'amandes et terminez en posant une perle argentée au cœur de chaque rosette.

LE DÉCOUPAGE

On choisira un couteau suffisamment grand, à lame-scie bien aiguisée. Le glaçage, en effet, est sec et épais, et il ne peut être question d'utiliser une lame lisse, qui risquerait de le briser.

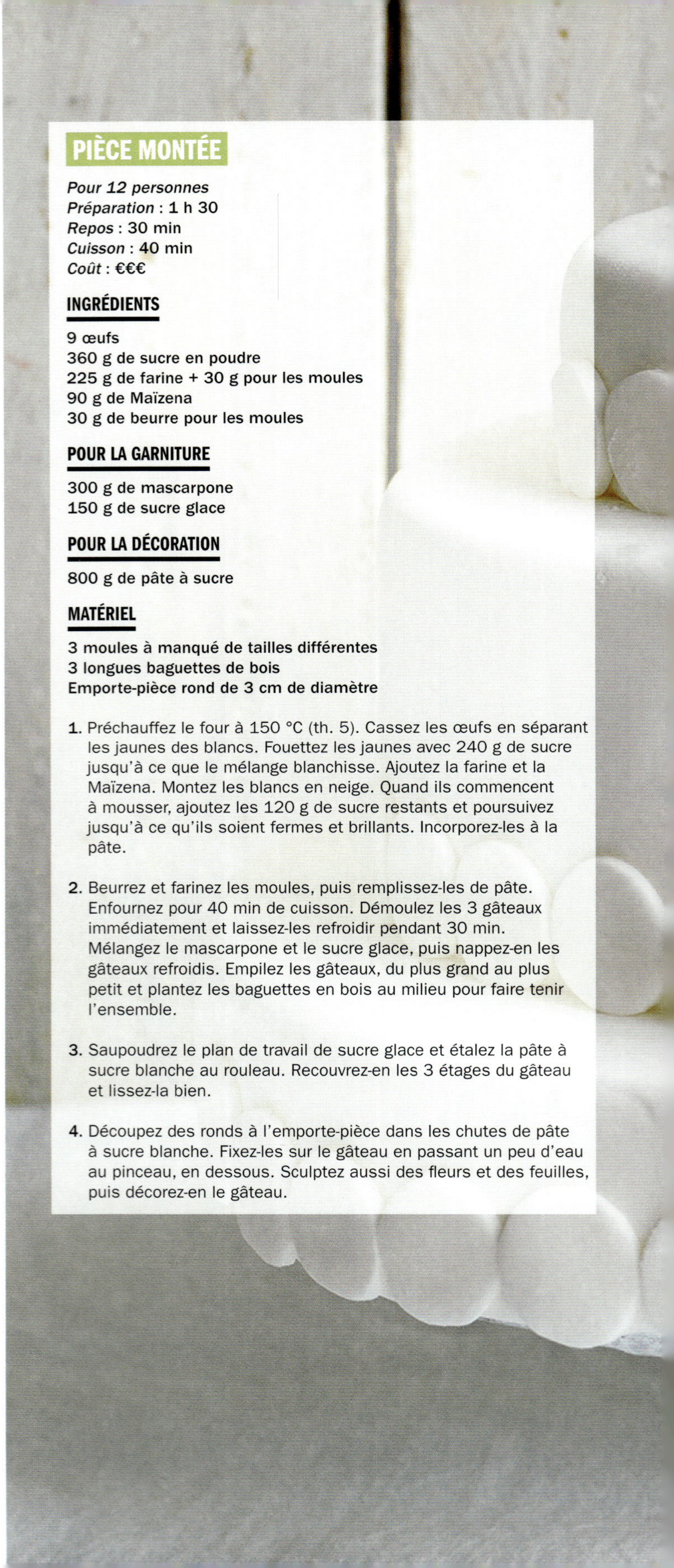

PIÈCE MONTÉE

Pour 12 personnes
Préparation : 1 h 30
Repos : 30 min
Cuisson : 40 min
Coût : €€€

INGRÉDIENTS

9 œufs
360 g de sucre en poudre
225 g de farine + 30 g pour les moules
90 g de Maïzena
30 g de beurre pour les moules

POUR LA GARNITURE

300 g de mascarpone
150 g de sucre glace

POUR LA DÉCORATION

800 g de pâte à sucre

MATÉRIEL

3 moules à manqué de tailles différentes
3 longues baguettes de bois
Emporte-pièce rond de 3 cm de diamètre

1. Préchauffez le four à 150 °C (th. 5). Cassez les œufs en séparant les jaunes des blancs. Fouettez les jaunes avec 240 g de sucre jusqu'à ce que le mélange blanchisse. Ajoutez la farine et la Maïzena. Montez les blancs en neige. Quand ils commencent à mousser, ajoutez les 120 g de sucre restants et poursuivez jusqu'à ce qu'ils soient fermes et brillants. Incorporez-les à la pâte.

2. Beurrez et farinez les moules, puis remplissez-les de pâte. Enfournez pour 40 min de cuisson. Démoulez les 3 gâteaux immédiatement et laissez-les refroidir pendant 30 min. Mélangez le mascarpone et le sucre glace, puis nappez-en les gâteaux refroidis. Empilez les gâteaux, du plus grand au plus petit et plantez les baguettes en bois au milieu pour faire tenir l'ensemble.

3. Saupoudrez le plan de travail de sucre glace et étalez la pâte à sucre blanche au rouleau. Recouvrez-en les 3 étages du gâteau et lissez-la bien.

4. Découpez des ronds à l'emporte-pièce dans les chutes de pâte à sucre blanche. Fixez-les sur le gâteau en passant un peu d'eau au pinceau, en dessous. Sculptez aussi des fleurs et des feuilles, puis décorez-en le gâteau.

GÂTEAU AU YAOURT

Pour 1 gâteau de 6 à 8 personnes
Préparation : 10 min
Cuisson : 35 à 40 min
Coût : €

INGRÉDIENTS

½ gousse de vanille
1 pot de yaourt nature (le pot sert d'unité de mesure)
3 œufs
½ pot d'huile
2 pots de sucre en poudre
3 pots de farine
1 sachet de levure chimique

MATÉRIEL

Moule rond
Papier cuisson

1. Préchauffez le four à 180 °C (th. 6).

2. Coupez la gousse de vanille en deux, puis prélevez les graines à l'aide d'un couteau. Réservez. Videz le pot de yaourt dans un saladier, cassez les œufs dedans et fouettez vivement. Versez l'huile, le sucre, les graines de vanille, la farine et la levure. Mélangez bien jusqu'à obtenir une pâte homogène sans grumeaux.

3. Versez la préparation dans le moule tapissé de papier cuisson puis enfournez pour 35 à 40 min. Vérifiez la cuisson : la pointe d'un couteau doit ressortir sèche.

4. Laissez bien refroidir avant de déguster.

VARIANTE

Vous pouvez utiliser un yaourt au lait de soja pour les intolérants au lactose ou à la protéine de lait de vache.

FLAN PÂTISSIER

Pour 6 personnes
Préparation : 25 min
Cuisson : 5 min + 40 min
Réfrigération : 30 min
Coût : €

POUR LA PÂTE BRISÉE

250 g de farrine
125 g de beurre
1 pincée de sel
Eau

POUR LA GARNITURE

1 l de lait
1 gousse de vanille
4 œufs
150 g de sucre en poudre
80 g de Maïzena (fécule de maïs)

1. Préparez une pâte brisée. Versez la farine dans un saladier. Creusez un puits et déposez au centre le beurre ramolli et coupé en morceaux. Ajoutez la pincée de sel. Mélangez du bout des doigts jusqu'à ce que vous obteniez une consistance de sable. Ajoutez un peu d'eau pour lier. Malaxez la pâte jusqu'à ce qu'elle devienne homogène et élastique. Formez une boule et laissez-la reposer au frais pendant 30 min, bien emballée dans du film alimentaire. Étalez ensuite la pâte dans un moule recouvert de papier sulfurisé.

2. Préchauffez le four à 180 °C (th. 6).

3. Faites bouillir le lait avec la gousse de vanille fendue dans le sens de la longueur. Fouettez les œufs entiers en omelette dans un saladier.

4. Dans un autre saladier, mélangez le sucre en poudre et la Maïzena. Ajoutez les œufs en omelette sans cesser de battre.

5. Versez le lait bouillant après avoir ôté la gousse de vanille, tout en fouettant. Reversez la préparation dans la casserole et faites chauffer à feu doux pendant 5 min, jusqu'à ce que le mélange épaississe.

6. Versez la préparation dans le moule et enfournez pendant 40 min à 180 °C (th. 6). Il doit être bien doré. Laissez refroidir avant de déguster.

CLAFOUTIS AUX CERISES

Pour 6 personnes
Préparation : 10 min
Cuisson : 40 min
Coût : €

INGRÉDIENTS

3 œufs
100 g de sucre en poudre
130 g de farine
50 cl de lait
500 g de cerises
1 noix de beurre pour le moule

1. Préchauffez votre four à 180 °C (th. 6).

2. Dans un saladier, fouettez les œufs entiers avec le sucre. Ajoutez petit à petit la farine puis le lait. Fouettez la préparation jusqu'à ce qu'elle soit bien lisse.

3. Beurrez un plat à gratin. Déposez les cerises non dénoyautées dans le plat. Versez la pâte sur les fruits.

4. Faites cuire le clafoutis pendant 40 min jusqu'à ce qu'il soit bien doré.

CRÈME BRÛLÉE

Pour 6 crèmes brûlées
Préparation : 15 min
Cuisson : 1 h
Repos : 3 h
Coût : €

INGRÉDIENTS

1 gousse de vanille
15 cl de lait entier
4 jaunes d'œufs
75 g de sucre en poudre
30 cl de crème liquide
6 cuil. à soupe de sucre roux (pour caraméliser)

MATÉRIEL

6 ramequins
Chalumeau de cuisine

1. Fendez la gousse de vanille en deux et retirez les graines. Faites chauffer le lait avec les graines et les gousses de vanille à feu doux.

2. Dans un saladier, fouettez les jaunes d'œufs avec le sucre, jusqu'à ce que le mélange blanchisse. Incorporez la crème froide et le lait chaud filtré. Remuez et versez la préparation dans les ramequins.

3. Préchauffez le four à 95 °C (th. 3-4). Posez les ramequins dans un plat et versez de l'eau dedans, à mi-hauteur des ramequins, pour une cuisson au bain-marie. Enfournez pour 1 h. À l'issue de la cuisson, les crèmes doivent être prises et légèrement tremblotantes au milieu.

4. Laissez-les refroidir au frais pendant 3 h.

5. Au moment de servir, saupoudrez les crèmes de sucre roux, puis caramélisez-les à l'aide du chalumeau.

ASTUCE

Si vous n'avez pas de chalumeau de cuisine, passez les petites crèmes sous le gril du four pendant 2 min.

CRUMBLE DE POIRES AU BEURRE DE CASSIS

Pour 4 personnes
Préparation : 10 min
Cuisson : 20 min
Repos : 1 h à 1 h 30
Coût : €

INGRÉDIENTS

3 poires (Conférence)
100 g de farine
75 g de sucre roux
Beurre de cassis
100 g de beurre demi-sel à température ambiante
40 g de pulpe de cassis
30 g de poudre d'amandes

1. Préparez le beurre de cassis : dans un saladier, travaillez le beurre à la fourchette jusqu'à ce qu'il prenne la consistance d'une pommade. Incorporez la pulpe de cassis et la poudre d'amandes. Mélangez jusqu'à l'obtention d'une texture homogène.

2. Placez le beurre composé sur du film alimentaire et façonnez-le en rouleau en prenant soin de fermer les deux extrémités. Réservez au frais 1 h à 1 h 30.

3. Préchauffez le four à 180 °C (th. 6). Pelez les poires. Taillez- les en deux dans le sens de la longueur, puis épépinez-les et coupez-les en cubes.

4. Dans un saladier, déposez le beurre de cassis coupé en petits morceaux, la farine et le sucre. Mélangez jusqu'à l'obtention d'un sable.

5. Répartissez les cubes de poires dans 4 ramequins et couvrez-les d'une couche de pâte à crumble. Enfournez pour 20 à 30 min de cuisson, jusqu'à ce que le crumble soit bien doré et croustillant.

VARIANTE

Si vous ne trouvez pas de pulpe de cassis, des fruits frais ou surgelés seront parfaits !

LA PÂTE À BISCUIT

POUR DES GÂTEAUX DE RÊVE...

En fait, il n'existe pas vraiment de pâte à biscuit. Les pâtissiers appellent « appareils » tous les mélanges qu'on bat, qu'on fouette ou qu'on travaille en mousse, par opposition aux pâtes pétries. En cuisine, cependant, il ne faut pas faire de rhétorique : on parle bien de battre la pâte à brioche (page 164), qui est une pâte levée !

RECETTE DE BASE

L'AIR QUI FAIT LEVER LA PÂTE

L'air qu'on incorpore aux œufs en les fouettant patiemment donne au biscuit sa consistance aérienne. La chaleur du four dilate ensuite les fines bulles d'air, qui vont jusqu'à tripler de volume en cours de cuisson. Aucun autre agent de « poussée », comme l'est la levure par exemple, dans cette pâte. Mais, quand le biscuit sort du four, ce n'est pas encore un gâteau : il reste à le découper en fonds ou en morceaux ou à le fourrer de crèmes diverses ou de confiture.

CONSEILS PRATIQUES POUR RÉUSSIR LA PÂTE

1. *Le sucre doit être aussi fin que possible pour mieux fondre dans l'appareil, qu'on fouettera jusqu'à complète dissolution du sucre – la finesse du biscuit en dépend.*
2. *Pour éviter les grumeaux, tamisez la farine sur le mélange jaunes d'œufs-sucre. Elle sera ainsi plus légère et l'appareil ne risquera pas de retomber.*
3. *Une pâte aussi légère ne peut attendre, ne serait-ce qu'un moment, avant d'être enfournée. L'air risquerait de s'en échapper, ce qui l'empêcherait de monter à la cuisson.*

CONSEILS PRATIQUES POUR LA CUISSON

1. *Beurrez la plaque avec soin et farinez-le pour assurer un démoulage sans problème.*
2. *Un atout supplémentaire, qui élimine la corvée du nettoyage : chemisez les moules de papier sulfurisé, découpé aussi exactement que possible à leurs dimensions.*
3. *La surface du biscuit doit rester bien lisse. Pour éviter les crevasses, retirez le papier de cuisson tant que qu'elle est encore chaude. Il suffira de la couvrir ensuite de ce papier pour qu'elle ne se dessèche pas en refroidissant.*
4. *Le biscuit ne supporte pas d'attendre avant d'être cuit : il faut donc penser à préchauffer le four à la température voulue 170 °C (th. 5-6).*
5. *Le biscuit est cuit à cœur quand le bord commence à se détacher du moule.*
6. *Les biscuits se démoulent toujours sur une grille. L'humidité peut ainsi s'échapper, et ils sèchent sans risquer de coller.*

LA CONSERVATION

Vous pouvez préparer les biscuits à l'avance et les surgeler. Emballez-les soigneusement dans de l'aluminium ménager dès qu'ils sont complètement refroidis et laissez-les décongeler à température ambiante, et non dans le four, où ils risqueraient de se dessécher.

LES OPÉRATIONS

Préparation : 30 min
Cuisson : 25 min
Repos : 2 h
Température : 170 °C (th. 5-6)

LES INGRÉDIENTS

6 œufs
175 g de sucre semoule
1 sachet de sucre vanillé
1 pincée de sel
100 g de farine

L'OUTILLAGE

– Deux saladiers
– Un fouet
– Un batteur électrique
– Une plaque à pâtisserie
– Une maryse (spatule)
– Un torchon propre
– Du papier sulfurisé
– Une grille pour démouler

PRÉPARATION ET CUISSON

1

Préparez la pâte à biscuit. Préchauffez le four à 170 °C (th. 5-6). Séparez le blanc du jaune de 4 des 6 œufs et réservez les blancs. Dans un saladier, versez les 2 œufs entiers restants et les 4 jaunes. Ajoutez 120 g de sucre semoule et le sucre vanillé. Fouettez longuement afin d'obtenir une pâte homogène, qui blanchit et double de volume.

2

Dans un autre saladier, montez les blancs en neige à l'aide d'un batteur avec une pincée de sel et en versant petit à petit le sucre restant jusqu'à ce que vous obteniez des blancs brillants et durs.

3

Mélangez délicatement les deux préparations d'œufs avec la farine en vous aidant d'une maryse.

4

Sur une plaque à pâtisserie garnie de papier sulfurisé, versez la pâte et égalisez-la. Il faut qu'elle fasse environ 1 cm d'épaisseur. Enfournez pendant 20 à 25 min.

5

La pâte doit dorer et légèrement gonfler.

6

Sortez le biscuit du four et retirez-le aussitôt de la plaque afin de stopper la cuisson. Posez-le sur une grille et recouvrez-le d'un torchon propre. Laissez reposer pendant 2 h. Retournez le biscuit en gardant le torchon en dessous et retirez délicatement le papier sulfurisé.

TRANSFORMER UN BISCUIT EN UN JOLI GÂTEAU : RIEN DE PLUS SIMPLE !

Les disques de biscuits sont la base de délicieux gâteaux plus ou moins élaborés. L'exemple du merveilleux bavarois aux fraises ci-contre montre comment on s'y prend pour les confectionner. Vous pouvez bien sûr remplacer les fraises par d'autres fruits, selon les goûts et la saison, mais la technique reste toujours la même. Il faut en tout cas des fruits, le cas échéant en conserve, un peu de confiture d'un parfum assorti, de la crème fouettée ou de la crème au beurre, un biscuit préparé selon la recette de la page 65 ou acheté chez le pâtissier, et, en un quart d'heure à peine, on peut porter à table un somptueux gâteau.

DES FONDS DE BISCUIT IMPECCABLES

Quand on veut confectionner un gâteau, l'opération la plus importante, mais aussi la plus délicate, est de couper le biscuit en tranches (fonds) de même épaisseur. On s'y prendra, comme les pâtissiers, de la façon suivante : à l'aide d'un couteau à longue lame finement dentelée et bien aiguisée, incisez le bord du biscuit, puis enfoncez la lame à l'horizontale jusqu'au centre, en faisant tourner le gâteau sur lui-même. Vous pouvez aussi utiliser un fil de cuisine solide, que vous posez dans des incisions pratiquées sur le bord, avant de tirer, en le croisant, pour couper le biscuit à l'épaisseur voulue.

1

Coupez le biscuit en trois disques d'épaisseur égale.

2

Tartinez le fond inférieur d'une mince couche de confiture.

3

Posez dessus le deuxième fond, garnissez de fruits et nappez de crème fouettée.

4

Entaillez le dernier fond avant de le poser en formant une coupole.

5

Tartinez tout le gâteau de crème fouettée.

6

Décorez de fraises.

CONSEILS PRATIQUES POUR DES GÂTEAUX PARFAITS

Pour confectionner un gâteau composé de disques de biscuits superposés, qui ne se cachent pas sous une épaisse couche de crème fouettée, tenez compte des remarques ci-après :

1. La farce doit être ferme pour ne pas couler quand vous coupez le gâteau.
2. Si le biscuit est fourré de crème fouettée, celle-ci sera plus ferme si vous y ajoutez un peu de gélatine.
3. Il faut veiller à tartiner les fonds régulièrement et sans déborder. Vous pourrez ainsi les empiler sans qu'ils risquent de glisser les uns sur les autres.
4. Utilisez, pour tartiner le gâteau, un couteau à longue lame ou, mieux encore, une spatule, comme le font les pâtissiers.
5. Pour donner au gâteau sa forme finale, vous pouvez vous servir de l'anneau d'un moule à fond amovible ou d'un anneau en métal ou en matière plastique, spécialement conçu à cet effet. Il maintient le biscuit bien en place et empêche la farce et la garniture de couler. Il suffira de l'enlever avant la décoration de dernière minute.
6. Le point final, en effet, est la décoration appliquée à la poche à douille unie ou en étoile, ou encore à l'aide d'une spatule dentelée. Saupoudrez enfin de pralin, d'amandes, de noix ou de noisettes, etc. hachées, ou de sucre cristallisé multicolore.

BAVAROIS AUX FRAISES

Pour 8 à 10 personnes
Préparation : 45 min
Cuisson : 10 à 12 min
Repos : 5 h
Coût : €

INGRÉDIENTS

1 génoise nature ronde (page 65)

POUR LE BAVAROIS

3 feuilles de gélatine
300 g de fraises
60 g de sucre en poudre
30 cl de crème liquide à 30 % de matière grasse minimum

POUR LE DÉCOR

200 g de fraises
25 g de sucre
2 feuilles de gélatine

MATÉRIEL

1 cercle à pâtisserie (environ 25 cm de diamètre)

1. Préparez la pâte à génoise en suivant la recette de la page 65. Étalez la pâte sur une plaque de four recouverte de papier sulfurisé en formant un cercle de la taille de votre cercle à pâtisserie. Faites cuire la génoise pendant 10 à 12 min, jusqu'à ce qu'elle soit dorée. Laissez refroidir.
2. Préparez le bavarois : faites ramollir les feuilles de gélatine dans un bol d'eau froide pendant 10 min. Rincez et équeutez les fraises. Mixez-les avec le sucre en poudre. Faites tiédir la moitié du coulis obtenu et incorporez-y les feuilles de gélatine essorées. Remuez, puis ajoutez l'autre moitié du coulis.
3. Montez la crème liquide bien froide en chantilly et incorporez délicatement le coulis, sans casser la mousse. Laissez reposer pendant 1 h au réfrigérateur.
4. Déposez votre cercle à pâtisserie sur une assiette ronde. Glissez votre génoise à l'intérieur du cercle et versez le bavarois à la fraise par-dessus. Laissez prendre au réfrigérateur pendant au moins 3 h.
5. Rincez et équeutez les fraises. Mixez-les avec le sucre en poudre. Faites ramollir les feuilles de gélatine dans un bol d'eau froide. Versez le coulis dans une casserole et faites tiédir. Incorporez les feuilles de gélatine essorées dans le mélange tiède et remuez. Versez la préparation sur le bavarois aux fraises dans le cercle et lissez.
6. Laissez reposer de nouveau 1 h au réfrigérateur. Démoulez le bavarois en retirant le cercle. Disposez des fraises entières ou un trait de coulis de chocolat sur le bavarois pour décorer.

VARIATIONS SUR LE THÈME DE LA PÂTE À BISCUIT : TOUT UN PROGRAMME !

Le biscuit est comme le caméléon : une fois blanc, une fois brun, une fois moucheté ou strié, un jour léger, l'autre consistant. On peut ajouter à la pâte du chocolat concassé, des fruits secs hachés, plus de beurre, des graines de pavot moulues, et c'est ce qui fait à chaque fois la différence. La plupart du temps, ces ingrédients apportent un supplément de matière grasse, ce qui donne un gâteau moins sec et plus riche ; plus « solide » aussi : c'est de ces pâtes riches qu'on fait les pièces montées, dont le biscuit inférieur doit supporter sans faiblir le poids des autres « étages ».

DU BISCUIT AU CHOCOLAT AU BISCUIT VIENNOIS

Il s'agit dans tous les cas de dérivés classiques de la pâte à biscuit : la recette de base et le mode de préparation sont les mêmes. Les ingrédients qui font la différence sont ajoutés en même temps que la première portion de blancs en neige, donc avant d'incorporer délicatement le reste (page 65).

1

2

1 Biscuit aux noix, aux noisettes, aux amandes, etc.

L'apport de matières grasses donne un biscuit plus compact que le biscuit classique. Suivant la finesse de la mouture, la consistance est plus ou moins granuleuse. Ajoutez aux ingrédients de la recette de base 100 g de fruits secs : noix, noisettes, pistaches, pralin ou amandes, etc.

2 Biscuit viennois

Un biscuit qui fond sur la langue et plaît par son bon goût de beurre. Ajoutez en effet en plus des 175 g de la recette de base. Préalablement fondu, incorporez-le tiède à l'appareil.

3

4

5

3 Biscuit au chocolat concassé

Comptez 100 g de chocolat passé à la râpe à gros trous ou au hachoir électrique. Il faut veiller à ne pas le concasser trop fin. La meilleure façon de procéder est de mélanger le chocolat à la farine tamisée avant d'ajouter cette dernière à l'appareil.

4 Biscuit à l'orange

Ajoutez le zeste finement râpé de deux oranges aux ingrédients de la recette de base. Choisissez des oranges non traitées ou lavez-les très soigneusement à l'eau chaude si vous n'êtes pas certain de leur provenance.

5 Biscuit au chocolat

Choisissez un bon chocolat noir ou une couverture de bonne qualité.
Le résultat est d'un goût franc et d'une consistance agréable. Faites fondre 140 g de chocolat à feu doux, lissez et ajoutez à l'appareil avant d'incorporer les blancs d'œufs.

GÉNOISE AU CHOCOLAT

Pour 1 génoise de 25 cm de diamètre
Préparation : 20 min
Cuisson : 30 min
Repos : 30 min
Coût : €

INGRÉDIENTS

125 g de farine + pour le moule
30 g de cacao en poudre
6 gros œufs
150 g de sucre en poudre
30 g de beurre fondu + pour le moule

MATÉRIEL

Passoire fine
Batteur électrique
Moule à génoise rond de 25 cm de diamètre

1. Préchauffez le four à 180 °C (th. 6). Dans un saladier, mélangez, puis tamisez la farine et le cacao à l'aide d'une passoire fine. Dans un autre saladier, assemblez les œufs et le sucre. Placez le saladier au bain-marie (au-dessus d'une casserole d'eau frémissante) et battez pendant 5 min jusqu'à obtention d'une mousse pâle et légère. Battez ensuite pendant 5 min supplémentaires hors du bain-marie, toujours à grande vitesse, de sorte à faire refroidir un peu le mélange.

2. Ajoutez ensuite la farine, le cacao puis le beurre fondu. Mélangez très délicatement, le moins longtemps possible afin de ne pas faire trop retomber les œufs et d'obtenir une pâte légère.

3. Versez délicatement la pâte dans le moule beurré et fariné. Enfournez pour environ 30 min de cuisson. Démoulez alors la génoise encore chaude sur une grille et laissez-la refroidir pendant 30 min avant de la déguster ou de l'utiliser comme base pour d'autres desserts.

CONSEILS

Avec la génoise au chocolat, préparez la forêt-noire (page 76) ou d'autres gâteaux à garnir avec les ganaches.

APRÈS LE PLAISIR DES YEUX, CELUI DU PALAIS

PRÉPARATION

Il est impératif de faire cuire le biscuit la veille. Un biscuit trop frais s'émiette lorsqu'on le coupe et il est pratiquement impossible d'obtenir de beaux fonds réguliers. Le petit renflement que le biscuit présente au centre est tout à fait normal : il suffit de le raboter pour que la surface à garnir soit bien plane.

FOURRER DE CONFITURE

C'est la façon la plus simple de confectionner un gâteau. Lissez la confiture, ajoutez éventuellement un petit verre d'alcool. Pour qu'elle soit plus fruitée et moins sucrée, vous pouvez y mélanger des fruits frais (200 g de confiture de framboises et 100 g de framboises fraîches, par exemple).

1 Fourrer de compote

Pochez rapidement les fruits (griottes, groseilles à maquereau), sucrez à volonté et, le cas échéant, épaississez le jus avec de la fécule. Pour fourrer un biscuit, on compte 500 à 700 g de fruits, 100 à 170 g de sucre et 3 cuil. à soupe de fécule à peine diluée dans un peu d'eau ou de jus de fruits. Ajoutez à la compote en fin de cuisson, donnez un bouillon pour épaissir le jus et laissez refroidir avant de fourrer le biscuit.

2 Fourrer de pâte d'amandes

Pour donner au biscuit un bon goût d'amande, fourrez-le d'un mélange composé de 200 g de pâte d'amandes de 12,5 cl de lait et de 2 cuil. à soupe de rhum.

3 Biscuit au pralin

1 biscuit aux noix, aux noisettes ou aux amandes, 75 cl de crème au beurre à la vanille (page 309), 200 g de pralin du commerce ou maison (pages 356).
Coupez le biscuit en trois tranches dans l'épaisseur (fonds). Réservez quatre cuillerées à soupe de crème pour décorer ; parfumez le reste avec le pralin et une giclée de rhum, étalez sur deux des fonds et reconstituez le biscuit. Tartinez le dessus de la crème réservée, décorez de pralin.

4 Biscuit aux airelles

1 biscuit viennois (page 68), 400 g de confiture d'airelles, 50 cl de crème fouettée, 2 cuil. à soupe de sucre, 2 feuilles de gélatine trempées.
Coupez le biscuit en deux dans l'épaisseur. Mélangez la crème, la moitié de la confiture et le sucre. Incorporez en fouettant la gélatine fondue à tout petit feu, étalez sur le fond de biscuit. Posez le couvercle et nappez du reste de confiture.

Fourrer de compote

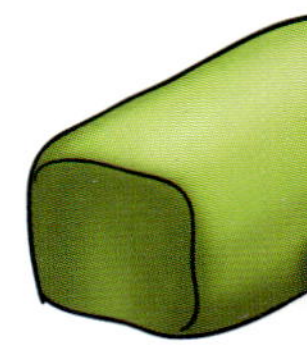

Fourrer de

Biscuit aux airelles

Biscuit a
et à la

Biscuit aux framboises

d'amandes

Biscuit au pralin

cots
lly

Biscuit au chocolat

Biscuit au chocolat
et aux cerises

5 Biscuit aux abricots et à la chantilly

1 biscuit viennois (page 68), 500 g d'abricots 75 cl de crème fouettée sucrée, 2 cuil. à soupe de confiture d'abricots, 1 cuil. à soupe de pistaches hachées fin.
Coupez le biscuit en deux dans l'épaisseur. Dénoyautez les fruits et pochez-les dans un peu d'eau ou de vin blanc. Laissez-les refroidir, émincez-en le tiers et ajoutez à la crème fouettée. Étalez sur le fond, reconstituez le biscuit et disposez joliment le reste des fruits dessus.

6 Biscuit au chocolat

1 fond de pâte sablée (page 121), 4 cuil. à soupe de gelée de groseille, 1 génoise au chocolat (page 70).
75 cl de ganache (page 313), 4 cuil. à soupe de copeaux de chocolat (pages 332), Tartinez le fond cuit à blanc de gelée, posez le biscuit dessus, nappez d'une épaisse couche de ganache et faites-y adhérer les copeaux de chocolat.

7 Biscuit aux framboises

1 génoise au chocolat (page 70), 75 cl de crème au beurre à la vanille (page 356), 4 cuil. à soupe d'eau-de-vie de framboise (s'il n'y a pas d'enfants à table !), 500 g de framboises.
Coupez le biscuit en deux dans l'épaisseur, fourrez-le de crème et reconstituez-le. Arrosez le dessus d'alcool et nappez du reste de la crème. Couvrez de framboises posées côte à côte.

8 Biscuit au chocolat et aux cerises

1 génoise au chocolat (page 70), 450 g de confiture de griottes, 2 cuil. à soupe de kirsch (facultatif), 3 cuil. à soupe de sucre glace.
Coupez le biscuit en trois dans l'épaisseur. Tartinez deux des fonds de confiture lissée et éventuellement parfumée au kirsch, reconstituez le biscuit et saupoudrez de sucre glace.

UN DÉCOR QUI PROTÈGE LES GÂTEAUX FOURRÉS

Pour que les gâteaux qu'on s'est donné tant de mal à confectionner restent appétissants jusqu'à la dernière bouchée, on protégera la crème dont on les a nappés d'un glaçage ou d'un décor qui les empêchera de se dessécher. C'est aussi beau que bon !

Sirop de sucre et groseilles

1. Tartinez la surface du gâteau d'une crème au choix.
2. Mettez un moment au frais, jusqu'à ce qu'elle soit bien ferme.
3. Préparez 25 cl de sirop de sucre (éventuellement en sachet).
4. Parsemez le gâteau de groseilles et nappez de sirop refroidi.

Crème fouettée et biscuit émietté

1. Tartinez la surface du gâteau de crème fouettée.
2. Faites sécher un reste de biscuit au four à 80 °C (th. 3-4).
3. Écrasez à travers un tamis à grosses mailles et semez sur le gâteau.
4. Décorez de rosettes de crème fouettée et de cerneaux de noix.

Décor au cacao

1. Tartinez tout le gâteau de crème au beurre (pages 308-309) ou de crème fouettée au chocolat (page 314).
2. Saupoudrez régulièrement de cacao tamisé.

Biscuits à la cuiller et copeaux de chocolat

1. Tartinez tout le gâteau de crème fouettée.
2. Coupez l'extrémité de 10 à 15 biscuits à la cuiller (page 80) et dressez-les autour du gâteau, en laissant dépasser 3 cm. Appuyez fermement pour qu'ils adhèrent bien au bord.
3. Parsemez la surface du gâteau d'une couche épaisse de copeaux de chocolat et saupoudrez de sucre glace.

Sirop de sucre et kiwis

1. Tartinez tout le gâteau de crème fouettée.
2. Couvrez toute la surface de fines rondelles de kiwi et mettez au frais.

Crème au chocolat

1. Tartinez tout le gâteau d'une épaisse couche de crème au beurre au chocolat (pages 308-309), en la modelant avec le dos d'une cuillère.
2. Saupoudrez de cacao tamisé.

Crème fouettée et fraises

1. Tartinez tout le gâteau de crème fouettée.
2. Saupoudrez le bord et le pourtour de pralin.
3. Décorez la surface du gâteau de fraises, que vous nappez de glaçage à l'abricot pour leur donner un fini brillant.

Glaçage au citron

1. Mélangez 150 g de sucre glace à 2 cuillerées à soupe de jus de citron et colorez avec une pointe de couteau de safran.
2. Couvrez tout le gâteau de pâte d'amandes.
3. Nappez de glaçage au citron et saupoudrez de pistaches hachées.

Glaçage au chocolat

1. Faites fondre 200 g de chocolat.
2. Couvrez tout le gâteau de pâte d'amandes.
3. Versez le glaçage liquide au centre et étalez-le à l'aide d'un grand couteau ou d'une spatule.
4. Dès que le glaçage est ferme, marquez les parts avec un couteau, préalablement chauffé.
5. Décorez la surface d'amandes, de rosettes de crème fouettée et de lamelles de chocolat.

UNE MERVEILLEUSE SPÉCIALITÉ

La Forêt-Noire attire tous les regards et fait venir l'eau à la bouche des moins gourmands. Et ce n'est pourtant pas bien difficile de la confectionner. Il faut un peu de patience, bien sûr, mais on en est largement récompensé.

FORÊT-NOIRE

Pour 8 personnes
Préparation : 50 min
Cuisson : 50 min
Repos : 2 h
Coût : €

INGRÉDIENTS

Il faut réaliser deux fois la génoise, vous devez donc multiplier par deux les ingrédients donnés ci-après (nous l'indiquons entre parenthèses) :
3 œufs (6 œufs)
75 g de sucre en poudre (150 g)
50 g de farine (100 g)
25 g de cacao amer en poudre (50 g)

POUR LA CHANTILLY

50 cl de crème liquide
60 g de sucre en poudre
1 gousse de vanille

POUR LA GARNITURE ET LA DÉCORATION

1 gros bocal de cerises griottes au sirop (800 g de fruits nets égouttés)
5 cl de kirsch
100 g de chocolat noir à pâtisser à 55 % de cacao minimum (pour réaliser les copeaux)

MATÉRIEL

Moule à manqué de 22 à 24 cm de diamètre

1. Préparez les deux génoises au chocolat : préchauffez le four à 180 °C (th. 6).

2. Fouettez les œufs entiers avec le sucre en poudre pendant 10 min, jusqu'à ce que le mélange blanchisse et triple de volume. Ajoutez alors la farine et le cacao tamisés et remuez délicatement à l'aide d'une spatule souple en silicone, pour ne pas casser la mousse. Versez la pâte dans le moule beurré et fariné.

3. Faites cuire la génoise pendant 20 à 25 min à 180 °C (th. 6). Elle doit être légèrement dorée. Plantez la lame d'un couteau dans le gâteau pour en vérifier la cuisson, la lame doit ressortir sèche. Laissez tiédir la génoise pendant 10 min dans le moule avant de la démouler.

4. Réalisez une seconde génoise au chocolat de la même manière que la première. Réservez les deux génoises.

5. Fendez la gousse de vanille en deux dans le sens de la longueur et récoltez les graines. Fouettez la crème liquide bien froide en chantilly. Lorsqu'elle commence à prendre, versez le sucre glace et les graines de vanille. Continuez de fouetter pendant encore 2 à 3 min. Réservez la chantilly au réfrigérateur.

6. Coupez les génoises en deux à l'aide d'un grand couteau dans l'épaisseur, de manière à obtenir 4 biscuits. Posez un premier biscuit sur le plat de service.

7. Égouttez les cerises au sirop et récoltez le jus. Versez-le dans un bol et ajoutez le kirsch. Imbibez le premier biscuit de sirop à l'aide d'un pinceau. Déposez une fine couche de chantilly sur le biscuit et ajoutez quelques cerises. Déposez le second biscuit. Imbibez-le légèrement, étalez une fine couche de chantilly avec quelques cerises et déposez le troisième biscuit. Imbibez-le, étalez une nouvelle couche de chantilly et quelques cerises. Déposez enfin le dernier biscuit par-dessus. Imbibez-le de sirop et recouvrez tout le gâteau avec le restant de chantilly. Lissez bien le pourtour et le dessus du gâteau à l'aide d'une spatule.

8. Râpez la tablette de chocolat à l'aide d'un économe et déposez des copeaux sur le gâteau.
   Laissez reposer la forêt-noire pendant 2 h au réfrigérateur avant de déguster.

CONSEILS

– Vous gagnerez du temps en faisant cuire vos deux génoises ensemble, si votre four est suffisamment grand.
– Étalez de fines couches de chantilly entre les génoises au chocolat, car le gâteau doit rester léger.

UN BISCUIT QUI SE MÉTAMORPHOSE

Il suffit de le couper en morceaux de dimensions et de formes diverses pour en faire des petits gâteaux ou des petits fours. Ou de l'enrouler sur lui-même après l'avoir nappé de confiture ou de crème pour le transformer en un biscuit roulé qu'on coupe en tranches, comme un pain.

BISCUIT ROULÉ MARBRÉ À LA CONFITURE DE LAIT

Pour 6 personnes
Préparation : 20 min + 2 h (confiture de lait)
Cuisson : 8 min + 2 h (confiture de lait)
Coût : €

INGRÉDIENTS

6 œufs
80 g de sucre en poudre
80 g de farine
1 cuil. à café d'arôme vanille
2 cuil. à soupe cacao en poudre
1 pincée de sel

POUR LA CONFITURE DE LAIT

1 litre de lait entier
350 g de sucre en poudre
½ cuil. à café de bicarbonate
1 gousse de vanille ou 1 cuil. à café d'arôme vanille

MATÉRIEL

Batteur
Plaque
Papier cuisson

1. Préparez la confiture de lait : versez le lait, le sucre et le bicarbonate de soude dans une casserole puis mélangez bien afin de dissoudre le tout. Fendez la gousse de vanille en deux, prélevez les graines et ajoutez-les dans la casserole. Portez à ébullition puis poursuivez la cuisson à feu moyen en remuant constamment pendant 10 min. Laissez ensuite cuire à feu très doux pendant 2 h, en remuant de temps en temps. La préparation est à point lorsque le mélange est devenu couleur ambre et lorsqu'il a une consistance de confiture. Réservez.

2. Préchauffez le four à 180 °C (th. 6). Cassez les œufs en séparant les blancs des jaunes. Dans un saladier, fouettez vivement les jaunes d'œufs avec la moitié du sucre en poudre. Dans un autre bol, montez les blancs en neige avec le sel en versant petit à petit le reste de sucre. Incorporez délicatement les blancs aux jaunes. Versez ensuite la farine en pluie en soulevant délicatement la préparation.
3. Divisez la pâte en deux parts égales : dans l'une, versez l'arôme vanille et dans l'autre, le cacao en poudre. Mélangez délicatement.

4. Étalez alternativement la pâte à la vanille et la pâte au cacao sur la plaque recouverte de papier sulfurisé puis, avec la pointe d'un couteau, faites des allers-retours dans la pâte pour créer les marbrures. Enfournez pour 8 min.

5. Enroulez le gâteau dans un torchon. Laissez-le refroidir avant de l'utiliser.

6. Déroulez-le et étalez la confiture de lait à l'aide d'une spatule. En vous aidant du torchon, enroulez à nouveau le biscuit. Tranchez-le puis servez-le aussitôt.

LES BISCUITS À LA CUILLER À L'HEURE DU DESSERT

On les appelle aussi pèlerines et, quand ils sont tout minces, ils portent le nom évocateur de langues-de-chat. On les sert tels quels avec le café ou la crème glacée, mais ils servent aussi à préparer de délicieux desserts.

BISCUITS À LA CUILLER

Pour 20 biscuits
Préparation : 20 min
Cuisson : 10 min
Coût : €

INGRÉDIENTS

100 g de farine
100 g de sucre en poudre
3 œufs
Sucre glace

MATÉRIEL

Poche à douille
Papier sulfurisé

1. Préchauffez le four à 180 °C (th. 6). Cassez les œufs en séparant les blancs des jaunes. Dans un saladier, fouettez les jaunes avec 65 g de sucre jusqu'à ce que le mélange blanchisse. Ajoutez la farine tamisée.

2. Montez les blancs d'œufs en neige. À mi-parcours, ajoutez le reste du sucre et battez de façon à obtenir une belle meringue. Ajoutez un tiers des blancs à la préparation précédente, en fouettant vivement pour bien délayer, puis incorporez le reste délicatement en soulevant la préparation.

3. Mettez la meringue dans une poche à douille et déposez des bandes sur une plaque à pâtisserie recouverte de papier sulfurisé. Saupoudrez-les de sucre glace, laissez-les reposer 5 min, puis saupoudrez-les à nouveau de sucre glace. Faites-les cuire au four pendant 10 min.

4. Décollez délicatement les biscuits à l'aide d'une spatule et laissez-les refroidir sur une grille. Quand les biscuits sont refroidis, saupoudrez-les de sucre glace.

CHARLOTTE AUX FRAISES

Pour 6 personnes
Préparation : 25 min
Repos : 4 h
Coût : €

INGRÉDIENTS

550 g de fraises
2 feuilles de gélatine
200 g de fromage blanc
60 g de sucre en poudre
15 cl de crème liquide
30 à 40 biscuits à la cuiller (voir page précédente)
1 verre de jus de raisin
Copeaux de chocolat

MATÉRIEL

Moule à charlotte
Mixeur
Batteur
Film alimentaire

1. Nettoyez les fraises et coupez-les en morceaux. Gardez-en 2 ou 3 pour la décoration. Mixez une partie des fraises (environ 60 g). Faites ramollir la gélatine dans de l'eau froide pendant quelques minutes.

2. Dans un saladier, mélangez la purée de fraises avec le fromage blanc. Prélevez-en une partie, versez-la dans une casserole, et faites fondre la gélatine sur feu doux pendant 2 min. Versez à nouveau tout le contenu dans le saladier. Ajoutez le sucre et mélangez.

3. Montez la crème liquide bien froide en chantilly. Versez-la dans le saladier et mélangez délicatement. Ajoutez tous les morceaux de fraises restants.

4. Trempez rapidement les biscuits à la cuiller dans le jus de raisin. Disposez une couche au fond du moule et tout autour des parois. Versez la mousse à la fraise. Terminez par une nouvelle couche de boudoirs sur le dessus. Filmez le dessus de la charlotte et posez un poids par-dessus, pour bien la tasser.

5. Laissez reposer 4 h au frais avant de démouler. Retournez délicatement le moule sur une assiette.

6. Décorez la charlotte de copeaux de chocolat et de morceaux de fraises.

GÉNOISES FRAMBOISE-CHOCOLAT BLANC

Pour 8 génoises
Préparation : 20 min
Cuisson : 10 min
Repos : 30 min à 1 h
Coût : €€

INGRÉDIENTS

40 g de farine
30 g de sucre en poudre
1 œuf
1 cuil. à soupe de poudre d'amandes
8 cuil. à café de confiture de framboises
100 g de chocolat blanc
20 g de chocolat noir

MATÉRIEL

Moules à tartelettes ou à muffins
Poche à pâtisserie

1. Préchauffez le four à 170 °C (th. 5-6). Dans un saladier, fouettez l'œuf avec le sucre jusqu'à ce que le mélange double de volume. Ajoutez la farine et la poudre d'amandes, puis mélangez délicatement.

2. Déposez la préparation dans des moules à tartelettes ou à muffins en silicone et enfournez pour 10 min de cuisson. Laissez tiédir, puis démoulez délicatement.

3. Creusez légèrement les génoises et garnissez-les de confiture de framboises. Faites fondre séparément, au bain-marie, le chocolat blanc et le chocolat noir. Glacez les génoises avec le chocolat blanc, puis mettez le chocolat noir dans une petite poche et dessinez des zébrures. Laissez prendre au frais de 30 min à 1 h avant de déguster.

BÛCHE DE NOËL AU PRALINÉ

Pour 8 à 10 personnes
Préparation : 30 min
Cuisson : 10 min
Repos : 30 min
Coût : €

INGRÉDIENTS

3 œufs entiers
100 g de sucre en poudre
100 g de farine
½ sachet de levure chimique
1 blanc d'œuf

POUR LES CRÈMES AU BEURRE

5 cl d'eau
190 g de sucre semoule
120 g de blancs d'œufs
240 g de beurre
100 g de pralinoise

MATÉRIEL

Batteur électrique
Sonde de cuisson
Poche à douille

1. Préparez la génoise : préchauffez le four à 180 °C (th. 6). Séparez les blancs des jaunes d'œufs. Fouettez les jaunes avec le sucre jusqu'à ce que le mélange blanchisse et devienne mousseux. Ajoutez la farine et la levure. Battez les 4 blancs en neige ferme, puis incorporez-les à l'appareil précédent.

2. Recouvrez une plaque de papier cuisson et déposez-y la pâte en un rectangle d'environ 1 cm d'épaisseur. Faites cuire la génoise 8 à 10 min Retournez la génoise sur un torchon propre et humidifié pour retirer délicatement le papier sulfurisé et roulez-la avec le torchon. Laissez tiédir.

3. Préparez les crèmes : commencez par préparer un sirop en faisant chauffer l'eau et le sucre : portez à ébullition et mesurez la température avec une sonde, elle doit atteindre les 121 °C. En parallèle, montez les blancs d'œufs en neige au batteur électrique. Lorsque le sirop de sucre atteint 121 °C, baissez la vitesse du batteur au minimum et versez le sucre en une fois sur les blancs. Laissez tourner à vitesse réduite 1 min, le temps que les blancs d'œufs cuisent puis augmentez à nouveau à la vitesse maximum pour faire tiédir la meringue, elle ne doit plus être chaude au toucher.

4. Ajoutez alors le beurre mou coupé en petits dés. Fouettez pour bien homogénéiser. Faites fondre la pralinoise et ajoutez-la à la crème au beurre en fouettant bien. À l'aide d'une poche à douille, garnissez la génoise avec la crème au beurre praliné. Roulez délicatement le biscuit et placez au frais pendant 30 min.

5. Masquez le pourtour de la bûche avec le restant de crème praliné et décorez.

TIRAMISU

Pour 6 personnes
Préparation : 20 min
Repos : 6 h
Coût : €

INGRÉDIENTS

5 jaunes d'œufs + 3 blancs
150 g de sucre en poudre
500 g de mascarpone
100 g de chocolat noir en tablette
10 cl de café fort
2 cuil. à soupe de marsala
30 biscuits à la cuiller
1 cuil. à soupe de cacao amer en poudre

1. Séparez les blancs des jaunes d'œufs, réservez trois blancs dans un saladier. Fouettez les jaunes avec le sucre jusqu'à ce que le mélange blanchisse. Incorporez progressivement le mascarpone, mélangez jusqu'à l'obtention d'une crème bien lisse.

2. Battez les 3 blancs d'œufs mis de côté en neige bien ferme et incorporez-les délicatement au mélange. Réservez cette crème.

3. Préparez des pépites de chocolat à l'aide d'un grand couteau.

4. Mélangez le café et le marsala dans un saladier. Trempez-y rapidement les biscuits à la cuiller et disposez-les au fond d'un plat. Recouvrez d'une fine couche de crème, puis déposez de nouveau des biscuits imbibés. Saupoudrez avec la moitié des pépites de chocolat avant de terminer par une nouvelle couche de biscuits et de crème. Disposez le restant de pépites sur le dessus du tiramisu.

5. Laissez reposer le tiramisu au moins 6 h au réfrigérateur. Au moment de servir, saupoudrez de cacao amer en poudre en le tamisant à l'aide d'une petite passoire.

TRIFLES DE FRUITS ET LEUR CRUMBLE

Pour 4 personnes
Préparation : 20 min
Cuisson : 22 à 25 min
Repos : 1 h
Coût : €

INGRÉDIENTS

250 g de fruits rouges (ou jaunes, selon vos préférences)
2 pommes
100 g de sucre en poudre
150 g de fromage blanc à 0 % de matières grasses
200 g de mascarpone

POUR LA PÂTE À CRUMBLE

60 g de beurre demi-sel
40 g de sucre en poudre
60 g de farine de blé

MATÉRIEL

Papier cuisson
4 verrines

1. Préparez le crumble : préchauffez le four à 180 °C (th. 6). Déposez une feuille de papier cuisson sur la plaque du four. Coupez le beurre en morceaux. Placez-les dans un saladier, ajoutez le sucre et la farine. Mélangez, puis émiettez sur la feuille de papier cuisson. Enfournez pour 12 à 15 min, puis émiettez à nouveau si besoin.

2. Lavez les fruits rouges et séchez-les. (Conservez- en 50 g pour le dressage.) Lavez les pommes et coupez-les en morceaux. Dans une casserole, disposez les fruits rouges et les morceaux de pomme, ajoutez 50 g de sucre et un fond d'eau. Faites compoter pendant 10 min, puis laissez refroidir.

3. Dans un saladier, mélangez le fromage blanc et le mascarpone. Incorporez le reste du sucre.

4. Montez vos verrines en commençant par disposer la compote de fruits, puis la préparation au fromage frais. Agrémentez de fruits rouges et par semez de crumble. Laissez vos verrines au moins 1 h au réfrigérateur avant de servir.

LA PÂTE TRAVAILLÉE

LA PÂTE QUI DEMANDE TOUT JUSTE UN PEU DE PATIENCE

Comme la pâte à biscuit, la pâte travaillée est un « appareil ». Mais un appareil plutôt lourd : il contient une forte proportion de beurre. On l'appelle aussi pâte à quatre-quarts, nom qui résume très bien la recette, puisqu'on utilise les quatre ingrédients – œufs, beurre, sucre et farine – en quantité égale, les œufs servant de mesure de base. Voilà bien la recette la plus simple à retenir : un quart d'œufs, un quart de beurre et autant de farine et de sucre – en principe, on n'a même pas besoin de balance ! Et quand on sait que la pâte travaillée est pratiquement « inratable », qu'elle se prête, si l'on peut dire, à toutes les sauces pour créer, en ajoutant les ingrédients les plus divers, des gâteaux qui vont du noir au blanc, on l'adopte sans condition.

RECETTE DE BASE

CONSEILS PRATIQUES POUR RÉUSSIR LA PÂTE

Ce n'est pas pour rien qu'on l'appelle pâte travaillée, puisque c'est le fait de bien la fouetter qui la rend onctueuse et légère, et qui donne au gâteau sa consistance typique. La légèreté est assurée par les blancs en neige, auxquels sont incorporées des petites bulles d'air. Cet air se dilate à la cuisson, fait monter la pâte et rend le gâteau léger à souhait. S'il est important de bien fouetter la pâte, il faut aussi respecter la mise en scène : d'abord les jaunes avec le sucre, puis le beurre, si vous voulez un gâteau qui monte bien à la cuisson ; ou encore, le beurre avec le sucre d'abord, puis les jaunes, si la texture du gâteau doit être plus fine. Dans un cas comme dans l'autre, la farine vient en dernier lieu et il faut se contenter de l'incorporer rapidement à l'appareil, sans travailler, sinon la pâte devient collante. Une troisième possibilité : tous les ingrédients sont dans une terrine et il suffit de bien les mélanger. Le gâteau est alors plus humide, plutôt lourd et de texture ferme et serrée. Vous pouvez ajouter une cuillerée à café de levure, qui allégera la pâte.

CONSEILS PRATIQUES POUR LA PRÉPARATION

1. *Tous les ingrédients devraient être à la même température. Pour cela, il suffit de les préparer d'avance sur le plan de travail, afin qu'ils se mettent au diapason. Si vous êtes pressé, vous pouvez tremper rapidement les œufs dans de l'eau chaude et faire ramollir le beurre coupé en cubes à proximité d'une source de chaleur.*
2. *Si vous travaillez la pâte après avoir ajouté la farine, le gluten la rendra collante et lourde. Contentez-vous donc d'incorporer rapidement la farine quand tous les autres ingrédients sont bien amalgamés.*
3. *Il arrive que la pâte soit trop épaisse, lorsque les œufs sont trop petits ou que la farine est très riche en gluten, par exemple. Deux à trois cuillerées de lait lui rendront bonne consistance.*
4. *La cuisson se fait toujours à 180 °C (th. 6) au maximum.*
5. *Il est facile de s'assurer de la parfaite cuisson du gâteau en piquant une brochette en bois au centre. Si elle ressort avec des traces de pâte, prolongez la cuisson de quelques minutes avant de procéder à une nouvelle vérification : la brochette doit ressortir propre. Vous pouvez alors sortir le gâteau du four et le laisser refroidir sur une grille à pâtisserie.*

CAKE SABLÉ

La pâte travaillée est particulièrement fine et moelleuse quand on remplace la farine par de la fécule. La texture du gâteau est alors légèrement sablée, d'où son nom, mais sa consistance est parfaite.

LES OPÉRATIONS

Préparation : 35 min
Cuisson : 60 min
Température : 180 °C (th. 6)
Repos : 10 à 20 min

LES INGRÉDIENTS

4 ou 5 œufs (300 g)
300 g de beurre
300 g de sucre en poudre
300 g de farine
Du beurre pour enduire le moule et de la farine pour le saupoudrer

L'OUTILLAGE

– Un moule à cake
– Un fouet ou un batteur électrique
– Deux saladiers
– Un tamis

PRÉPARATION ET CUISSON

1

Travaillez le beurre mou en mousse au fouet. Ajoutez les deux tiers du sucre en continuant à fouetter.

2

Cassez les œufs en séparant les blancs des jaunes.

3

Ajoutez les jaunes au beurre travaillé avec le sucre dans la terrine.

4

Ajoutez la farine à travers un tamis pour éviter les grumeaux, puis incorporez rapidement la farine au batteur électrique.

5

Montez les blancs d'œufs en neige en ajoutant le reste du sucre.

6

Incorporez un peu de blancs en neige à l'appareil pour l'aérer.

7

Beurrez le moule. Saupoudrez le moule de farine et secouez pour faire tomber l'excédent.

8

Versez l'appareil dans le moule beurré et fariné, en lissant bien le dessus. Glissez le moule au four préchauffé à 180 °C (th. 6).

9

Démoulez sur une grille à pâtisserie.

SI L'HABIT NE FAIT PAS LE MOINE…

…c'est bel et bien le moule qui fait le gâteau. Il va même jusqu'à lui donner son nom : couronne, kouglof, etc., qu'il s'agisse de pâte au chocolat ou au citron.

QUELQUES TRUCS POUR GARANTIR LE DÉMOULAGE

Chacun connaît l'énervement causé par un gâteau préparé dans les règles de l'art, bien monté, bien cuit, prometteur, dont les quatre coins restent au fond du moule, la belle croûte dorée dans ses replis. Pour éviter la déception qui suit toujours l'énervement, il faut préparer les moules avec soin (pages 14 à 17).
Les moules lisses, comme les moules à fond amovible, à cake, à tarte, etc., peuvent facilement être chemisés de papier sulfurisé, qui fait gagner du temps et facilite le travail.
Toutes les autres formes doivent être graissées et il est recommandé de les saupoudrer de farine.
Pour graisser, il est bon d'utiliser la même matière grasse que celle de la recette, la plupart du temps du beurre. Autrefois, on graissait les moules avec des couennes de lard, même pour des préparations sucrées.
Il existe des moules de toutes les tailles et de différentes qualités.
Les moules en silicone, bien pratiques, comptent aujourd'hui de nombreux adeptes.

Moule à tarte

Moule à fond amovible

Moule cannelé

Moules à tartelette

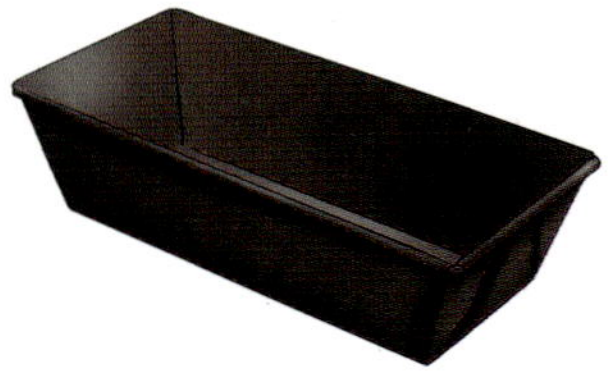

Moule à cake

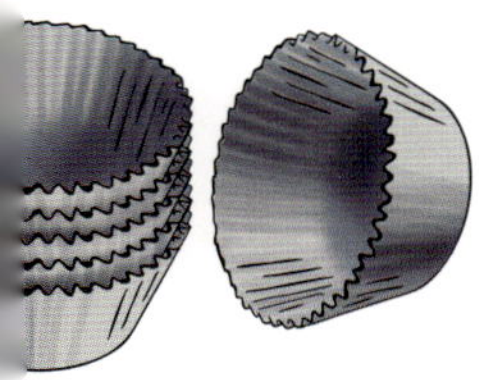

issettes en papier

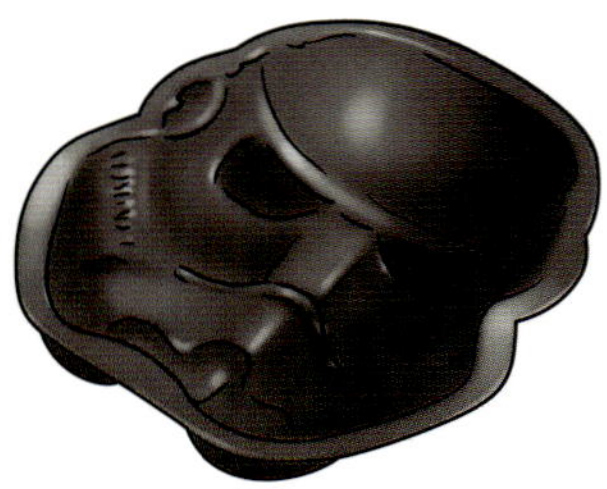

Moule à sujet

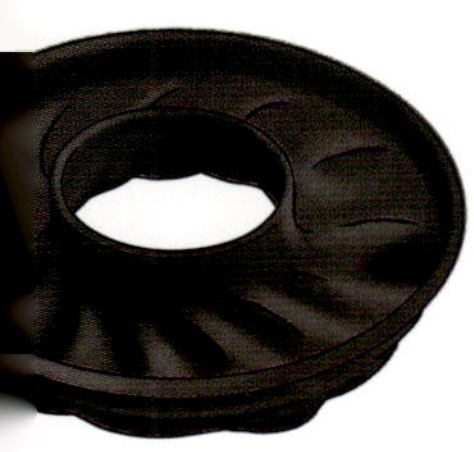

oule en couronne

Moule à kouglof

Pour saupoudrer, on utilise généralement de la farine, de la semoule ou de la chapelure, dont le goût neutre ne s'impose pas. Pour certains gâteaux très fins, on peut préférer des fruits secs moulus : amandes, cacahuètes, noix ou noisettes, noix de cajou ou pistaches.
Un dernier conseil : Les gâteaux à cuisson plutôt longue, cuits dans des moules en matériau bon conducteur de la chaleur, brunissent facilement le long des parois du moule. Pour remédier à cet inconvénient, on isolera le bord avec une double épaisseur de papier sulfurisé.

LE GLAÇAGE : AUSSI BEAU QUE BON

Le gâteau vient de sortir du four, doré et appétissant à souhait. Il faut maintenant lui donner la dernière touche pour qu'il soit tout à fait irrésistible. Un nuage de sucre glace, par exemple, l'habillera comme un souffle. Un glaçage, en revanche, lui donnera un petit air secret – le suspense de ce qu'il y a en dessous – et l'empêchera, en outre, de se dessécher. Il restera savoureux plus longtemps. Voici quelques suggestions...

Couverture de chocolat noir

Comptez 300 g de couverture pour un gâteau. Pour éviter que le chocolat ne devienne gris et mat, il convient de procéder comme suit : faites fondre les 2/3 de la couverture dans un bain-marie tiède, retirez du bain-marie, ajoutez le reste brisé en morceaux et faites fondre en remuant sans arrêt. La température du chocolat ne doit pas dépasser la chaleur de la main, ce qui est facile à vérifier. Il est alors prêt à napper le gâteau. Vous pouvez utiliser un pinceau, mais le glaçage est nettement plus régulier si le chocolat est coulé sur le gâteau. Placez celui-ci sur une grille posée sur un plat pour pouvoir récupérer et réutiliser le glaçage. Les décors éventuels devront être posés sur le glaçage avant que celui-ci ne soit figé : sucre en grains, amandes entières ou effilées, noix ou pistaches, perles en sucre ou lentilles en chocolat.

Le glaçage à l'abricot

Chauffez doucement 450 g de confiture d'abricots avec 3 cuil. à soupe d'eau et 1 cuil. à soupe de sucre. Étalez sur le gâteau à l'aide d'un pinceau à pâtisserie. Ce glaçage peut être recouvert de sirop de sucre et décoré, avant qu'il ne se fige, de quartiers d'orange confits.

Le sucre glace

Saupoudrez le gâteau refroidi de 3 cuil. à soupe de sucre glace.

Le glaçage blanc, dit glace royale

Mélangez 250 g de sucre glace avec blanc d'œuf, étalez sur le gâteau à l'aide d'un pinceau à pâtisserie. Posez les décors éventuels avant que le glaçage ne soit figé : cerises confites, noix, violettes cristallisées, etc.
Vous pouvez remplacer le blanc d'œuf par du jus de citron, de l'eau, du rhum ou tout autre alcool parfumé. Pour colorer le glaçage, ajoutez du colorant alimentaire.

Couverture au lait entier

Comptez 300 g de couverture et procédez comme pour la couverture au chocolat noir. Saupoudrez de pralin acheté tout prêt ou fait maison (page 356).

Le manteau de pâte d'amandes

Les gâteaux préparés dans un moule à cake ou dans un moule à fond amovible peuvent être recouverts de pâte d'amandes. Il faut commencer par les « abricoter » pour que la pâte d'amandes adhère bien. Pétrissez 300 g de pâte d'amandes avec 200 g de sucre glace pour obtenir une pâte épaisse, et abaissez-la à 0,5 cm d'épaisseur sur la plaque à pâtisserie saupoudrée de sucre glace. Recouvrez le gâteau, coupez la pâte d'amandes qui dépasse, décorez de fleurs cristallisées, de rosettes de crème au beurre, de cerneaux de noix, etc.

DES GÂTEAUX TOUT SIMPLES QUI SE MÉTAMORPHOSENT

La pâte travaillée permet de préparer toutes sortes de gâteaux plus savoureux les uns que les autres, selon les différents ingrédients qu'on y ajoute : cacao, noix, noisettes, fruits secs, chocolat, vous avez l'embarras du choix ! La pâte, elle, reste toujours la même, mais se métamorphose chaque fois en un nouveau gâteau.

GÂTEAU MARBRÉ

Pour 1 gâteau
Préparation : 30 min
Cuisson : 35 min
Coût : €

INGRÉDIENTS

4 œufs
150 g de sucre en poudre
1 pincée de sel
200 g de beurre ramolli
175 g de farine
50 g de poudre d'amandes
½ sachet de levure chimique
100 g de chocolat noir

MATÉRIEL

Batteur électrique

1. Séparez les blancs des jaunes d'œufs. À l'aide du batteur électrique, montez les blancs en neige très ferme avec 50 g de sucre et le sel. Fouettez ensuite les jaunes avec le reste de sucre dans un saladier, jusqu'à ce que le mélange blanchisse fortement. Ajoutez alors le beurre, puis la farine, la poudre d'amandes et la levure. La pâte doit alors être épaisse.
2. Prélevez la moitié des blancs en neige et mélangez-les vigoureusement à la pâte afin de la détendre. Incorporez ensuite délicatement le reste des blancs.
3. Faites fondre au bain-marie le chocolat. Pour cela, cassez-le en morceaux dans un petit saladier et placez celui-ci au-dessus d'une casserole d'eau frémissante. Récupérez un tiers de la pâte à gâteau et mélangez-la au chocolat fondu, hors du feu.
4. Préchauffez le four à 190 °C (th. 6-7). Dans un moule à cake graissé, versez la moitié de la pâte nature, puis ajoutez par-dessus celle au chocolat et couvrez enfin du reste de pâte nature. À l'aide du manche d'une cuillère en bois, donnez des petits coups dans la pâte un peu partout afin de légèrement mélanger les couleurs. Enfournez pour 35 min de cuisson. Le gâteau est cuit lorsque la pointe d'un couteau enfoncée à cœur en ressort humide mais propre.
5. Sortez le gâteau du four et laissez-le tiédir quelques minutes avant de le démouler. Laissez ensuite bien refroidir avant de servir.

1

1 Gâteau aux raisins secs

INGRÉDIENTS

4 ou 5 œufs
300 g de beurre
300 g de sucre en poudre
300 g de farine
150 g de raisins secs
1 cuil. à soupe de farine

1. Préparez la pâte comme dans la recette de base (page 94).
2. Lavez les raisins secs et égouttez-les à fond avant de les mélanger à la farine (passez au tamis pour recueillir la farine qui n'adhère pas aux raisins). Incorporez à la pâte : la farine qui enrobe les raisins empêchera ceux-ci de tomber au fond du moule.
3. Versez dans un moule à kouglof beurré et fariné, et faites cuire comme dans la recette de base.

2

3

2 Gâteau aux amandes

INGRÉDIENTS

4 ou 5 œufs
300 g de beurre
300 g de sucre en poudre
300 g de farine
1 blanc d'œuf
2 cuil. à soupe de sucre
100 g d'amandes moulues

1. Préparez la pâte comme dans la recette de base (page 94).
2. Montez le blanc d'œuf en neige en ajoutant le sucre petit à petit, puis les amandes.
3. Versez la pâte dans un moule à kouglof beurré et fariné. Incorporez le mélange aux amandes à la fourchette, en décrivant un mouvement circulaire.
4. Faites cuire le gâteau selon la recette de base.

3 Gâteau aux noisettes

INGRÉDIENTS

4 ou 5 œufs
300 g de beurre
300 g de sucre en poudre
300 g de farine
150 g de noisettes moulues

1. Préparez la pâte comme dans la recette de base (page 94).
2. Faites griller les noisettes à feu moyen, sans ajouter de matière grasse, jusqu'à ce que leur arôme se développe.
3. Laissez refroidir avant d'incorporer à la pâte.
4. Faites cuire dans un moule à kouglof beurré et fariné, comme dans la recette de base.

QUATRE-QUARTS AUX SPÉCULOOS

Pour 1 quatre-quarts de 6 à 8 personnes
Préparation : 20 min
Cuisson : 30 à 35 min
Coût : €€

INGRÉDIENTS

160 g de spéculoos
200 g de farine
2 cuil. à café de levure
1 cuil. à café de cannelle en poudre
200 g de beurre mou
200 g de cassonade
4 œufs de calibre moyen
1 pincée de sel

MATÉRIEL

Moule à cake
Papier cuisson

1. Préchauffez le four à 180 °C (th. 6). Réduisez les spéculoos en miettes. Réservez. Tamisez la farine avec la levure, le sel et la cannelle dans un bol. Dans un saladier, fouettez le beurre avec la cassonade jusqu'à ce que le mélange soit crémeux. Ajoutez les œufs un par un tout en mélangeant. Versez la poudre de spéculoos et le mélange de farine en trois fois et en remuant bien à chaque ajout.

2. Versez la préparation dans le moule tapissé de papier cuisson. Enfournez pour 30 à 35 min. Vérifiez la cuisson avec la pointe d'un couteau : elle doit ressortir sèche.

3. Laissez bien refroidir avant de servir.

VARIANTE

Préparez des cake pops aux spéculoos : émiettez finement le cake refroidi dans un saladier. Ajoutez 2 belles cuil. à soupe de fromage frais puis mélangez bien avec vos mains. Formez 12 boules identiques sur une assiette puis placez-les 10 min au congélateur. Faites fondre 100 g de chocolat au bain-marie. Trempez chaque pique en bois sur 1 cm dans le chocolat et piquez-en une dans chaque boule de pâte. Laissez le chocolat durcir 2 min. Trempez ensuite la boule entière dans le chocolat fondu, puis laissez égoutter en tapotant doucement pour faire tomber l'excédent de chocolat. Parsemez de décorations : vermicelles, etc. Piquez sur un support (boîte à œufs, boîte en carton…), puis laissez prendre au frais 1 h avant de servir.

MINI-QUATRE-QUARTS AMANDE ET CŒUR DE NUTELLA®

Pour 10 mini-quatre-quarts
Préparation : 25 min
Cuisson : 15 min
Coût : €€

INGRÉDIENTS

100 g de farine
1 cuil. à café de levure
100 g de beurre mou
100 g de sucre en poudre
2 œufs de calibre moyen
60 g de poudre d'amandes
Nutella®
1 pincée de sel

MATÉRIEL

Moules individuels en silicone

1. Préchauffez le four à 180 °C (th. 6). Tamisez la farine avec la levure et le sel dans un bol.

2. Dans un saladier, fouettez le beurre avec le sucre jusqu'à ce que le mélange soit crémeux. Ajoutez les œufs un par un tout en mélangeant. Versez la poudre d'amandes et incorporez le mélange de farine en trois fois et en remuant bien à chaque ajout.

3. Dans les moules, versez 1 cuil. à soupe de pâte, puis 1 cuil. à café de Nutella® et recouvrez avec 1 cuil. à soupe de la préparation. Enfournez pour 15 min. Vérifiez la cuisson avec la pointe d'un couteau : elle doit ressortir sèche.

VARIANTE

Préparez une ganache au chocolat comme indiqué page 313, étalez-la sur chaque petit gâteau, déposez quelques noisettes concassées sur le dessus, puis laissez figer au frais.

JUTEUX LES FRUITS, FONDANTS LES GÂTEAUX !

Idéal pour les pressé(e)s, les débutant(e)s ou tout simplement les gourmand(e)s, le quatre-quart supporte de nombreuses déclinaisons ! Si vous voulez y ajouter des fruits, ceux-ci libérant une partie de leur jus en cuisant, la pâte doit être plus « solide ». Pour cela, il faut augmenter la quantité de farine tout en ajoutant, pour que le gâteau reste léger, un peu de levure. Selon les goûts et ce dont vous disposez, vous pouvez saupoudrer des ingrédients les plus divers avant de glisser au four. Voici quelques idées…

RECETTE DE BASE : QUATRE-QUARTS AU CITRON

Pour 1 quatre-quarts de 6 à 8 personnes
Préparation : 15 min
Cuisson : 35 min
Coût : €

INGRÉDIENTS

1 citron
4 œufs de calibre moyen
200 g de farine
2 cuil. à café de levure
200 g de beurre mou
200 g de sucre en poudre
1 pincée de sel

MATÉRIEL

Moule à cake
Papier cuisson

1. Préchauffez le four à 180 °C (th. 6). Lavez, zestez et pressez le citron ; réservez le jus et le zeste. Tamisez la farine avec la levure et le sel dans un bol.
2. Dans un saladier, fouettez le beurre avec le sucre jusqu'à ce que le mélange soit crémeux. Ajoutez les zestes et le jus du citron. Cassez les œufs un par un, ajoutez-les au fur et à mesure que vous les cassez tout en mélangeant bien après chaque ajout. Versez en pluie le mélange farine-levure tout en remuant. Mélangez très soigneusement la pâte.
3. Répartissez la préparation dans le moule à cake tapissé de papier cuisson puis enfournez pour 35 min. Vérifiez la cuisson avec la pointe d'un couteau, qui doit ressortir sèche.
4. Laissez bien refroidir avant de déguster.

1

1 Quatre-quarts aux pêches

INGRÉDIENTS

250 g de beurre
250 g de sucre en poudre
4 œufs
400 g de farine
1 cuil. à café de levure
750 g de pêches pelées et coupées en quartiers minces
2 cuil. à soupe d'amandes effilées
3 cuil. à soupe de raisins secs

1. Préparez la même pâte que pour le quatre-quart au citron (sans le jus) et versez-la dans le moule beurré et fariné.
2. Couvrez d'une épaisse couche de pêches et parsemez d'amandes et de raisins secs.
3. Faites cuire comme dans la recette de base.

2

3

2 Quatre-quarts aux poires

INGRÉDIENTS

250 g de beurre
250 g de sucre en poudre
4 œufs
400 g de farine
1 cuil. à café de levure
750 g de poires épluchées, coupées en deux et débarrassées de leur cœur
2 cuil. à soupe de sucre en grains
1 cuil. à soupe de pistaches hachées

1. Préparez la même pâte que pour le quatre-quart au citron (sans le jus) et versez-la dans le moule beurré et fariné.
2. Rangez les moitiés de poires sur la pâte, côté bombé vers le haut.
3. Parsemez de sucre en grains et de pistaches.
4. Faites cuire comme dans la recette de base.

3 Quatre-quarts aux abricots

INGRÉDIENTS

250 g de beurre
250 g de sucre en poudre
4 œufs
400 g de farine
1 cuil. à café de levure
750 g d'abricots frais dénoyautés et coupés en deux
3 cuil. à soupe d'amandes effilées
1 cuil. à soupe de confiture d'abricots

1. Préparez la même pâte que pour le quatre-quart au citron (sans le jus) et versez-la dans le moule beurré et fariné.
2. Rangez les moitiés d'abricots sur la pâte et parsemez d'amandes effilées.
3. Faites cuire 1 h environ à 190 °C (th. 6-7).
4. Chauffez la confiture d'abricots et nappez-en régulièrement le gâteau encore chaud.

LES GÂTEAUX QUI FONT LA FÊTE

Les pâtisseries qu'on prépare à l'occasion des fêtes sont de véritables spécialités qui peuvent attendre le grand jour soigneusement enveloppées. D'une part, elles ne risquent pas de se dessécher et, d'autre part, l'arôme particulier des différents ingrédients a le temps de se développer pleinement. Nous avons dressé la liste de ces ingrédients sous forme d'un tableau bien pratique. Dans chaque cas, on prépare la pâte et on fait cuire le gâteau selon la recette de base (page 94). C'est ce qu'on y ajoute qui fait la différence… Il faut, en outre, préciser que toutes les variantes décrites ci-dessous conviennent pour confectionner des pièces montées, ces somptueuses pâtisseries composées de parties assemblées, dont la base doit soutenir sans fléchir le poids des étages supérieurs.

Ingrédients/Préparation	**Biscuit anglais** (moule à fond amovible Ø 22 cm, 1 h 15 à 180 °C (th. 6))	**Dundee Cake** (moule à fond amovible Ø 20 cm, 1 h à 180 °C (th. 6))	**Cake royal** (moule rectangulaire 20 cm, 1 h à 180 °C (th. 6))	**Cake aux fruits** (moule rectangulaire 30 cm, 1 h 10 à 180 °C (th. 6))	**Cake aux épices** (moule rectangulaire 1 h à 180 °C (th. 6))
1. Travaillez le beurre en mousse	300 g	200 g	300 g	300 g	300 g
2. Ajoutez le sucre	300 g (cassonade)	200 g	200 g	200 g	200 g
3. Incorporez les jaunes d'œufs	6	4	5	6	6
4. Ajoutez la farine	300 g	300 g + 1 cuil. à café de levure	300 g	300 g	300 g
5. Montez les blancs en neige	6	4	5	6	6
6. Ajoutez le sucre en pluie			100 g	100 g	100 g
7. Incorporez les autres ingrédients **8.** Versez dans le moule **9.** Faites cuire au four **10.** Vérifiez le degré de cuisson **11.** Sortez du four, démoulez et laissez refroidir	175 g d'écorces d'orange et de citron confites 175 g de cerises confites 700 g de raisins secs blonds et bruns 125 g d'amandes Le zeste râpé de 1 orange et de 1 citron 1 cuil. à soupe de jus de betterave Sel, muscade, cardamome, anis et coriandre : ½ cuil. à café de chaque épice 6 cuil. à soupe de rhum	60 g de poudre d'amandes 100 g de raisins secs blonds et bruns 60 g d'écorces d'orange et de citron confites	250 g de raisins secs blonds et bruns 100 g d'écorce de citron confite 50 g de cerises rouges confites 50 g de cerises jaunes confites	200 g de figues sèches hachées 100 g d'abricots secs et autant d'anneaux de pomme sèche, de raisins secs et d'écorce de citron confite ½ cuil. à café de cannelle ½ cuil. à café de clou de girofle en poudre ½ cuil. à café de noix muscade 100 g d'amandes	½ cuil. à café de coriandre en poudre ½ cuil. à café de poivre de Cayenne ½ cuil. à café de noix muscade ½ cuil. à café de cannelle en poudre

UNE SPÉCIALITÉ VIENNOISE

Créée par le cuisinier de Metternich, Franz Sacher, la fameuse Sachertorte a fait son chemin. Cent fois copiée, la recette originale reste, aujourd'hui encore, le secret le mieux gardé de l'hôtel Sacher, à Vienne. Celle que nous donnons ci-dessous n'est, elle aussi, qu'une tentative pour reproduire ce merveilleux gâteau.

SACHERTORTE

Pour 6 à 8 personnes
Préparation : 40 min
Cuisson : 35 min
Coût : €

INGRÉDIENTS

6 œufs
120 g de chocolat noir
120 g de beurre mou + pour le moule
40 g de sucre glace
160 g de sucre en poudre
120 g de farine + pour le moule

POUR LE GLAÇAGE

Voir recette page 99

POUR LE FOURRAGE

1 pot de confiture d'abricots

MATÉRIEL

Batteur électrique
Moule à génoise de 23 à 25 cm de diamètre

1. Préchauffez le four 180 °C (th. 6). Préparez la pâte. Séparez les blancs des jaunes d'œufs. Faites fondre le chocolat au bain-marie. Pendant ce temps, battez le beurre mou avec le sucre glace pendant 2 ou 3 min. Ajoutez ensuite les jaunes d'œufs un à un, en mélangeant bien.
2. À l'aide du batteur électrique, montez les blancs d'œufs en neige ferme, puis ajoutez le sucre en poudre et battez encore 2 ou 3 min. Ajoutez le chocolat au mélange beurre, sucre et jaunes d'œufs, puis incorporez délicatement les blancs en neige et la farine tamisée. Versez la pâte dans le moule préalablement beurré et fariné. Enfournez pour environ 35 min de cuisson, puis démoulez et posez sur une grille. Laissez ainsi refroidir.
3. Préparez le glaçage et mettez-le de côté. Faites légèrement tiédir la confiture dans une casserole, en mélangeant. Coupez le gâteau en deux dans l'épaisseur. Tartinez une des moitiés de confiture et reposez l'autre moitié par-dessus pour reconstituer le gâteau. Posez-le sur une grille, au-dessus d'un récipient.
4. Glacez le gâteau. Laissez le glaçage se solidifier quelques minutes en plaçant le gâteau au réfrigérateur. Servez éventuellement avec une belle crème Chantilly, un coulis de fruits ou une crème anglaise.

QUATRE-QUARTS PERDU AUX FIGUES RÔTIES AU MIEL

Pour 4 personnes
Préparation : 20 min
Cuisson : 20 min
Coût : €

INGRÉDIENTS

8 figues fraîches
8 cuil. à soupe de miel liquide
1 quatre-quarts nature (page 94)
1 œuf
50 cl de lait
50 g de sucre roux
1 sachet de sucre vanillé
½ cuil. à café d'arôme vanille
20 g de beurre (pour la cuisson)

MATÉRIEL

Plat à gratin

1. Préparez les figues : préchauffez le four à 180 °C (th. 6). Fendez en quatre les figues, disposez-les dans le plat et faites couler dans chacune 1 cuil. à soupe de miel. Enfournez les figues 5 à 10 min jusqu'à ce qu'elles soient légèrement fondantes. Réservez au chaud.

2. Préparez le quatre-quarts comme indiqué page 94.

3. Dans un saladier, battez l'œuf avec le lait, les sucres et l'arôme vanille.

4. Coupez le quatre-quarts en 8 tranches épaisses. Trempez les tranches dans le mélange. Faites chauffer le beurre dans une grande poêle à revêtement antiadhésif et faites rissoler les tranches de quatre-quarts de chaque côté : elles doivent être bien dorées.

5. Sortez les figues rôties du four et disposez-les sur chaque tranche de quatre-quarts. Arrosez le tout avec le jus de cuisson, puis servez aussitôt.

QUATRE-QUARTS AUX CLÉMENTINES ET PAIN D'ÉPICE

Pour 1 quatre-quarts de 6 à 8 personnes
Préparation : 25 min
Cuisson : 30 min
Coût : €

INGRÉDIENTS

3 clémentines
200 g de farine
2 cuil. à café de levure
1 cuil. à café de poudre de pain d'épice
200 g de beurre mou
100 g de sucre en poudre
100 g de sucre roux
4 œufs de calibre moyen
1 pincée de sel

MATÉRIEL

Moule à cake
Papier cuisson

1. Préchauffez le four à 180 °C (th. 6). Lavez, zestez et pressez les 3 clémentines. Réservez le jus et les zestes.

2. Dans un bol, tamisez la farine avec la levure, la poudre de pain d'épice et le sel. Dans un saladier, fouettez le beurre avec les sucres jusqu'à ce que le mélange soit crémeux. Ajoutez les œufs un par un tout en mélangeant après chaque ajout. Incorporez les zestes et le jus des clémentines puis remuez bien la pâte. Versez en pluie le mélange de farine tout en mélangeant.

3. Versez la pâte dans le moule tapissé de papier cuisson puis enfournez pour 30 min. Vérifiez la cuisson avec la pointe d'un couteau : elle doit ressortir sèche.

4. Laissez bien refroidir avant de déguster.

VARIANTES

Vous pouvez également varier les agrumes qui se marient très bien avec la poudre de pain d'épice : orange, pamplemousse, etc.

QUATRE-QUARTS AUX FRAMBOISES FAÇON MINI-PIÈCE MONTÉE

Pour 4 mini-pièces montées
Préparation : 1 h
Cuisson : 30 min
Coût : €

INGRÉDIENTS

200 g de farine
2 cuil. à café de levure
200 g de beurre mou
200 g de sucre en poudre
4 œufs de calibre moyen
1 cuil. à café d'arôme vanille
250 g de framboises (fraîches ou surgelées)
1 glaçage royal (page 99)
Quelques bonbons (type Smarties®, M&M's®, fraises Tagada®...)
1 pincée de sel

MATÉRIEL

Moule rond
Papier cuisson
3 emporte-pièce ronds de tailles différentes

1. Préparez le quatre-quarts aux framboises : préchauffez le four à 180 °C (th. 6). Tamisez la farine avec la levure et le sel dans un bol. Dans un saladier, fouettez le beurre avec le sucre en poudre jusqu'à ce que le mélange soit crémeux. Ajoutez les œufs un par un tout en mélangeant après chaque ajout. Versez l'arôme vanille. Incorporez le mélange de farine en trois fois et en remuant bien à chaque fois. Ajoutez délicatement les framboises.

2. Versez la préparation dans le moule tapissé de papier cuisson. Enfournez pour 30 min. Vérifiez la cuisson avec la pointe d'un couteau : elle doit ressortir sèche. Laissez bien refroidir.

3. Préparez les mini-pièces montées : à l'aide des emporte-pièce, détaillez trois morceaux de différentes tailles. Sur une assiette, placez les morceaux du plus grand au plus petit. Préparez le glaçage comme indiqué page 99 puis ajoutez-lui du colorant jaune afin d'accentuer la couleur citron. Versez-le sur chaque mini-pièce montée. Déposez aussitôt quelques bonbons sur le dessus pour faire une petite décoration, puis laissez sécher au frais. Réservez au frais jusqu'au moment de servir.

VARIANTE

Réalisez la même pièce montée avec de la sauce au chocolat en accompagnement.

LA PÂTE SABLÉE

LA PÂTE QUI AIME LES MAINS FRAÎCHES

Croustillante et bien sucrée, c'est la base de la tarte aux fraises et à la crème pâtissière de notre enfance, mais elle regorge de ressources et de déclinaisons ! Nombreuses sont celles et eux qui ont connu des déboires avec la pâte sablée, et pourtant, en suivant quelques règles, c'est un véritable jeu d'enfants ! Réalisez votre pâte sablée vous-même et apprenez quelques astuces pour ne jamais la rater.

RECETTE DE BASE

La pâte sablée se prépare avec les mains – pas de batteur ni de cuillère en bois entre le pâtissier et sa pâte. Mais pour que celle-ci ne colle pas et ne soit pas molle, les mains qui la travaillent doivent être fraîches : le plus simple est de les passer sous l'eau froide avant de se mettre à la tâche. La mauvaise réaction, le cas échéant, est d'ajouter de la farine, ce qu'il ne faut faire à aucun prix si on veut qu'à la sortie du four la pâte ne ressemble pas à du ciment craquelé. Voici la méthode des gens de métier : ils commencent par hacher tous les ingrédients sur la surface de travail avec un grand couteau pour obtenir de fins grumeaux. Alors seulement ils « en viennent aux mains » et rassemblent les grumeaux en une pâte homogène. De là à appeler la pâte sablée « pâte hachée », il n'y a qu'un clin d'œil de pâtissier !

CONSEILS PRATIQUES POUR LA PRÉPARATION

1. *Ingrédients, mains, surface de travail doivent être bien froids. L'idéal est de travailler sur une plaque de marbre, qui reste fraîche même lorsqu'il fait chaud.*
2. *Il est préférable d'utiliser du sucre très fin ou même du sucre glace, qui donne une pâtisserie délicate et vraiment sablée. Le sucre cristallisé, en revanche, mouchète les gâteaux de petits points bruns.*
3. *Il vaut mieux travailler la pâte trop peu que trop longtemps ! Peu importe si quelques grumeaux de beurre restent alors visibles.*
4. *Il est absolument indispensable de laisser reposer la pâte, et cela, bien entendu, au réfrigérateur. Il sera ainsi plus facile de l'abaisser et de foncer le moule.*
5. *Le sucre rend la pâte croustillante, ce qui est idéal pour les fonds de tarte et de tartelette. Mais il y a l'envers de la médaille : le sucre attire l'humidité, aussi bien celle des fruits de la garniture que celle de l'air ambiant. Autrement dit, la pâte ramollit vite. Tartes et tartelettes sont donc à savourer sans attendre, ce qui ne devrait pas poser trop de problèmes…*
6. *Roulée en boule et protégée par du film alimentaire, la pâte ne risquera pas de se dessécher au réfrigérateur.*
7. *La pâte sablée est très vite faite : il faut cependant lui accorder 1 h de repos (au réfrigérateur) pour qu'elle durcisse et que la farine puisse produire son gluten.*

CONSEILS PRATIQUES POUR LA CUISSON

1. *La pâte sablée doit être cuite à four chaud pendant 15 à 20 min pour que le sucre caramélise et que la pâtisserie soit dorée et croustillante : 180 °C (th. 6).*
2. *Il est préférable de cuire les fonds de tarte à blanc (page 20) si on prévoit des garnitures juteuses (fruits, crèmes). Ils sont plus croustillants et se détrempent moins vite.*

LA CONSERVATION

La pâte sablée se garde une semaine au réfrigérateur. Elle se conserve très bien au congélateur. Laissez-la décongeler au réfrigérateur pour éviter qu'elle ne devienne trop molle.

LES OPÉRATIONS

Préparation : 15 min
Cuisson : 15 à 20 min
Température : 180 °C (th. 6)
Repos : 1 h 20

LES INGRÉDIENTS

200 g de farine (type 45) + 20 g pour le plan de travail
90 g de sucre glace
25 g de poudre d'amandes
1 pincée de fleur de sel
100 g de beurre
1 œuf entier

L'OUTILLAGE

– Un tamis
– Du film alimentaire
– Un rouleau à pâtisserie
– Des poids de cuisson
– Du papier sulfurisé

PRÉPARATION ET CUISSON

1

Mélangez la farine, le sucre glace et la poudre d'amandes. Tamisez ce mélange sur le plan de travail, puis ajoutez dessus le beurre légèrement assoupli coupé en dés. Mélangez l'ensemble délicatement du bout des doigts sans trop chauffer le beurre pour obtenir une poudre fine proche du sable.

2

Mettez le sablage en fontaine, puis ajoutez le sel et l'œuf légèrement battu à la fourchette. Incorporez progressivement le sablage à l'intérieur de la fontaine.

3

Écrasez rapidement le tout à pleines mains, sans trop pétrir. La pâte va se former et il faut la travailler le moins possible (ce mélange est également réalisable avec un robot). Formez ensuite une boule de pâte.

4

Aplatissez la boule de pâte avec la paume de la main. Farinez-la légèrement, puis enveloppez-la dans un film alimentaire. Placez la pâte 1 h minimum au réfrigérateur.

5

Farinez le plan de travail, étalez la pâte au rouleau à pâtisserie puis piquez-la avec une fourchette.

6

Beurrez largement le moule de beurre mou, puis déposez la pâte (le côté avec les trous contre le fond du moule). Collez-la bien aux parois.

7

Découpez l'excédent de pâte. Placez le moule au réfrigérateur pendant 30 min.

8

Déposez une feuille de cuisson froissée sur la pâte en recouvrant bien les bords. Recouvrez-la avec des poids de cuisson (légumes secs, noyaux de cuisson ou riz) puis faites précuire le fond de tarte à blanc (voir page 20). Laissez refroidir, enlevez les poids de cuisson puis garnissez.

DE DÉLICIEUX PETITS BISCUITS POUR TOUTES LES OCCASIONS

La pâte sablée est la base même d'une foule de délicieux petits gâteaux. Le principe est toujours le même : on abaisse la pâte au rouleau avant d'y découper à l'emporte-pièce des formes au choix. Reste à les décorer, et c'est là qu'il faut savoir faire preuve d'un brin de fantaisie, compte tenu de la saison et des circonstances : cœurs rose tendre pour prendre le thé à deux, étoiles et sapins de Noël, demi-lunes et bretzels sucrés en toute occasion. Vous pouvez laisser libre cours à votre imagination : glaçages colorés et décors pop, chocolat granulé, pralin, amandes et fruits confits, pour ne citer que quelques exemples.

1 Petits gâteaux aux cerises confites

INGRÉDIENTS

100 g de sucre
200 g de beurre
300 g de farine
1 œuf

POUR LA GARNITURE

100 g de farine
50 g de sucre
50 g de beurre
1 jaune d'œuf

POUR LE DÉCOR

20 cerises confites coupées en deux

1. Préparez la pâte selon la recette de base (page 121) ainsi qu'un glaçage granulé.
2. Abaissez la pâte sur 2 mm et découpez-y des cercles dentelés.
3. Disposez-les sur une plaque, dorez les au jaune d'œuf, saupoudrez-les de glaçage et décorez-les de cerises.
4. Faites cuire 10 min à 220 °C (th. 7-8).

2 Cœurs roses

INGRÉDIENTS

Pâte sablée (ci-contre)

POUR LE GLAÇAGE

250 g de sucre glace
1,25 dl de jus de cerise ou de betterave

1. Abaissez la pâte préparée selon la recette de base (page 121) sur 2 mm d'épaisseur. Découpez des cœurs de différentes tailles à l'emporte-pièce.
2. Faites cuire les cœurs 10 min environ au four à 225 °C (th. 7-8).
3. Faites réduire le jus choisi pour le glaçage (à noter : le jus de betterave n'a pas de goût !) pour intensifier la couleur.
4. Incorporez le sucre glace et étaler sur les cœurs.

3 Bretzels au sucre et au chocolat

INGRÉDIENTS

Pâte sablée (ci-contre)

POUR LE GLAÇAGE

1 jaune d'œuf
100 g de sucre en grains
100 g de glaçage au chocolat

1. Abaissez la pâte préparée selon la recette de base (page 121) sur 2 mm d'épaisseur et découpez-y des bretzels à l'emporte-pièce.
2. Dorez la moitié d'entre eux au jaune d'œuf et saupoudrez-les de sucre en grains.
3. Faites cuire le tout 10 min au four à 225 °C (th. 7-8).
4. Enduisez les bretzels non sucrés de glaçage au chocolat fondu.

5 Étoiles glacées

INGRÉDIENTS

Pâte sablée (page 121)
1 jaune d'œuf

GLAÇAGE :

250 g de sucre glace
1 cuil. à soupe d'eau
Perles en sucre
½ cuil. à café de cannelle

1. Abaissez la pâte préparée selon la recette de base (page 121) sur 2 mm d'épaisseur et découpez-y des étoiles.
2. Dorez le tiers de ces étoiles au jaune d'œuf et parsemez-les d'amandes effilées.
3. Faites cuire le tout 10 min à 225 °C (th. 7-8).
4. Enduisez un deuxième tiers d'étoiles d'un glaçage préparé avec le sucre glace et l'eau, parsemez de perles en sucre.
5. Parfumez le reste du glaçage à la cannelle et étalez-le sur les étoiles restantes.

7 Demi-lunes

INGRÉDIENTS

Pâte sablée (page 121)
3 cuil. à soupe de sucre glace
1 cuil. à soupe de cacao

1. Abaissez la pâte préparée selon la recette de base (page 121) sur 2 mm d'épaisseur et découpez-y des demi-lunes à l'emporte-pièce.
2. Faites cuire 10 min au four à 225 °C (th. 7-8).
3. Mélangez le sucre glace et le cacao, et saupoudrez les demi-lunes.

6 Losanges aux amandes

INGRÉDIENTS

Pâte sablée (page 121)
2 jaunes d'œufs
200 g d'amandes émondées, coupées en deux

1. Abaissez la pâte préparée selon la recette de base (page 121) sur 2 mm d'épaisseur et découpez-y des petits losanges (2 x 5 cm) à l'aide de la roulette à pâte.
2. Dorez au jaune d'œuf et posez une moitié d'amande au centre de chaque losange.

4 Couronnes aux groseilles

INGRÉDIENTS

Pâte sablée (page 121)

GARNITURE :

5 cuil. à soupe de gelée de groseille
3 cuil. à soupe de sucre glace

1. Abaissez la pâte préparée selon la recette de base (page 121) sur 2 mm d'épaisseur et découpez-y des disques à bord dentelé.
2. À l'aide d'un emporte-pièce cannelé, découpez un cercle au centre de la moitié des disques pour former des couronnes.
3. Faites cuire le tout 10 min à 225 °C (th. 7-8).
4. Badigeonnez les disques entiers de gelée de groseille, saupoudrez les couronnes de sucre glace et posez-les dessus.

LES NOMBREUX DESCENDANTS DE LA PÂTE SABLÉE

Toutes les variations sur le thème de la pâte sablée font en quelque sorte partie d'une grande famille, dont les membres ont tous une personnalité bien marquée. Cette personnalité, c'est avant tout aux épices qu'ils la doivent : muscade et clou de girofle, cannelle et cardamome, coriandre ou vanille. Ils changent aussi de couleur selon les ingrédients particuliers qu'ils contiennent – cacao, écorce d'orange ou de citron confite, zeste de citron finement râpé – ce qui leur donne une saveur incomparable.

1 Spéculoos

Pour 40 biscuits
Préparation : 15 min
Repos : 12 h
Cuisson : 12 min
Coût : €€

INGRÉDIENTS

275 g de farine blanche
170 g de beurre ramolli
50 g de vergeoise
125 g de sucre roux
30 g de poudre d'amandes
½ sachet de levure chimique
1 œuf
1 grosse cuil. à café de cannelle en poudre
1 cuil. à café rase de gingembre en poudre
4 pincées de noix muscade fraîchement râpée
4 pincées d'anis en poudre
1 pincée de clous de girofle en poudre

MATÉRIEL

Emporte-pièce

1. Dans un saladier, mélangez le beurre avec la farine, la levure, les sucres, la poudre d'amandes et toutes les épices. Ajoutez l'œuf et travaillez bien tous ces ingrédients jusqu'à l'obtention d'une pâte homogène (celle-ci reste collante, mais si elle colle vraiment trop, ajoutez un peu de farine). Filmez et réservez la pâte au réfrigérateur pendant 12 h.

2. Sortez la pâte 15 à 20 min avant de la travailler. Préchauffez le four à 180 °C (th. 6).

3. Abaissez la pâte sur un plan de travail fariné et découpez-la à l'aide d'un emporte- pièce. Rangez les biscuits sur une plaque à pâtisserie. Faites-les cuire au four pendant 12 min. Décollez délicatement les biscuits à l'aide d'une spatule et laissez-les refroidir sur une grille.

1

2

3

2 Palets aux flocons d'avoine fourrés chocolat et daim®

Pour 10 palets
Préparation : 15 min
Cuisson : 14 min
Coût : €€

INGRÉDIENTS

150 g de flocons d'avoine
50 g de beurre
100 g de sucre en poudre
2 œufs
2 cuil. à soupe bombées de farine
2 cuil à café de graines de sésame

POUR LA FINITION

50 g de chocolat noir
50 g de Daim®
2 cuil. à soupe de crème liquide

1. Préchauffez le four à 180 °C (th. 6).
2. Dans un saladier, mélangez les flocons d'avoine avec le sucre. Ajoutez le beurre préalablement fondu, les œufs et la farine. Mélangez bien.
3. Déposez des tas de pâte sur une plaque à pâtisserie, saupoudrez-les de graines de sésame et enfournez-les pour 12 min de cuisson.
4. Pendant ce temps, faites fondre le chocolat avec les Daim® hachés en morceaux et la crème liquide. Décollez les palets à l'aide d'une spatule et laissez-les refroidir. Déposez 1 cuil. à café de chocolat sur la moitié des palets, puis assemblez avec les palets restants.

3 Vanille kipferl

Pour 40 biscuits
Préparation : 20 min
Repos : 1 h
Cuisson : 10 min
Coût : €

INGRÉDIENTS

250 g de farine
150 g de beurre ramolli
80 g de sucre glace + un peu pour le décor
2 jaunes d'œufs
80 g de poudre d'amandes
70 g de poudre de noisettes
1 gousse de vanille
1 pincée de sel

1. Fendez la gousse de vanille dans la longueur et extrayez-en les graines à l'aide de la pointe d'un couteau. Mélangez-les avec la farine, le sucre glace, le sel, les poudres d'amandes et de noisettes. Ajoutez le beurre, puis les jaunes d'œufs. Travaillez bien tous ces ingrédients jusqu'à l'obtention d'une boule de pâte homogène. Filmez et réservez la pâte au frais pendant 1 h.
2. Préchauffez le four à 200 °C (th. 6-7).
3. Sortez la pâte et coupez-la en deux. Faites 2 boudins d'environ 5 cm de diamètre et débitez ceux-ci en disques de 1 cm d'épaisseur à peu près. Roulez les disques de pâte entre vos mains et formez des petits croissants.
4. Rangez les croissants sur une plaque à pâtisserie et faites-les cuire au four pendant 10 min. Laissez refroidir les croissants sur une grille et saupoudrez-les d'un voile de sucre glace.

SABLÉS À DAMIER

Pour 24 sablés
Préparation : 20 min
Repos : 1 h
Cuisson : 14 min
Coût : €

INGRÉDIENTS

200 g de farine
75 g de beurre fondu
100 g de sucre en poudre
1 sachet de sucre vanillé
1 œuf
50 g de chocolat

1. Dans un saladier, mélangez la farine avec les sucres. Ajoutez le beurre fondu et l'œuf. Mélangez bien jusqu'à l'obtention d'une préparation homogène. Fractionnez la pâte en 2 parts et, dans l'une d'elles, ajoutez le chocolat que vous aurez préalablement fait fondre. Mélangez soigneusement.

2. Séparez chaque boule de pâte en deux. Formez 4 grands boudins. Placez un boudin blanc et, à côté, un boudin noir ; sur le boudin blanc, placez un boudin noir et sur le boudin noir, un boudin blanc. Soudez, filmez et réservez la pâte au frais pendant 1 h.

3. Préchauffez le four à 180 °C (th. 6).

4. Découpez le boudin de pâte en tranches fines, disposez-les sur une plaque à pâtisserie et enfournez-les pour 12 min de cuisson. Au sortir du four, laissez reposer 2 min, puis décollez les sablés et laissez-les refroidir sur une grille.

BOULETS AUX AMANDES, NOISETTES ET CHOCOLAT

Pour 20 boulets
Préparation : 30 min
Repos : 1 h
Cuisson : 15 min
Coût : €€

INGRÉDIENTS

50 g de farine d'épeautre
75 g de farine blanche
100 g de beurre ramolli
50 g de poudre d'amandes
50 g de poudre de noisettes
2 cuil. à soupe de pralin
1 sachet de sucre vanillé
75 g de sucre en poudre
1 jaune d'œuf
200 g de chocolat au lait

1. Dans un saladier, mélangez les poudres avec le pralin, les farines et les sucres. Ajoutez le beurre pommade et mélangez le tout soigneusement avec vos mains. Incorporez le jaune d'œuf et formez une boule. Si la pâte est trop sèche, ajoutez-y un peu d'eau. Filmez et placez la pâte au frais pendant 1 h.

2. Préchauffez le four à 170 °C (th. 5-6). Prélevez des morceaux de pâte et roulez-les entre vos mains. Disposez-les sur une plaque à pâtisserie et aplatissez-les légèrement. Faites-les cuire au four pendant 15 min. Décollez les biscuits à l'aide d'une spatule et laissez-les refroidir sur une grille.

3. Pendant ce temps, faites fondre le chocolat au lait au bain-marie. Puis trempez les boulets dans le chocolat et laissez s'égoutter l'excédent sur une grille. Réservez au frais avant dégustation.

SABLÉS QUATRE-ÉPICES FOURRÉS À LA CRÈME DE MARRON

Pour 18 sablés
Préparation : 30 min
Repos : 1 nuit
Cuisson : 12 min
Coût : €

INGRÉDIENTS

225 g de farine
100 g de beurre ramolli
80 g de sucre en poudre
1 cuil. à café de quatre-épices
1 jaune d'œuf
1 pot de crème de marron

MATÉRIEL

Emporte-pièce

1. La veille, dans un saladier, travaillez le beurre avec la farine, le quatre-épices et le sucre du bout des doigts. Ajoutez le jaune d'œuf et mélangez. Ajoutez un peu d'eau si nécessaire. Formez une boule, filmez et placez la pâte au frais pendant une nuit.

2. Le jour même, préchauffez le four à 180 °C (th. 6).

3. Étalez la pâte sur un plan de travail fariné, puis à l'aide d'un emporte-pièce ou d'un verre, découpez-y des ronds. Disposez-les sur une plaque à pâtisserie et faites-les cuire au four pendant 12 min. Décollez les sablés à l'aide d'une spatule et laissez-les refroidir sur une grille.

4. Une fois les sablés refroidis, garnissez-en la moitié de crème de marrons, puis assemblez avec les autres biscuits.

UN LIT DE CRÈME POUR LES FRUITS LES PLUS DIVERS

Rien de plus facile à faire : fonds de pâte croustillants, ronds ou en forme de barquettes, qui se conservent dans une boîte hermétiquement fermée. On les nappe ensuite de crème fouettée ou de crème à la vanille ou au chocolat, puis on les garnit de fruits frais ou en conserve, avant de napper le tout de sirops aux parfums assortis.

TARTELETTES AUX FRAISES

Pour 8 tartelettes
Préparation : 30 min
Repos : 1 h
Cuisson : 25 min
Coût : €

INGRÉDIENTS

1 pâte sablée (page 121)
Crème pâtissière (page 312)
400 g de fraises (type gariguettes ou mara des bois)
4 cuil. à soupe de gelée de groseilles ou de framboise

MATÉRIEL

Papier sulfurisé
Haricots blancs secs
Pinceau de cuisine
8 moules à tartelettes

1. À l'aide d'un rouleau à pâtisserie, étalez la pâte sablée sur un grand plan de travail fariné. Découpez des cercles de 3 cm plus grands que le diamètre des moules à tartelettes. Graissez les moules et garnissez-les de pâte, puis faites de petits trous à l'aide d'une fourchette. Couvrez de papier sulfurisé et de haricots blancs secs. Laissez reposer 1 h au réfrigérateur.
2. Pendant ce temps, préparez la crème pâtissière comme indiqué page 312. Préchauffez le four à 190 °C (th. 6). Enfournez les fonds de tarte pour 10 min de cuisson. Retirez les haricots et le papier sulfurisé, puis enfournez de nouveau pour 5 à 10 min de cuisson. La tarte doit être dorée. Sortez du four et laissez refroidir.
3. Nettoyez et équeutez les fraises. Dans une petite casserole, faites fondre la gelée avec un fond d'eau. Étalez la crème pâtissière dans les fonds de tarte et recouvrez de fraises, pointes vers le haut. Badigeonnez généreusement de gelée à l'aide d'un pinceau. Servez aussitôt ou gardez au frais.

CONSEIL

La gelée a plusieurs intérêts. Tout d'abord esthétique en rendant la tarte brillante, elle protège aussi les fraises ; enfin elle empêche le jus qui va sortir des fraises par la base de se répandre. C'est un petit travail supplémentaire mais qui apporte une vraie différence.

VARIANTES

Selon la saison, les goûts et ce dont vous disposez, vous pouvez préparer d'autres tartes aux fruits. Avec les baies les plus variées par exemple, seules ou en mélanges. Ou encore avec des pêches ou des abricots, frais ou au sirop. Les fruits exotiques conviennent, eux aussi : mangues ou kiwis – en un mot, tout ce qui est beau et bon. Vous pouvez, si vous le désirez, ranger les fruits sur un lit de crème pâtissière, les saupoudrer d'amandes moulues, remplacer la gelée de groseille par de la confiture d'abricots ou, tout simplement, un sirop de sucre. L'important, c'est de servir et de manger la tarte toute fraîche, avant que les fruits n'aient eu le temps de détremper le fond de pâte.

TARTELETTES À LA MANGUE

Pour 6 personnes
Préparation : 15 min
Cuisson : 20 min
Repos : 1 h
Coût : €

INGRÉDIENTS

1 pâte sablée (page 121)
1 blanc d'œuf

POUR LA GARNITURE

Crème pâtissière (page 312)
2 mangues bien mûres

MATÉRIEL

6 moules à tartelettes
Haricots blancs secs
Papier sulfurisé
Pinceau de cuisine

1. Préchauffez le four à 180 °C (th. 6). Préparez 6 fonds de tartelettes et faites-les cuire à blanc environ 20 min (page 20). Afin de préserver le croustillant de la pâte, badigeonnez-les, avec un pinceau, de blanc d'œuf légèrement battu 5 min avant la fin de la cuisson.

2. Préparez la crème pâtissière (page 312).

3. Pelez les mangues et coupez la chair autour du noyau central, taillez-la ensuite en lamelles.

4. Garnissez les fonds de tartelettes refroidis avec la crème pâtissière puis déposez délicatement les lamelles de mangue sur le dessus. Placez les tartelettes au réfrigérateur pendant 1 h avant de déguster.

TARTELETTES AUX MYRTILLES

Pour 8 personnes
Préparation : 30 min
Réfrigération : 1 h
Cuisson : 25 min
Coût : €

INGRÉDIENTS

1 pâte sablée (page 121)
400 g de myrtilles
1 gousse de vanille
50 g de sucre semoule
15 cl de crème fraîche liquide entière

MATÉRIEL

Papier sulfurisé
Haricots blancs secs
Batteur électrique
8 moules à tartelettes

1. À l'aide d'un rouleau à pâtisserie, étalez la pâte sablée sur un grand plan de travail fariné. Découpez des cercles de 3 cm plus grands que le diamètre des moules à tartelettes. Graissez les moules et garnissez-les de pâte, puis faites de petits trous à l'aide d'une fourchette. Couvrez de papier sulfurisé et de haricots blancs secs. Laissez reposer 1 h au réfrigérateur.

2. Préchauffez le four à 190 °C (th. 6). Nettoyez les myrtilles. Fendez la gousse de vanille dans la longueur et grattez l'intérieur avec la pointe d'un couteau pour récupérer toutes les petites graines noires qu'elle contient. Mélangez-les au sucre.

3. Enfournez les fonds de tarte pour 8 min de cuisson. Retirez les haricots et le papier sulfurisé, puis enfournez de nouveau pour 5 min de cuisson. La pâte doit être uniformément dorée. Sortez du four.

4. Répartissez les myrtilles sur les fonds de tarte et saupoudrez de la moitié du sucre vanillé. Enfournez à nouveau pour 12 à 15 min de cuisson. Il faut que les myrtilles cuisent et se transforment presque en compote.

5. Pendant ce temps, montez la crème liquide en chantilly à l'aide du batteur électrique, en ajoutant le reste du sucre vanillé. Gardez au frais. Sortez les tartelettes du four, puis laissez-les refroidir avant de les démouler et de les servir avec la chantilly.

VARIANTE

Vous pouvez remplacer le sucre vanillé saupoudré sur les myrtilles par 3 ou 4 cuil. à soupe de sirop d'érable.

TARTELETTES BANOFFEE

Pour 6 personnes
Préparation : 30 min
Cuisson : 50 à 55 min
Repos : 1 h
Coût : €

INGRÉDIENTS

1 pâte sablée (page 121)
30 g de cacao en poudre non sucré

POUR LA CONFITURE DE LAIT

1 boîte de lait concentré sucré au lait entier (397 g)

POUR LA GARNITURE

3 bananes
Crème Chantilly (page 314)
3 cuil. à soupe de cacao en poudre non sucré

MATÉRIEL

Papier sulfurisé
Haricots blancs secs
Batteur électrique
6 moules à tartelettes
1 poche à douille ou 1 siphon

1. Préchauffez le four à 180 °C (th. 6). Si vous réalisez une pâte sablée maison, ajoutez 30 g de cacao. Préparez 6 fonds de tartelettes, puis faites-les cuire à blanc environ 20 min.

2. Préparez la confiture de lait : déposez la boîte de lait concentré sucré fermée dans une cocotte-minute, remplissez d'eau jusqu'aux ¾ de la boîte. Refermez bien la cocotte, mettez sur le feu. Dès que la soupape siffle, comptez 30 à 35 min de cuisson. Évacuez la vapeur de la cocotte avant de l'ouvrir et de sortir la boîte. Laissez la boîte de lait concentré refroidir complètement avant de l'ouvrir.

3. Préparez la crème Chantilly (page 214).

4. Garnissez les fonds de tartelettes avec de la confiture de lait refroidie. Coupez des rondelles de banane et disposez-les dessus. Nappez de chantilly, idéalement avec une poche munie d'une douille ou un siphon, et saupoudrez de cacao. Servez aussitôt.

LES TARTES AUX FRUITS

Elles symbolisent en quelque sorte la finesse de notre cuisine : un fond de pâte très mince, croustillant et au bon goût de beurre, garni de fruits finement émincés, puis cuit à four bien chaud – la pâte et les fruits doivent prendre couleur. Saupoudrée de sucre glace au sortir du four, la tarte est peut être servie encore chaude, pour couronner un repas léger. (Voir aussi les fonds de tarte en pâte feuilletée.)

1 Tarte aux pommes

INGRÉDIENTS

300 g de farine
1 cuil. à soupe de sucre
1 cuil. à café de sel
200 g de beurre
1 œuf
1 kg de pommes acidulées (boskoop ou reinettes, par exemple)
2 cuil. à soupe de sucre glace

1. Préparez une pâte sablée comme dans la recette de base (page 121).
2. Foncez un moule à tarte ou un moule à fond amovible, piquez plusieurs fois à la fourchette.
3. Épluchez les pommes (facultatif), coupez-les en deux pour retirer les cœurs, puis détaillez-les en minces quartiers.
4. Rangez ces quartiers sur le fond de pâte en les faisant se chevaucher et en formant un joli dessin.
5. Saupoudrez de sucre et faites cuire 15 à 20 min à 250 °C (th. 8-9).
6. Saupoudrez de sucre glace et servez chaud.

VARIANTES

– Tous les fruits qui supportent d'être cuits conviennent : poires, pêches, abricots, prunes ou mirabelles, par exemple.
– On peut aussi parsemer les fruits d'amandes effilées ou émincées avant de glisser la tarte au four ; ou la napper de confiture d'abricots tiède dès qu'elle est cuite.
– La tarte est encore en plus délicieuse si on dispose les fruits sur un lit de crème pâtissière.

2 Tarte bourdaloue (poire-amandine)

Pour 6 personnes
Préparation : 25 min
Cuisson : 30 min
Coût : €

INGRÉDIENTS

1 pâte sablée (page 121)

POUR LA CRÈME D'AMANDE

150 g de beurre ramolli
150 g de sucre glace
150 g d'œufs (environ 2 gros œufs)
150 g de poudre d'amandes
2 cuil. à soupe de rhum brun

POUR LA GARNITURE

8 demi-poires au sirop
50 g d'amandes effilées

MATÉRIEL

Moule à tarte

1. Préparez une pâte sablée comme dans la recette de base page 121. Étalez la pâte sur un moule à tarte beurré et fariné ou recouvert de papier sulfurisé. Piquez la pâte à l'aide d'une fourchette.
2. Préchauffez le four à 180 °C (th. 6).
3. Préparez la garniture : mélangez le beurre ramolli avec le sucre glace à l'aide d'une cuillère en bois jusqu'à l'obtention d'une crème. Ajoutez les œufs entiers puis la poudre d'amandes et le rhum. Remuez jusqu'à ce que la préparation soit homogène.
4. Versez la crème d'amande sur le fond de tarte. Émincez les poires au sirop et disposez-les sur la crème d'amande. Parsemez la tarte d'amandes effilées.
5. Faites cuire la tarte pendant 30 min à 180 °C (th. 6), jusqu'à ce que les bords soient bien dorés. Laissez refroidir avant de servir.

3 La tarte tatin

Il s'agit d'une tarte renversée, qui constitue un dessert à la fois raffiné et très spectaculaire. Une idée des sœurs Tatin, qui tenaient, au début du siècle, un hôtel à Lamotte-Beuvron.
Vous pouvez la faire cuire dans une poêle si vous ne disposez pas d'un moule supportant la chaleur de la plaque ou la flamme du gaz.

Pour 6 personnes
Préparation : 20 min
Cuisson : 30 min
Coût : €

INGRÉDIENTS

1 pâte sablée (page 121)

POUR LA GARNITURE

150 g de sucre en poudre
1 cuil. à soupe d'eau
50 g de beurre
5 pommes

MATÉRIEL

Moule à manqué

1. Préparez une pâte sablée en suivant la recette de la page 121 et préchauffez le four à 180 °C (th. 6).
2. Dans une casserole, faites chauffer le sucre en poudre avec 1 cuil. à soupe d'eau. Lorsque le caramel a pris une jolie couleur ambrée, ajoutez le beurre coupé en petits morceaux.
3. Versez le caramel dans un moule à manqué rond et répartissez-le bien dans tout le moule, y compris sur les rebords, en inclinant le moule.
4. Épluchez les pommes et coupez-les en quartiers. Retirez les trognons et disposez les pommes dans le moule.
5. Étalez la pâte sablée sur un plan de travail légèrement fariné. Déposez-la sur les pommes en rentrant bien les bords de la pâte à l'intérieur du moule. Piquez la pâte à l'aide d'une fourchette.
6. Faites cuire la tarte Tatin 25 à 30 min jusqu'à ce que la pâte soit bien dorée. Sortez la tarte du four et démoulez-la immédiatement sur une assiette en la retournant.

CONSEIL

Dégustez la tarte Tatin tiède et accompagnez-la d'une cuillère de crème fraîche ou d'une boule de bonne glace à la vanille (ou les deux !).

À TOUS CEUX QUI AIMENT LES ENFANTS...

...un bon conseil : qu'ils apprennent à préparer la tarte au fromage blanc : les petits n'y résistent pas ! La réussir n'est pas évident : si elle gonfle merveilleusement dans le four, il lui arrive malheureusement de retomber lamentablement dès qu'elle en sort. Mais il y a un truc : il suffit de sortir la tarte du four à mi-cuisson et de passer rapidement un petit couteau pointu entre le bord de pâte et la garniture. Laissez reposer quelques minutes, puis remettez au four pour terminer la cuisson. Le résultat est étonnant !

TARTE AU FROMAGE BLANC

Pour 6 à 8 personnes
Préparation : 20 min
Cuisson : 50 min
Coût : €

INGRÉDIENTS

1 pâte sablée (page 121)

POUR LA GARNITURE

500 g de fromage blanc à 20 % de matière grasse minimum
20 cl de crème liquide
150 g de sucre en poudre
1 sachet de sucre vanillé
2 cuil. à soupe de farine
3 œufs
Sucre glace (pour le décor)

1. Préparez une pâte brisée en suivant la recette de la page 121. Préchauffez le four à 160 °C (th. 5).
2. Mélangez le fromage blanc et la crème liquide. Ajoutez le sucre en poudre, le sucre vanillé, la farine et les jaunes d'œufs. Fouettez. Montez les blancs en neige et incorporez-les délicatement à la préparation.
3. Étalez la pâte brisée dans un moule à tarte préalablement beurré et fariné. Piquez la pâte à l'aide d'une fourchette. Versez le mélange au fromage blanc sur la pâte.
4. Faites cuire la tarte au fromage blanc pendant 50 min. Elle doit être bien dorée. Si elle colore trop vite, recouvrez-la de papier d'aluminium.
5. Sortez la tarte du four et retournez-la sur une grille à gâteau. Laissez-la refroidir complètement avant de la retourner de nouveau dans le plat de service. De cette manière, elle ne s'affaissera pas. Saupoudrez la tarte de sucre glace au moment de servir.

UNE PÂTE SABLÉE TOUTE EN DOUCEUR

La fameuse exception à la règle : la pâte sablée destinée à ces petits gâteaux secs ne supporte pas d'être pétrie. On y ajoute même du lait pour la rendre plus souple. Et, au lieu de l'abaisser au rouleau, contentez-vous de la mouler à la poche à douille, en choisissant une douille en étoile qui permettra de former des S, des craquelins, des rosettes ou des couronnes.

SPRITZ

Pour 40 pièces environ
Préparation : 15 min
Cuisson : 10 min
Repos : 30 min
Coût : €

INGRÉDIENTS

200 g de beurre ramolli
100 g de sucre
1 œuf
8 cuil. à soupe de lait
200 g de farine
100 g de fécule
Beurre et farine pour le moule

1. Travaillez le beurre, le sucre, l'œuf et le lait en mousse.
2. Incorporez la farine et la fécule, en procédant rapidement pour que la farine n'ait pas le temps de développer son gluten. Mettez au frais pendant 30 min.
3. Remplissez une poche à douille en étoile (vous pouvez aussi utiliser une seringue à pâtisserie) et déposez des formes au choix sur une tôle beurrée et farinée.
4. Faites cuire 10 min environ à 190 °C (th. 6-7).

CONSEILS POUR LA DÉCORATION

Ces petits gâteaux secs seront plus jolis encore si on les décore avec un brin de fantaisie, avant de les glisser au four ou dès qu'ils en sortent.

Avant la cuisson :
– Cerises confites entières ou hachées, moitiés d'amandes ou de pistaches, sucre en grains.

Après la cuisson :
– Plongez les gâteaux entiers ou les deux extrémités seulement dans un glaçage au chocolat, aux noisettes ou au croquant.
– Semez sur le glaçage avant qu'il ne se fige des perles en sucre, des noix hachées ou du sucre en grains coloré.
– Tartinez les gâteaux de croquant fondu ou de confiture et réunissez-les deux par deux avant de les plonger dans le glaçage.

TARTE AUX GROSEILLES MERINGUÉE

Pour 4 personnes
Préparation : 20 min
Cuisson : 30 min
Coût : €

INGRÉDIENTS

1 pâte sablée (page 121)
300 g de groseilles (fraîches ou surgelées)
4 blancs d'œufs
1 pincée de sel
150 g de sucre glace (+ un peu pour la finition)
100 g de poudre d'amandes

MATÉRIEL

Moule à tarte
Batteur électrique

1. Préchauffez le four à 180 °C (th. 6). Préparez le fond de tarte et faites-le précuire à blanc (page 20).

2. Baissez le thermostat à 90 °C (th. 3). Équeutez les groseilles si elles sont fraîches. Montez les blancs d'œufs en neige ferme avec le sel ; incorporez petit à petit le sucre glace. Ajoutez délicatement la poudre d'amandes puis mélangez les deux tiers des blancs battus avec les groseilles.

3. Garnissez le fond de tarte de cette préparation, couvrez avec les blancs restants, parsemez de sucre glace et enfournez pendant 30 min en surveillant la coloration de la meringue qui doit être beige clair.

4. Dégustez dans l'heure.

TOURTE À LA RHUBARBE

Pour 6 personnes
Préparation : 30 min
Cuisson : 50 min à 1 h
Repos : 1 h
Coût : €

INGRÉDIENTS

1 pâte sablée (page 121)
1 blanc d'œuf

POUR LA GARNITURE

600 g de rhubarbe
100 g de sucre en poudre
30 g de beurre

POUR LE SUCRE AU ROMARIN

100 g de sucre en poudre
1 brin de romarin

POUR LA FINITION

1 œuf pour la dorure
1 sachet de sucre vanillé
6 boules de glace à la vanille

1. Préchauffez le four à 180 °C (t h. 6). Préparez le fond de tarte (page 121) et faites-le précuire à blanc environ 20 min (page 20). Afin de préserver le croustillant de la pâte, badigeonnez-la, avec un pinceau, de blanc d'œuf légèrement battu 5 min avant la fin de la cuisson. Gardez les chutes de pâte dans un film alimentaire au frais pour réaliser les bandelettes.

2. Préparez la garniture : lavez et épluchez la rhubarbe, puis coupez-la en morceaux de 1 cm. Dans un récipient, mélangez la rhubarbe avec le sucre en poudre. Laissez dégorger pendant 1 h.

3. Préparez le sucre parfumé. Mixez 50 g de sucre avec les épines de romarin puis mélangez cette préparation au reste du sucre (50 g). Si vous n'avez pas de petit robot, émincez le romarin le plus fin possible et mélangez-le du bout des doigts avec le sucre, mettez de côté.

4. Égouttez la rhubarbe et répartissez-la sur le fond de tarte précuit. Saupoudrez avec le sucre au romarin et parsemez de petits morceaux de beurre.

5. Préparez la dorure en battant l'œuf dans un bol. Avec un rouleau à pâtisserie, étalez les chutes de pâte ou, à défaut, utilisez une pâte sablée du commerce, puis découpez des bandelettes de pâte de 1 cm de large avec une roulette cannelée. Déposez-les sur le dessus de la tarte et formez des losanges. Faites-les adhérer sur les bords de la tarte avec un peu d'œuf battu. Badigeonnez les bandelettes avec le reste d'œuf battu. Saupoudrez le dessus de sucre vanillé. Enfournez pendant 30 à 40 min. Servez avec une boule de glace vanille.

ASTUCE

En dehors de la saison de la rhubarbe, vous pouvez la trouver en morceaux surgelés.

CHEESECAKE NEW-YORKAIS

Pour 4 personnes
Préparation : 20 min
Cuisson : 45 à 50 min
Repos : 24 h
Coût : €

POUR LE FOND DU CHEESECAKE

200 g de biscuits Thé® ou de spéculoos
30 g de cassonade
60 g de beurre fondu

POUR LA CRÈME AU FROMAGE

800 g de fromage frais (type St Môret® ou Philadelphia®)
140 g de sucre
3 œufs
2 cuil. à soupe de fécule de pommes de terre
1 citron jaune (zeste)
80 g de crème épaisse
1 cuil. à café de vanille liquide

POUR LE COULIS DE FRUITS ROUGES

200 g de mélange de fruits rouges surgelés
40 g de sucre glace

MATÉRIEL

Moule rond à bord haut et amovible (25 cm de diamètre)
Batteur électrique
Couteau zesteur ou râpe

1. La veille, préchauffez le four à 150 °C (th. 5). Broyez les biscuits au robot ou au hachoir électrique (à défaut, en les écrasant dans un sachet hermétique). Versez les miettes dans un saladier avec la cassonade, incorporez le beurre fondu et recouvrez le fond du moule de cette préparation. Tassez bien en remontant sur les bords. Mettez au congélateur le temps de préparer la crème.

2. À l'aide d'un batteur, mélangez le fromage avec le sucre pendant 5 min. Ajoutez ensuite les œufs un à un. Incorporez la fécule de pomme de terre, le zeste du citron, la crème épaisse et enfin la vanille. Mélangez bien. Sortez le moule du congélateur et versez-y la crème au fromage.

3. Enfournez pour 45 à 50 min de cuisson. Le cheesecake doit être légèrement tremblotant à la fin de la cuisson. Laissez-le refroidir complètement dans le four la porte fermée puis placez-le 24 h au réfrigérateur.

4. Le jour même, faites décongeler les fruits rouges et mixez-les avec le sucre glace. Démoulez le cheesecake et dégustez-le avec le coulis de fruits rouges.

LA PÂTE LEVÉE

LA PÂTE QUI MONTE, QUI MONTE…

Elle vous fait peur ? On a tant dit qu'elle était lunatique, difficile… Eh bien non, la réussir est un jeu d'enfant ! Trois choses suffisent : le temps – c'est une question d'organisation – ; une cuisine pas trop froide – il suffit d'y remédier ou de faire la pâte ailleurs – ; et quelques connaissances sur le mode de vie des bactéries – il n'y a qu'à lire ce qui suit… À vous de jouer !

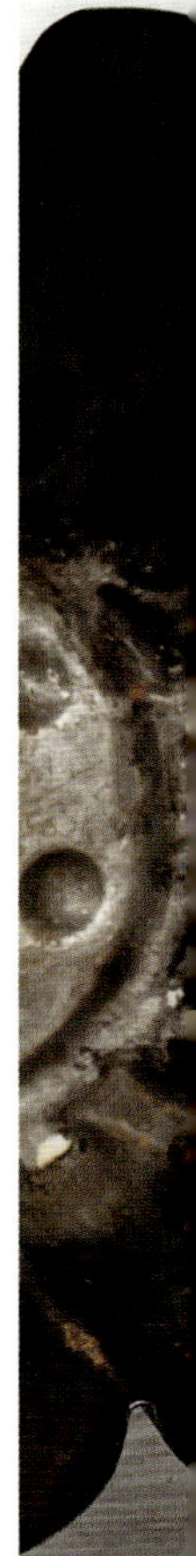

LA LEVURE

Elle doit être toute fraîche. Et il est facile de s'en assurer : d'un aspect soyeux, un peu brillant, d'une odeur fraîche et acidulée, elle se brise en morceaux bien francs. On la trouve généralement en cubes (40 g environ) et elle se conserve jusqu'à trois mois au congélateur. Il existe également, et elles sont bien pratiques puisqu'elles se conservent pendant un an, des levures en poudre et des levures instantanées en petits sachets.

QUEL EST LE SECRET DE LA LEVURE ?

Les cellules de la levure sont bien vivantes : ce sont des champignons qui ont besoin d'air, d'humidité, de chaleur et de nutriments pour se multiplier. Elles provoquent une fermentation dans la pâte, en dégageant du gaz carbonique et de l'alcool en une multitude de petites bulles qui la font lever et augmentent son volume du simple au double. Les bactéries de la levure craignent autant une forte chaleur que le froid : tous deux les détruisent. D'où l'importance de la température du lait dans lequel on dissout la levure, qui doit être celle de la main : 35 °C exactement. Il faut savoir aussi que le sel, le sucre et le beurre ne doivent pas entrer en contact direct avec la levure, dont ils entravent la poussée.

LA PÂTE LEVÉE ET SES SATELLITES

Les proportions des différents ingrédients, levure, beurre, œufs et farine, varient selon le gâteau qu'on prépare :

	Tresse	Pain aux fruits	Brioche	Pâte sucrée	Savarin
Farine	500 g	375 g	500 g	475 g	500 g
Levure	40 g	20 g	30 g	40 g	60 g
Sucre	50 g	75 g	60 g	90 g	60 g
Œufs	2	1	6	2	5
Lait	25 cl	12,5 cl	4 cuil. à soupe	8 cuil. à soupe	25 cl
Beurre		150 g	400 g	90 g	150 g

LA CONSERVATION

La pâte levée se conserve un jour au réfrigérateur et, selon sa teneur en matière grasse, de deux à cinq mois au congélateur. Les pâtisseries en pâte levée se mangent toujours fraîches. On les surgèlera avant qu'elles ne soient complètement refroidies et on les laissera décongeler à température ambiante avant de les passer rapidement au four chaud.

DEUX MÉTHODES

La méthode classique est celle présentée ci-contre. La deuxième est plus simple, mais demande plus de temps : tous les ingrédients sont rassemblés dans le bol d'un robot ménager et on se contente de bien les amalgamer. Une première pousse se fait au réfrigérateur, la pâte en boule dans un bol fariné, recouvert d'un torchon de cuisine. Au bout de 4 h, on travaille la pâte pour lui incorporer de l'air, indispensable à la levure. Quatre heures plus tard, la pâte est prête à être utilisée comme celle qu'on prépare selon la méthode classique.

LES OPÉRATIONS

Préparation : 20 min
Repos : 3 à 4 h
Cuisson : 20 min
Température : 180 à 200 °C (th. 6-7)

LES INGRÉDIENTS

500 g de farine
40 g de levure
60 g de sucre en poudre
1 pincée de sel
2 œufs
25 cl de lait

L'OUTILLAGE

– *Un tamis*
– *Un saladier*
– *Une cuillère à soupe*
– *Un torchon propre*
– *Un rouleau à pâtisserie*
– *Une plaque à pâtisserie*

PRÉPARATION ET CUISSON

1

Tamisez la farine.

2

Chauffez le lait à petit feu.

3

Émiettez la levure dans le lait tiède. Ajoutez 4 cuil. à soupe de farine et mélangez pour obtenir une bouillie épaisse.

4

Ajoutez une pincée de sucre.

5

Laissez lever à couvert pendant 30 min.

6

Amalgamez le sucre et le sel à la farine et ménagez-y un puits.

7

Cassez les œufs un à un dans le puits.

8

Ajoutez le beurre divisé en morceaux.

9

Versez la bouillie à la levure dans le saladier. Rassemblez le tout en une pâte lisse.

10

Couvrez éventuellement d'un torchon de cuisine et laissez lever pendant 2 à 3 h.

11

Une fois qu'elle a levée, pétrissez énergiquement la pâte.

12

Abaissez au rouleau sur la surface de travail farinée. Déposez une feuille de cuisson froissée sur la pâte en recouvrant bien les bords. Faites cuire 20 min.

GÂTEAUX D'AILLEURS QU'ON APPRÉCIE CHEZ NOUS

Peu connues chez nous, certaines pâtisseries populaires chez nos voisins de l'Est risqueraient fort de se tailler une place de choix parmi les best-sellers… si on en détenait la recette. Qu'à cela ne tienne : en voici quelques-unes qui feront à coup sûr la joie des enfants et, pourquoi pas, de leurs aînés.

1 Gâteau aux rosaces

INGRÉDIENTS

Pâte levée (page 157)
250 g de pâte d'amandes
25 cl de lait
100 g de raisins secs
50 g d'écorces d'orange et de citron confites
1 jaune d'œuf pour dorer

1. Préparez la pâte selon la recette de base.
2. Délayez la pâte d'amandes dans le lait pour obtenir une bouillie lisse.
3. Abaissez la pâte sur une épaisseur d'un centimètre environ et tartinez-la de bouillie à la pâte d'amandes.
4. Parsemez de raisins secs et d'écorces de citron et d'orange confites hachées finement.
5. Enroulez la pâte en boudin.
6. Coupez le boudin en tranches de 1 cm d'épaisseur et rangez celles-ci côte à côte sur une plaque beurrée.
7. Dorez au jaune d'œuf et faites cuire 15 à 20 min au four préchauffé à 180 °C (th. 6).

2 Gâteau aux amandes

INGRÉDIENTS

Pâte levée (page 157)
250 g de beurre
5 cuil. à soupe de sucre
3 cuil. à soupe d'amandes effilées

1. Préparez une pâte levée selon la recette de base, abaissez-la au rouleau et étendez-la sur une plaque beurrée.
2. Divisez le beurre en copeaux et parsemez-en régulièrement la pâte. Laissez lever pendant 10 min.
3. Saupoudrez de sucre et d'amandes effilées.
4. Faites cuire 30 min au four préchauffé à 180 à 200 °C (th. 6-7).

LE GÂTEAU AU NOM BIZARRE

C'est un gâteau alsacien en forme de boule, Kugelhopf *en allemand, mais personne n'est très sûr de la façon dont on épelle son nom. La seule chose dont on est certain, c'est qu'il s'agit d'une pâtisserie faite d'une pâte levée, cuite dans un moule spécial, rond et cannelé, muni d'une cheminée centrale qui permet à la chaleur de se répartir régulièrement au cœur du gâteau.*

KOUGLOF

Pour 6 à 8 personnes
Préparation : 25 min
Repos : 10 min + 1 h 30 + 45 min
Cuisson : 45 min
Coût : €

INGRÉDIENTS

20 g de levure de boulanger fraîche (½ cube environ)
25 cl de lait
500 g de farine
1 pincée de sel
100 g de sucre en poudre
1 sachet de sucre vanillé
5 jaunes d'œufs + 1 œuf entier
150 g de beurre fondu
1 grosse poignée de raisins secs
Amandes entières
Sucre glace

MATÉRIEL

Moule à kouglof

1. Émiettez la levure fraîche dans le lait tiède (pas trop chaud, sinon il va tuer la levure et votre kouglof ne lèvera pas !). Laissez reposer 10 min.
2. Mélangez la farine, le sel, le sucre en poudre et le sucre vanillé dans le bol de votre robot (ou dans un saladier). Ajoutez les 5 jaunes d'œufs et l'œuf entier. Versez le lait additionné de levure, puis le beurre fondu. Pétrissez pendant au moins 10 min. La pâte doit être très collante.
3. Lorsqu'elle est bien homogène, couvrez le bol du robot avec un torchon humide et laissez lever la pâte pendant 1 h 30 dans un endroit tiède (à côté d'un radiateur, par exemple.).
4. Lorsque la pâte a doublé de volume, versez-la sur un plan de travail fariné. Dégazez-la (appuyez dessus avec votre poing pour faire sortir l'air) et tapez-la. Ajoutez alors les raisins secs. Si la pâte est trop collante, ajoutez un peu de farine.
5. Beurrez généreusement votre moule à kouglof et déposez des amandes entières dans les cannelures. Versez la pâte dans le moule et laissez-la lever pendant encore 45 min dans un endroit tiède.
6. Faites cuire le kouglof dans un four préchauffé à 180 °C (th. 6) pendant 40 à 45 min. S'il colore trop sur le dessus, protégez-le avec un papier sulfurisé. Il doit être bien doré.
7. Laissez reposer le kouglof dans son moule pendant 15 min avant de le démouler sur une grille.
8. Lorsqu'il a entièrement refroidi, saupoudrez-le de sucre glace. Pour le conserver, emballez-le bien dans du papier d'aluminium.

VARIANTES

Le kouglof décrit dans la recette de base est un gâteau de saveur neutre, qu'on peut servir tel quel avec une tasse de café ou même, avec du beurre et de la confiture, au petit déjeuner. En Alsace, c'est l'accompagnement traditionnel d'un verre de sylvaner bien frais ou de gewurztraminer parfumé et capiteux. Si on aime les pâtisseries sucrées, on pourra fourrer le kouglof de différentes manières, en remplaçant, dans la recette de base, les raisins secs et les amandes par les ingrédients énumérés ci-après :

1

Fruits confits
Mélangez 50 g d'écorce d'orange confite et autant d'écorce de citron avec 100 g de raisins secs.

2

Pâte d'amandes
Délayez 200 g de pâte d'amandes dans 1/8 l de lait et incorporez-y 100 g d'amandes grossièrement hachées.

3

Noix
Mélangez 2 cuil. à café de gingembre en poudre, 5 cuil. à soupe de rhum et 4 cuil. à soupe de sucre à 200 g de noix hachées.

ILS SONT AUX NOËLS ALSACIENS CE QUE LA NEIGE EST À L'HIVER

La pâtisserie, comme la cuisine en général, n'a plus de frontières. Penchons-nous donc sur celle des autres pays, en prenant pour exemple une friandise qui, au moment des fêtes de Noël, est aux Allemands ce que le plum-pudding est aux Anglais et le panettone aux Italiens. Sa forme est censée rappeler l'enfant Jésus emmailloté dans la crèche. Le plus fameux est celui de Dresde, qu'on prépare plusieurs semaines à l'avance pour qu'il ait le temps de développer toute sa saveur jusqu'à ce que commencent les grandes réjouissances.

STREUSEL

Pour 8 personnes
Préparation : 30 min
Repos : 1 h 30 + 40 min
Cuisson : 30 min
Coût : €

POUR LA PÂTE

20 g de levure fraîche de boulanger
20 cl de lait tiède
500 g de farine
125 g de sucre en poudre
Sel
3 œufs
150 g de beurre mou
100 g de raisins secs
1 jaune d'œuf pour dorer
Sucre glace (facultatif)

POUR LE CRUMBLE

150 g de farine
150 g de sucre en poudre
125 g de poudre d'amandes
1 cuil. à café de cannelle
150 g de beurre

1. Préparez la pâte à brioche : dans un petit bol, émiettez la levure dans le lait tiède (pas trop chaud, sinon il va tuer la levure et votre pâte ne lèvera pas !).

2. Dans le bol de votre robot ou dans un saladier, mélangez la farine, le sucre en poudre et un peu de sel. Ajoutez le mélange lait-levure puis les œufs entiers. Pétrissez la pâte jusqu'à ce qu'elle devienne bien homogène. Ajoutez en dernier le beurre ramolli coupé en morceaux et pétrissez la pâte jusqu'à ce qu'il soit totalement incorporé. Couvrez le saladier de film alimentaire et laissez lever la pâte pendant 1 h 30 dans un endroit tiède (à côté d'un radiateur, par exemple).

3. Pendant ce temps, préparez le crumble : dans un saladier, mélangez la farine, le sucre, la poudre d'amandes, la cannelle et le beurre. Pétrissez la pâte du bout des doigts jusqu'à l'obtention d'une sorte de sable. Laissez reposer au réfrigérateur.

4. Lorsque la pâte à brioche a doublé de volume, mettez-la sur un plan de travail légèrement fariné et dégazez-la (appuyez dessus avec votre poing pour faire sortir l'air). Ajoutez les raisins secs.

5. Versez la pâte dans un moule rond (ou un moule à tarte) préalablement beurré et fariné. Couvrez le moule d'un torchon et laissez de nouveau lever pendant environ 40 min dans un endroit tiède.

6. Préchauffez le four à 180 °C (th. 6). Badigeonnez la brioche de jaune d'œuf à l'aide d'un pinceau et répartissez le crumble par-dessus.

7. Faites cuire le streusel pendant environ 30 min à 180 °C (th. 6) jusqu'à ce qu'il soit bien doré. Laissez-le refroidir sur une grille avant de le déguster.

CONSEILS

– Vous pouvez saupoudrer le streusel de sucre glace.
– Pour la conservation, emballez-le dans du papier d'aluminium.

LA PÂTE LEVÉE QUI A REÇU SES LETTRES DE NOBLESSE

Il y a entre elle et la pâte levée ordinaire la différence qu'il y avait autrefois entre le roi et ses sujets ; son rang, sa richesse, son élégance, sa noblesse. De nos jours, les choses ont sans doute sensiblement changé pour les rois, mais pas pour la brioche. Elle a fort heureusement gardé ses prérogatives, pour notre plus grand plaisir… et celui des têtes couronnées. Riche en beurre et en œufs, elle est tendre, légère, d'un goût incomparable.

QUELQUES CONSEILS POUR RÉUSSIR LA PÂTE

– Le beurre, non salé bien sûr, doit être absolument frais et il ne faut lésiner ni sur la qualité ni sur la quantité. C'est de lui en effet que dépendent la consistance, la légèreté et le goût de la brioche.

– Une brioche parfaitement réussie est légère et poreuse, aérienne presque. Il faut pour cela qu'elle lève très lentement, toute une nuit au réfrigérateur de préférence.

– Vous pouvez surgeler la pâte, mais pendant un mois seulement : elle contient beaucoup de beurre. Laissez-la décongeler lentement au réfrigérateur, pendant 24 h, avant de la pétrir rapidement et de la mouler comme une pâte fraîche.

– La brioche cuite se congèle lorsqu'elle est encore tiède. Il suffira de la laisser décongeler lentement et de la passer rapidement au four avant de la servir.

Brioches parisiennes

Pour 6 brioches
Préparation : 30 min
Repos : 1 h 30 + 30 min
Réfrigération : 1 h
Coût : €

INGRÉDIENTS

250 g de farine
35 g de sucre en poudre
1 g de sel
12 g de levure fraîche de boulanger (en cube)
3 œufs
125 g de beurre ramolli
1 œuf (pour dorer)

MATÉRIEL

Robot mixeur
6 moules à brioche individuels

1. Dans le bol de votre robot, mélangez la farine, le sucre et le sel. Creusez un puits au centre et ajoutez la levure émiettée. Versez ensuite les œufs entiers battus et pétrissez la pâte au robot pendant 5 à 10 min, jusqu'à ce qu'elle devienne lisse. Ajoutez alors le beurre ramolli coupé en cubes et pétrissez la pâte pendant encore 5 à 10 min. La pâte doit être très collante, c'est ce qui lui donnera une mie bien filante !
2. Couvrez le bol avec du film alimentaire et laissez lever la pâte pendant 1 h 30 dans un endroit tiède, jusqu'à ce qu'elle ait doublé de volume.
3. Lorsqu'elle a bien levé, dégazez-la (appuyez dessus avec votre poing pour faire sortir l'air). Recouvrez le bol d'un torchon ou d'un film alimentaire et laissez reposer la pâte pendant 1 h au réfrigérateur (vous pouvez aussi la laisser reposer toute une nuit).
4. Versez la pâte bien froide sur le plan de travail légèrement fariné et découpez 6 pâtons. Pour chaque pâton, formez un 8 avec le tranchant de la main en faisant rouler la boule vers vous, jusqu'à ce qu'une boule plus petite apparaisse. Les deux boules doivent rester bien accrochées.
5. Posez ensuite chaque brioche dans un moule. Appuyez tout autour de la boule du dessus avec vos doigts pour bien l'enfoncer dans la pâte.
6. Faites lever les brioches pendant 30 min dans un endroit tiède. Préchauffez le four à 180 °C (th. 6).
7. Lorsque les brioches ont bien gonflé, appuyez de nouveau légèrement autour des boules du dessus pour les enfoncer dans la pâte. Ainsi, elles resteront plus droites à la cuisson. Badigeonnez deux fois les brioches d'œuf battu à l'aide d'un pinceau. Enfournez les brioches et laissez-les cuire pendant 10 à 15 min à 180 °C (th. 6). Elles doivent être bien dorées. Laissez-les refroidir sur une grille.

UN DESSERT DE GRANDE CLASSE, RAFFINÉ ET PRÊT EN UN TOUR DE MAIN

Quand on reçoit, il faut savoir limiter les frais. Et il n'est pas question d'argent, bien sûr, mais de ce temps précieux qu'on pourra consacrer à ses invités au lieu de le passer à la cuisine. Notamment au moment de servir le dessert. On peut en effet le préparer à l'avance et, à la fin du repas qu'il est appelé à couronner, il fera sur la table une apparition aussi inattendue qu'applaudie !

1 Savarin

On le cuit dans un moule en forme de couronne, appelé « moule à savarin ».

INGRÉDIENTS

500 g de farine
40 g de levure
60 g de sucre
2,5 dl de lait
1 pincée de sel
5 œufs
150 g de beurre
100 g de sucre
2,5 dl d'eau
2,5 dl de kirsch ou de rhum
100 g de confiture d'abricots
1,25 dl d'eau
1 cuil. à soupe de sucre
500 g de fraises
1 cuil. à soupe de sucre glace

1. Faites cuire la pâte préparée comme dans la recette de base (page 157) dans le moule beurré, pendant 40 min à 200 °C (th. 6-7).
2. Pendant ce temps, préparez un sirop avec le sucre et l'eau, et parfumez-le avec l'alcool choisi.
3. Arrosez le savarin chaud de sirop, puis tartinez de confiture d'abricots, que vous aurez préalablement fait bouillir avec le sucre et l'eau.
4. Au moment de servir, remplissez la cavité centrale de fraises et saupoudrez de sucre glace.

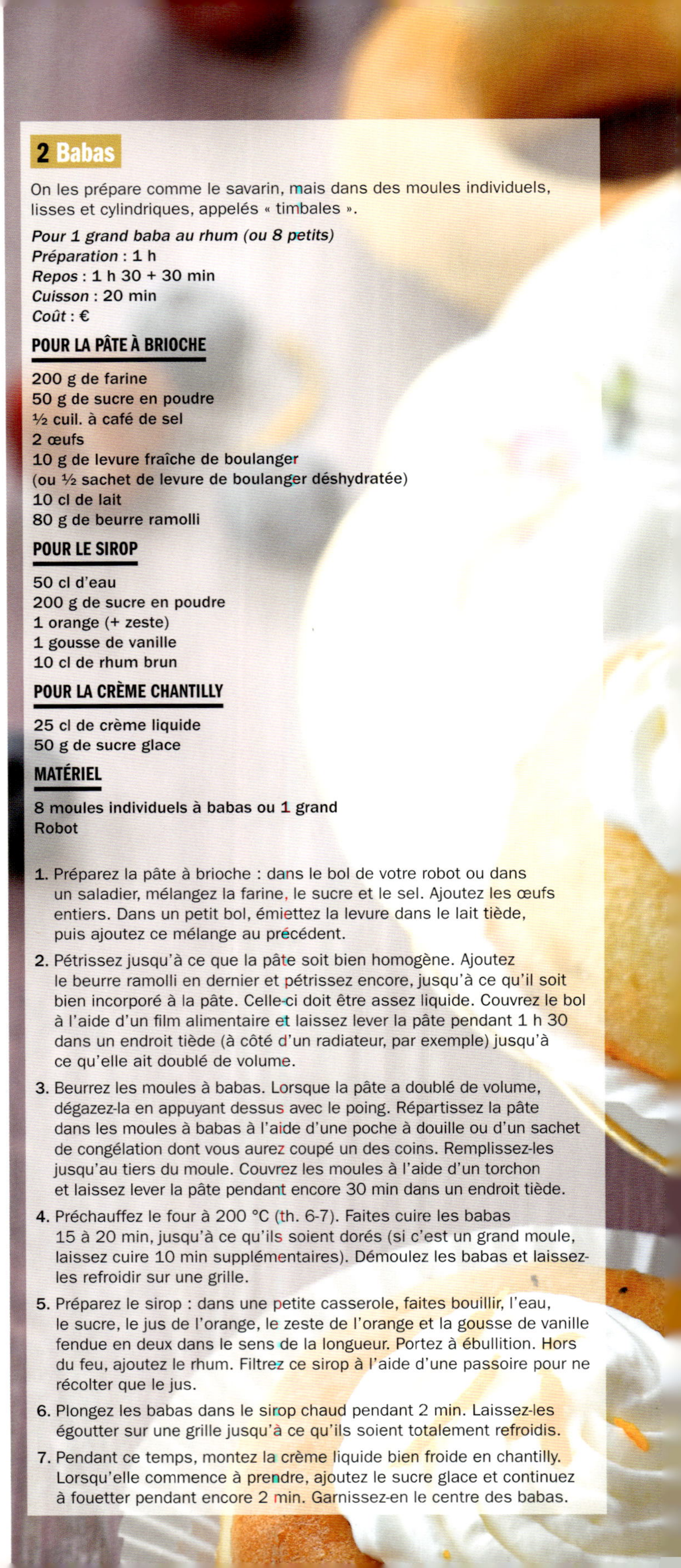

2 Babas

On les prépare comme le savarin, mais dans des moules individuels, lisses et cylindriques, appelés « timbales ».

Pour 1 grand baba au rhum (ou 8 petits)
***Préparation* : 1 h**
***Repos* : 1 h 30 + 30 min**
***Cuisson* : 20 min**
***Coût* : €**

POUR LA PÂTE À BRIOCHE

200 g de farine
50 g de sucre en poudre
½ cuil. à café de sel
2 œufs
10 g de levure fraîche de boulanger
(ou ½ sachet de levure de boulanger déshydratée)
10 cl de lait
80 g de beurre ramolli

POUR LE SIROP

50 cl d'eau
200 g de sucre en poudre
1 orange (+ zeste)
1 gousse de vanille
10 cl de rhum brun

POUR LA CRÈME CHANTILLY

25 cl de crème liquide
50 g de sucre glace

MATÉRIEL

8 moules individuels à babas ou 1 grand
Robot

1. Préparez la pâte à brioche : dans le bol de votre robot ou dans un saladier, mélangez la farine, le sucre et le sel. Ajoutez les œufs entiers. Dans un petit bol, émiettez la levure dans le lait tiède, puis ajoutez ce mélange au précédent.
2. Pétrissez jusqu'à ce que la pâte soit bien homogène. Ajoutez le beurre ramolli en dernier et pétrissez encore, jusqu'à ce qu'il soit bien incorporé à la pâte. Celle-ci doit être assez liquide. Couvrez le bol à l'aide d'un film alimentaire et laissez lever la pâte pendant 1 h 30 dans un endroit tiède (à côté d'un radiateur, par exemple) jusqu'à ce qu'elle ait doublé de volume.
3. Beurrez les moules à babas. Lorsque la pâte a doublé de volume, dégazez-la en appuyant dessus avec le poing. Répartissez la pâte dans les moules à babas à l'aide d'une poche à douille ou d'un sachet de congélation dont vous aurez coupé un des coins. Remplissez-les jusqu'au tiers du moule. Couvrez les moules à l'aide d'un torchon et laissez lever la pâte pendant encore 30 min dans un endroit tiède.
4. Préchauffez le four à 200 °C (th. 6-7). Faites cuire les babas 15 à 20 min, jusqu'à ce qu'ils soient dorés (si c'est un grand moule, laissez cuire 10 min supplémentaires). Démoulez les babas et laissez-les refroidir sur une grille.
5. Préparez le sirop : dans une petite casserole, faites bouillir, l'eau, le sucre, le jus de l'orange, le zeste de l'orange et la gousse de vanille fendue en deux dans le sens de la longueur. Portez à ébullition. Hors du feu, ajoutez le rhum. Filtrez ce sirop à l'aide d'une passoire pour ne récolter que le jus.
6. Plongez les babas dans le sirop chaud pendant 2 min. Laissez-les égoutter sur une grille jusqu'à ce qu'ils soient totalement refroidis.
7. Pendant ce temps, montez la crème liquide bien froide en chantilly. Lorsqu'elle commence à prendre, ajoutez le sucre glace et continuez à fouetter pendant encore 2 min. Garnissez-en le centre des babas.

DE SUCCULENTS GÂTEAUX ROULÉS, TRESSÉS, TORSADÉS

Quel plaisir de s'offrir, à l'heure de la pause café, une petite friandise. Voici des gâteaux dont on pourra couper chaque jour une ou deux tranches sans qu'ils risquent de se dessécher.

TRESSER LA TRESSE EST UN JEU D'ENFANT

Il suffit d'entrelacer les boudins de pâte délicatement farinés, comme on le ferait avec des mèches de cheveux. Et comme les nattes sont à la mode...

1

1 Gâteau aux graines de pavot

INGRÉDIENTS

Pâte levée (page 157)
3,75 dl de lait
100 g de sucre en poudre
180 g de graines de pavot moulues
3 cuil. à soupe de raisins secs
3 jaunes d'œufs
50 g de sucre glace

1. Préparez la pâte levée comme dans la recette de base (page 157).
2. Portez le lait et le sucre à ébullition, ajoutez les graines de pavot et donnez un bouillon, jusqu'à ce que le mélange commence à épaissir. Incorporez alors les raisins secs et les jaunes d'œufs et laissez refroidir.
3. Abaissez la pâte en formant un rectangle de 25 x 35 cm et coupez-le en deux dans la longueur.
4. Tartinez les deux rectangles de pâte d'appareil aux graines de pavot, puis enroulez dans la longueur.
5. Torsadez les deux boudins de pâte et laissez lever 1 h à couvert.
6. Faites cuire 45 min à 180 °C (th. 6). Saupoudrez de sucre glace au moment de servir.

2

3

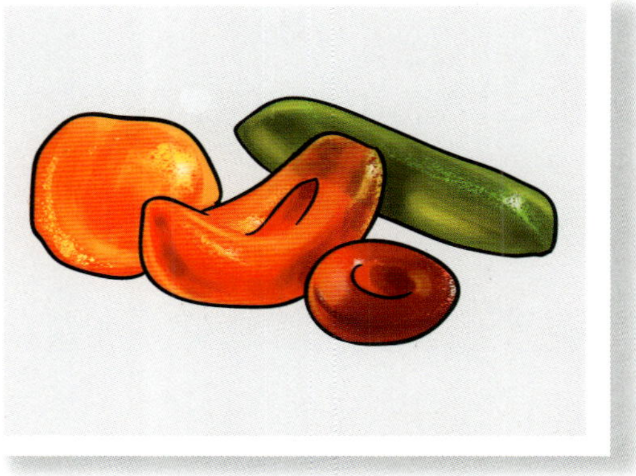

2 Tresse aux noisettes

INGRÉDIENTS

Pâte levée (page 157)
300 g de noisettes grossièrement hachées
50 g de noix hachées
50 g de chapelure
100 g de sucre en poudre
1,25 dl de rhum
100 g de sucre glace
2 cuil. à soupe d'eau

1. Préparez la pâte levée comme dans la recette de base (page 157).
2. Mélangez tous les ingrédients de la farce.
3. Abaissez la pâte en formant un rectangle de 25 x 35 cm.
4. Étendez la farce sur la pâte, enroulez et posez sur une tôle. Entaillez la surface en zigzag aux ciseaux.
5. Laissez lever à couvert pendant 1 h, puis faites cuire 45 min à 180 °C (th. 6).
6. Mélangez le sucre glace et l'eau, et versez sur le gâteau.

3 Tresse aux fruits confits

INGRÉDIENTS

500 g de farine
40 g de levure
50 g de sucre
1 pincée de sel
2 œufs
1,25 dl de lait
50 g d'écorce de citron confite
50 g d'écorce d'orange confite
1 jaune d'œuf pour dorer

1. Préparez la pâte levée comme dans la recette de base (page 157), en y amalgamant les écorces de citron et d'orange confites coupées en petits dés.
2. Divisez la pâte en trois portions que vous moulez en forme de boudins.
3. Tressez les boudins, posez-les sur tôle beurrée et farinée, et laissez lever à couvert pendant 90 min.
4. Dorez au jaune d'œuf et faites cuire 40 min à 180 °C (th. 6).

VARIANTES

Vous pouvez décorer la tresse de diverses manières après l'avoir dorée au jaune d'œuf : graines de pavot, pistaches, amandes effilées ou sucre en grains.

BEIGNET OU BOULE DE BERLIN ?

Peu importe en effet le nom qu'on donne à ces délicieuses pâtisseries frites dans de l'huile au goût neutre, comme l'huile d'arachide, par exemple. Il faut que le bain de cuisson soit à la bonne température, qui se situe entre 180 et 190 °C. Si vous ne disposez pas d'une friteuse à thermostat ou d'un thermomètre à friture, faites un essai en laissant tomber un peu de pâte dans la friture : si elle crépite, l'huile est assez chaude.

QUELQUES CONSEILS

- Pour que les beignets soient vraiment légers, n'utilisez que les jaunes des œufs pour la pâte : les blancs la rendraient sèche et trop compacte.
- La « ceinture » blanche dont sont entourés les beignets est la preuve qu'ils ont été cuits dans de bonnes conditions : à la température idéale, dans un bain d'huile parfaitement propre (les impuretés font mousser l'huile) et après avoir suffisamment levé (pour que la pâte contienne assez d'air).
- La vapeur qui se développe dans le bain d'huile fait remonter les beignets à la surface quand ils sont cuits. On veillera donc à couvrir la friteuse jusqu'à ce que la température voulue soit atteinte.

1 Boules de berlin

Pour 10 beignets
Préparation : 35 min
Repos : 1 h 30 + 1 h
Cuisson : 5 min
Coût : €

INGRÉDIENTS

20 g de levure fraîche en cube
(ou 1 sachet de levure de boulanger déshydratée)
10 cl de lait tiède
400 g de farine
1 pincée de sel
50 g de sucre en poudre
2 petits œufs
50 g beurre ramolli
Huile de friture

POUR LA GARNITURE ET LE DÉCOR

Compote, Nutella®, confiture (au choix)
100 g de sucre en poudre + 2 cuil. à café de cannelle

1. Dans un petit bol, émiettez la levure dans le lait tiède (pas trop chaud, sinon il va tuer la levure et votre pâte ne lèvera pas !). Mélangez la farine, le sel et le sucre dans un saladier ou dans le bol de votre robot, puis versez-y le lait additionné de levure.
2. Ajoutez les œufs entiers, pétrissez la pâte pendant environ 5 min jusqu'à ce qu'elle devienne lisse. À la fin, ajoutez le beurre ramolli coupé en petits morceaux. Pétrissez jusqu'à ce que la pâte se détache des parois du bol et devienne souple et élastique.
3. Couvrez le saladier ou le bol du robot d'un torchon et laissez lever la pâte pendant 1 h 30 dans un endroit tiède (à côté d'un radiateur par exemple).
4. Lorsque la pâte a doublé de volume, versez-la sur un plan de travail fariné. Dégazez-la (appuyez dessus avec votre poing pour faire sortir l'air). Étalez-la à l'aide d'un rouleau à pâtisserie légèrement fariné. Découpez des ronds avec un emporte-pièce ou un verre de 10 cm de diamètre environ. Sur un premier disque, déposez 1 cuil. à café de Nutella®, de compote ou de confiture. Déposez un deuxième disque par-dessus en prenant soin de bien appuyer sur les bords pour souder (vous pouvez humidifier légèrement le second disque avant de le poser sur le premier). Vous pouvez aussi laisser les disques de pâte tels quels si vous préférez des beignets nature.
5. Déposez les beignets au fur et à mesure sur des plaques de four recouvertes de papier sulfurisé, en les espaçant bien, car ils vont gonfler. Couvrez les plaques avec des torchons et laissez lever les beignets pendant encore 1 h.
6. Faites chauffer l'huile de friture et déposez les beignets dans l'huile chaude. Laissez cuire les boules d'un côté 3 à 4 min et retournez-les lorsqu'elles sont dorées. Sortez les beignets au fur et à mesure à l'aide d'une écumoire et déposez-les sur du papier absorbant. Roulez-les ensuite rapidement dans un mélange sucre-cannelle que vous aurez préparé dans un bol.

2 Beignets aux pommes

Pour 15 beignets
Préparation : 20 min
Cuisson : 15 min
Coût : €

INGRÉDIENTS

125 g de farine
15 g de sucre en poudre
½ sachet de levure chimique
1 œuf
1 pincée de sel
10 cl de lait
2 pommes
Huile de friture
Sucre + cannelle

1. Dans un saladier, versez la farine, le sucre et la levure. Creusez un puits et déposez au centre le jaune d'œuf et la pincée de sel. Remuez et versez le lait progressivement. Quand la pâte est bien homogène, ajoutez le blanc d'œuf monté en neige.
2. Épluchez les pommes et ôtez les trognons. Coupez des rondelles (pas trop fines, sinon elles vont se casser).
3. Faites chauffer de l'huile de friture. Trempez les rondelles de pommes dans la pâte. Faites-les frire 2 à 3 minutes de chaque côté.
4. Déposez les beignets sur du papier absorbant et saupoudrez-les d'un mélange de sucre et de cannelle quand ils sont encore chauds.

TARTE AU SUCRE

Pour 6 personnes
Préparation : 25 min
Repos : 1 h à 1 h 30
Cuisson : 25 min
Coût : €

POUR LA PÂTE BRIOCHÉE

12 g de levure fraîche de boulanger (1 quart de cube) ou 2 cuil. à café de levure sèche de boulanger
10 cl de lait
300 g de farine
1 pincée de sel
50 g de sucre en poudre
2 œufs
80 g de beurre

POUR LA GARNITURE

150 g de perles de sucre
50 g de beurre
10 cl de crème liquide

1. Dans un bol, émiettez la levure dans le lait légèrement tiédi. Laissez reposer pendant 5 min.

2. Dans un saladier, mélangez la farine, le sel et le sucre. Creusez un puits et versez les œufs entiers, puis le mélange lait-levure. Remuez à la cuillère en bois puis avec vos mains. Lorsque la pâte est homogène, ajoutez le beurre coupé en petits morceaux. Pétrissez la pâte jusqu'à ce qu'elle soit bien lisse et légèrement élastique (vous pouvez utiliser un robot). Laissez lever la pâte pendant 1 h à 1 h 30 sous un torchon humide, dans un endroit tiède (à côté d'un radiateur, par exemple).

3. Lorsque la pâte a doublé de volume, dégazez-la (appuyez dessus avec votre poing pour faire sortir l'air). Il faut que la pâte soit collante. Étalez-la dans un moule à tarte préalablement beurré et fariné. Faites 14 trous dans la pâte avec vos doigts, en les espaçant bien. Saupoudrez la pâte avec les perles de sucre et remplissez les trous avec le beurre coupé en petits morceaux. Pour finir, répartissez la crème liquide en filet sur la tarte.

4. Préchauffez le four à 180 °C (th. 6).

5. Enfournez la tarte au sucre pendant 25 min, jusqu'à ce qu'elle soit bien dorée. Démoulez-la et laissez-la refroidir sur une grille. Elle se déguste tiède ou froide.

VARIANTE

Remplacez les perles de sucre par du sucre roux.

CHINOIS

Pour 8 personnes
Préparation : 40 min
Repos : 2 h 30
Cuisson : 40 min
Coût : €

POUR LA PÂTE BRIOCHÉE

20 g de levure fraîche de boulanger
(ou 1 sachet de levure de boulanger déshydratée)
20 cl de lait tiède
500 g de farine
½ cuil. à café de sel
70 g de sucre en poudre
3 œufs
110 g de beurre mou

POUR LA GARNITURE

125 g de noisettes en poudre
125 g de sucre en poudre
125 g de beurre fondu
2 cuil. à soupe de cannelle en poudre
1 œuf

POUR LE GLAÇAGE

50 g de sucre glace
1 cuil. à soupe d'eau

1. Émiettez la levure fraîche dans le lait légèrement tiédi. Remuez jusqu'à ce que la levure soit dissoute. Laissez reposer quelques minutes sous un torchon.

2. Dans le bol de votre robot, mélangez la farine, le sel et le sucre. Ajoutez les œufs entiers, puis le mélange lait-levure. Pétrissez la pâte jusqu'à ce qu'elle devienne homogène. Ajoutez ensuite le beurre en petits morceaux. Pétrissez la pâte à nouveau 10 min, jusqu'à ce qu'elle se détache des parois du bol de votre robot. (La pâte est collante, c'est normal !)

3. Couvrez votre bol à l'aide d'un torchon et laissez lever la pâte dans un endroit tiède pendant environ 1 h 30. Lorsque la pâte a doublé de volume, dégazez-la sur un plan de travail fariné (appuyez dessus avec votre poing pour faire sortir l'air), pétrissez-la et donnez-lui la forme d'un grand rectangle.

4. Préparez la garniture : dans un bol, mélangez la poudre de noisettes, le sucre, le beurre fondu et la cannelle. Mélangez et étalez cette garniture sur le rectangle de pâte.

5. Enroulez votre pâte sur elle-même en un long boudin, comme un escargot. Découpez des tronçons de pâte d'environ 8 cm et déposez-les dans un moule à manqué beurré et fariné.

6. Laissez de nouveau lever la pâte pendant environ 1 h. Préchauffez le four à 180 °C (th. 6). Badigeonnez le chinois d'œuf battu à l'aide d'un pinceau. Enfournez 40 min. Le chinois doit être gonflé et bien doré. Laissez-le refroidir 15 min avant de le démouler. Mélangez le sucre glace avec un peu d'eau jusqu'à ce que vous obteniez un glaçage assez épais, et badigeonnez le chinois refroidi à l'aide d'un pinceau.

ESCARGOTS BRIOCHÉS

Pour 8 escargots
Préparation : 30 min
Repos : 1 h 30 + 30 min
Cuisson : 20 min
Coût : €

POUR LA PÂTE BRIOCHÉE

15 g de levure de boulanger fraîche
(ou 1 sachet de levure de boulanger déshydratée)
14 cl de lait tiède
350 g de farine
50 g de sucre en poudre
1 sachet de sucre vanillé
½ cuil. à café de sel
2 jaunes d'œufs
80 g de beurre mou

POUR LA GARNITURE

Crème pâtissière (page 312)
Pépites de chocolat
1 jaune d'œuf pour dorer
Sucre glace (facultatif)

1. Préparez la pâte : dans un bol, émiettez la levure fraîche dans le lait tiède (pas trop chaud, sinon il va tuer la levure et votre pâte ne lèvera pas !).

2. Dans un saladier, mélangez la farine, les sucres et le sel. Mélangez puis faites un puits au centre et déposez-y les jaunes d'œufs et le mélange de lait et de levure. Pétrissez la pâte jusqu'à ce qu'elle soit bien souple et élastique. Ajoutez en dernier le beurre mou coupé en morceaux.

3. Couvrez le saladier à l'aide d'un morceau de film alimentaire et laissez lever la pâte pendant environ 1 h 30 jusqu'à ce qu'elle ait doublé de volume.

4. Pendant que la pâte lève, préparez la crème pâtissière en suivant la recette de la page 312.

5. Lorsque la pâte a doublé de volume, posez-la sur un plan de travail fariné et dégazez-la (appuyez dessus avec votre poing pour faire sortir l'air), puis étalez-la en un grand rectangle. Badigeonnez-la de crème pâtissière et ajoutez des pépites de chocolat.

6. Roulez le rectangle dans le sens de la largeur en un boudin bien serré. Coupez 8 tronçons et déposez-les sur une plaque de four recouverte de papier sulfurisé.

7. Couvrez la plaque d'un torchon et laissez lever les escargots pendant 30 min dans un endroit tiède. Préchauffez le four à 180 °C (th. 6). Badigeonnez les escargots de jaune d'œuf à l'aide d'un pinceau.

8. Faites cuire les escargots pendant 20 min à 180 °C (th. 6) jusqu'à ce qu'ils soient bien dorés et bien gonflés. Laissez-les refroidir sur une grille.

TROPÉZIENNE

Pour 6 à 8 personnes
Préparation : 45 min
Repos : 2 h + 30 min
Réfrigération : 30 min
Cuisson : 25-30 min
Coût : €

POUR LA PÂTE BRIOCHÉE

15 g de levure de boulanger
5 cuil. à soupe de lait tiède
250 g de farine
1 pincée de sel
30 g de sucre en poudre
2 œufs
80 g de beurre mou
1 jaune d'œuf (pour la dorure)
Grains de sucre

POUR LA CRÈME

Crème pâtissière (page 312)
Crème au beurre (page 309)

1. Préparez la pâte : émiettez la levure dans le lait tiède (pas trop chaud, sinon il va tuer la levure et votre pâte ne lèvera pas !).

2. Dans un saladier, mélangez la farine, le sel et le sucre en poudre. Faites un puits au centre et ajoutez les œufs battus en omelette et le mélange lait-levure. Pétrissez la pâte à la main ou au robot jusqu'à ce qu'elle devienne homogène et lisse. Ajoutez alors le beurre ramolli coupé en morceaux. Fouettez jusqu'à ce que la pâte se détache des parois du bol et soit élastique. Couvrez le saladier d'un torchon et laissez lever la pâte pendant 1 h 30 à 2 h dans un endroit tiède (à côté du radiateur, par exemple), jusqu'à ce qu'elle ait doublé de volume.

3. Lorsque la pâte a levé, dégazez-la (appuyez dessus avec votre poing pour faire sortir l'air). Beurrez un moule à tarte et déposez-y la pâte. Couvrez le moule d'un torchon et laissez de nouveau lever la pâte pendant 30 min dans un endroit tiède.

4. Préchauffez le four à 180 °C (th. 6). Badigeonnez la pâte à brioche de jaune d'œuf à l'aide d'un pinceau et parsemez-la de grains de sucre. Enfournez à 180 °C (th. 6) et laissez cuire pendant 25 à 30 min. La pâte doit être bien dorée et gonflée. Sortez-la du four et laissez-la refroidir sur une grille.

5. Préparez la crème pâtissière en suivant la recette de la page 312. Laissez-la tiédir. Préparez ensuite la crème au beurre en suivant la recette de la page 309. À l'aide d'une spatule souple en silicone, mélangez délicatement la crème pâtissière tiède et la crème au beurre. Recouvrez de film alimentaire et laissez refroidir au réfrigérateur pendant au moins 30 min.

6. Coupez la brioche en deux dans l'épaisseur. Garnissez le disque inférieur de crème et refermez avec l'autre disque. Placez la tropézienne au réfrigérateur jusqu'au moment de la déguster.

CONSEIL

Pour un résultat plus net, aidez-vous d'une poche à douille pour disposer la crème sur la pâte briochée.

LE PAIN

LE PAIN EST AUSSI UN SYMBOLE

De tout temps, le pain a été bien plus qu'un aliment pour l'homme : une chose à respecter, parce qu'elle est le symbole de la nourriture, donc de la vie. Ses formes diverses ont chacune une signification particulière : enroulé en colimaçon, le pain porte bonheur et assure longévité. Noué en bretzel, il représente les liens qui se tissent dans la vie pour l'éternité...

RECETTE DE BASE

Il faut bien l'avouer, il a perdu de sa superbe et n'est plus ce qu'il était. Le pain de mie qu'on trouve sur le marché n'en a bien souvent plus que le nom. Exagération ou admiration inconditionnelle de ce qui était dans le temps ? Pour en juger, il suffit de préparer un pain de mie d'après la recette ci-après...

CONSEILS PRATIQUES POUR RÉUSSIR LA PÂTE

– Les quantités indiquées dans la recette de base ne peuvent pas être prises à la lettre : selon la qualité de la farine, la pâte peut être trop molle ou au contraire trop ferme. Ajoutez, selon le cas, un peu de farine ou de liquide.
– Si vous désirez un pain plus poreux et plus tendre, ajoutez 50 g de beurre et remplacez l'eau par du lait entier.
– Faites toujours cuire les pâtes molles dans des moules pour éviter qu'elles ne s'étalent en cours de cuisson.
– Les pâtes plus fermes peuvent être cuites sur une plaque, moulées en pains allongés.
– La pâte monte plus vite si on plonge le bol qui la contient dans de l'eau à 50 °C.

CONSEILS PRATIQUES POUR LA CUISSON

– Pour obtenir un pain plus brillant, badigeonnez d'eau avant et aussitôt après la cuisson.
– Une atmosphère humide empêche le pain de se dessécher en cours de cuisson. Pour créer de la vapeur, placez au fond du four une tasse ne craignant pas la chaleur ou un petit plat à gratin rempli d'eau. Vous pouvez aussi asperger les parois d'eau à l'aide d'un humidificateur à linge.
– Pour que le pain reste bien croustillant, il faut le démouler dès qu'il sort du four et le laisser refroidir sur une grille à pâtisserie.

LE PAIN DE MIE SE MÉTAMORPHOSE...

...quand il n'est plus assez frais pour être mangé tel quel.

1 Tranches aux amandes

Tapissez une plaque à pâtisserie de tranches de pain de mie, recouvrez généreusement d'amandes effilées, de sucre et de beurre fondu et faites gratiner 15 min à 200 °C (th. 6-7). Aspergez de rhum au moment de servir.

2 Flan aux groseilles

Tapissez un plat à gratin beurré de tranches de pain de mie, parsemez de groseilles, nappez d'une liaison à l'œuf et faites gratiner 30 min à 200 °C (th. 6-7).

3 Charlotte aux pommes

Préparez une compote avec 1,5 kg de boskoop, 150 g de sucre et 2,5 dl d'eau. Coupez des tranches de pain de mie en bâtonnets que vous faites dorer d'un côté dans du beurre chaud avant d'en tapisser un moule à charlotte. Remplissez de compote et faites cuire 30 min à 200 °C (th. 6-7). Laissez refroidir avant de démouler.

LES OPÉRATIONS

Préparation : 30 min
Cuisson : 40 à 50 min
Température : 200 °C (th. 7)
Repos : 1 h 30

LES INGRÉDIENTS

500 g de farine
20 g de levure
1 pincée de sucre
375 cl d'eau tiède
½ cuil. à café de sel

L'OUTILLAGE

– Un bol
– Un tamis
– Un torchon propre
– Un moule à cake
– Un couteau

PRÉPARATION ET CUISSON

1

Mélangez dans un bol 5 cuil. à soupe de farine, la levure émiettée le sucre et jusqu'à 375 cl d'eau. Laissez gonfler dans un endroit chaud.

2

Tamisez le reste de la farine et le sel sur ce levain, pétrissez le tout pour obtenir une pâte ferme.

3

Rassemblez en boule et laissez lever 30 min à couvert.

4

Pétrissez une nouvelle fois la pâte, donnez-lui une forme allongée et posez-lui dans un moule à cake beurré (contenance 1 ½ litre).

5

Incisez la pâte dans la longueur à l'aide d'un couteau pointu pour permettre au pain de bien monter. Faites cuire 40 à 50 min à 200 °C (th. 6-7).

RECETTE DE BASE : PAIN BLANC À LA LEVURE

Préparez la pâte du pain de mie (page 183), roulez ou moulez selon la forme choisie et laissez lever sur une planche farinée pendant 30 min environ. Badigeonnez d'eau et faites cuire à 200 °C (th. 6-7) pendant 20 à 40 min, suivant la grosseur du pain. Veillez à ce qu'il y ait assez de vapeur dans le four pendant la cuisson.

1 Pain en spirale

Disposez des boudins de pâte de 1 cm d'épaisseur en spirale sur la plaque du four et posez une boule de pâte au milieu.

2 Bretzel

Roulez la pâte en boudin et nouez en forme de bretzel. Saupoudrez de gros sel avant de glisser au four.

3 Croissants

Roulez la pâte en boudins qui s'amincissent aux deux extrémités et courbez-les en croissant.

4 Croissants doubles

Préparez des croissants un peu plus petits que les précédents et liez-les au milieu par une fine bande de pâte.

5 Tricornes

Roulez la pâte en boudins de 2 cm d'épaisseur, coupez en rondelles, incisez et aplatissez pour former des tricornes.

6 Pain rond

Rassemblez la pâte en boule, aplatissez légèrement le dessus et pratiquez quelques incisions.

7 Ficelles

Roulez la pâte en minces boudins de 10 cm de long et arrondissez les extrémités.

8 Baguette

Formez un boudin de pâte de 5 cm d'épaisseur et pratiquez plusieurs entailles en biais.

9 Feuilles de trèfle

Formez des petites boules de pâte et assemblez-les trois par trois sur la plaque du four.
Avec des ciseaux, pratiquez une entaille en croix dans chacune d'entre elles.

10 Grissini

Roulez la pâte en boudins très minces, que vous posez bien droit sur la tôle.

11 Épis

Préparez des baguettes et incisez-les en alternant à gauche et à droite avec des ciseaux.

12 Galette

Préparez un pain rond ou ovale et aplatissez-le au rouleau à pâtisserie.

13 Cordelières

Roulez des boudins pas trop épais, posez-les côte à côte sur la plaque du four et tordez-les pour former des cordelières.

14 Colimaçons

Roulez la pâte en boudins que vous enroulez en colimaçon avant de les aplatir légèrement au rouleau.

UN DÉCOR SIMPLE ET PARFUMÉ

Semées sur les petits pains plutôt qu'enfermées dans la pâte, les épices ont plusieurs raisons d'être : elles apportent une note relevée, donnent un cachet tout particulier et décorent de manière très attrayante. Si on se contente de les ajouter à la pâte, elles en rehaussent bien sûr la saveur, mais c'est tout. Il faut donc oser les sortir de leur trou et leur permettre de transformer un petit pain comme tous les autres en une couronne appétissante et haute en couleur.

PETITS PAINS EN COURONNE

INGRÉDIENTS POUR UNE COURONNE DE 7 OU 8 PETITS PAINS

500 g de farine
20 g de levure
1 pincée de sucre en poudre
4 dl env. d'eau tiède
½ cuil. à café de sel
1 cuil. à soupe de fromage grossièrement râpé
1 cuil. à café de graines de lin
1 cuil. à café de son de froment
1 cuil. à café de gros sel
1 cuil. à café de cumin
1 cuil. à café de graines de sésame
1 cuil. à café de pistaches hachées

1. Préparez une pâte levée comme dans la recette de base (page 183).
2. Formez un boudin de 3 à 4 cm de diamètre et coupez-le en rondelles de 3 cm d'épaisseur.
3. Roulez ces rondelles en boules en ramenant toujours le bord vers le milieu, de manière que la surface des boules soit parfaitement lisse.
4. Posez six ou sept boules en couronne sur une tôle farinée et la dernière au centre.
5. Badigeonnez d'eau et saupoudrez des différents ingrédients prévus pour le décor.
6. Laissez lever pendant 45 min.
7. Faites cuire 35 min environ à 220 °C (th. 7-8). Badigeonnez une nouvelle fois d'eau au sortir du four.

VARIANTES

Vous pouvez varier les ingrédients presque à l'infini pour obtenir des effets sans cesse renouvelés, tant pour les yeux que pour le palais. Voici quelques exemples :

1

Graines de pavot, non moulues cette fois. Faites-les adhérer à la pâte en pressant délicatement.

2

Noix grossièrement hachées ou concassées. En automne, quand les noix sont fraîches et qu'on peut débarrasser les cerneaux de leur enveloppe amère, elles donneront au pain une saveur incomparable.

3

Noisettes. Faites-les griller sur une tôle chaude avant de les débarrasser de leur coquille et de les frotter vigoureusement dans un torchon de cuisine pour que les petites peaux brunes se détachent. Pilez-les ensuite dans un mortier ou broyez-les à l'aide du rouleau à pâtisserie.

4

Noix de cajou grossièrement hachées.

5

Amandes effilées, émincées ou moulues.

6

Grains de céréales ou tout simplement farine.

QUAND LA PÂTE VEUT SE FAIRE BELLE

Les variations sur le thème de la pâte à pain sont innombrables : on peut l'épicer et la colorer en y incorporant les ingrédients les plus divers et, comme on va le voir, les plus inattendus. Elle devient alors méconnaissable et le pain prend des allures de gâteau.

1 Pain aux raisins secs

INGRÉDIENTS POUR LA PÂTE (RECETTE DE BASE)

500 g de farine
20 g de levure
1 pincée de sucre en poudre
4 dl env. d'eau tiède
½ cuil. à café de sel
100 g de raisins secs

1. Préparez une pâte levée comme dans la recette du pain de mie (page 183) et amalgamez-y les raisins secs lavés et soigneusement épongés.
2. Laissez lever la pâte 1 heure à couvert, puis pétrissez-la une nouvelle fois et donnez-lui une forme allongée.
3. Posez dans un moule rectangulaire beurré (contenance 1,5 l) et laissez lever 1 heure encore à couvert.
4. Badigeonnez d'eau et faites cuire 50 à 60 min à 200 °C (th. 6-7).
5. Démoulez et laissez refroidir sur une grille à pâtisserie.

3

2

1

2 Pain aux tomates

Préparez la pâte comme dans la recette de base, en colorant l'eau avec 2 cuil. à soupe de concentré de tomates.

3 Pain aux pruneaux

Incorporez à la pâte 200 g de pruneaux dénoyautés et gross èrement hachés.

QUELQUES CONSEILS POUR RÉUSSIR LA PÂTE

Vous pouvez transformer la pâle en y ajoutant toutes sortes d'autres ingrédients. Il faut toutefois tenir compte des remarques ci-après :

- Les proportions tant de solide que de liquide doivent rester pratiquement les mêmes si vous voulez que le pain soit léger et bien aéré.
- Ajoutez aux pâtes salées 1 cuil. à café de sel en plus que dans la recette de base.
- Pétrissez vigoureusement la pâte pour bien amalgamer tous les ingrédients.
- Pour varier les plaisirs, vous pouvez aussi préparer le double de pâte. Divisez en portions et ajoutez à chacune d'entre elles l'un ou l'autre des éléments suggérés ci-après.

4

5

6

4 Pain aux graines de pavot

Mélangez 180 g de graines de pavot moulues à la farine qui servira à préparer la même pâte que celle du pain aux raisins.

5 Pain aux carottes

Râpez 100 g de carottes épluchées et amalgamez-les à la pâte.

6 Pain aux poivrons

Détaillez en petits dés la moitié d'un poivron rouge, celle d'un vert et celle d'un jaune. Ajoutez à la pâte.

UN PAIN BLANC QUI NOUS RÉSERVE PLUS D'UNE SURPRISE

S'il s'agit bien d'un pain blanc, mais il contient tout ce qu'il faut pour en faire un aliment « bonne santé » par excellence : on se sent en pleine forme et gonflé d'énergie rien qu'à le regarder…

IMPORTANT

Comme on va le voir, on peut préparer soi-même d'intéressants mélanges de farine et de grains entiers, moulus ou concassés. Il est toutefois indispensable de faire tremper ceux-ci toute une nuit pour qu'ils ne puissent plus, par la suite, absorber l'eau que contient la pâte. Celle-ci serait alors sèche et trop friable, et le pain risquerait de s'émietter à la cuisson.

1 Pain de maïs

Dans la recette de base, remplacez les flocons de froment par 200 g de farine de maïs. Le pain sera d'un beau jaune éclatant.

2 Pain au son

Dans la recette de base, remplacez les flocons de froment par la même quantité de son de blé. La structure du pain est grossière, sa saveur très particulière.

3 Pain de blé noir

Utilisez au lieu de flocons de froment 200 g de farine de blé noir pour préparer un pain moelleux et savoureux.

4 Pain au sarrasin

Faites gonfler toute une nuit 200 g de grains de sarrasin entiers et ajoutez-les à la pâte préparée comme dans la recette de base. Le pain obtenu est poreux et d'une saveur relevée.

PAIN AUX FLOCONS DE FROMENT

INGRÉDIENTS POUR LA PÂTE (RECETTE DE BASE)

300 g de farine de froment
20 g de levure
1 pincée de sucre en poudre
40 cl env. d'eau tiède
½ cuil. à café de sel
200 g de flocons de froment complets

1. Préparez la pâte comme dans la recette de base du pain de mie (page 183), en y incorporant les flocons de froment.
2. Donnez à la pâte une forme allongée, posez-la dans un moule rectangulaire (contenance 1,5 l) et laissez lever 1 h à couvert.
3. Badigeonnez la surface d'eau et faites cuire 50 à 60 min à 225 °C (th. 7-8). Badigeonnez une nouvelle fois d'eau au sortir du four.

POUR LES GRANDES OCCASIONS OU AVEC UNE TASSE DE THÉ : LA RONDE DES SPÉCIALITÉS EN PÂTE À PAIN

Chaque région a son pain typique, dont la forme et la composition sont aussi traditionnelles que les habitudes alimentaires des habitants. On pourrait consacrer tout un chapitre à ces différents pains. Faute de place, et pour rester dans l'esprit de cet ouvrage, nous avons choisi parmi ces dernières le pain aux fruits qu'on offre traditionnellement à Noël en Italie et les petits pains que les Anglais servent avec le thé.

PANETTONE

Pour 1 panetone
Préparation : 30 min
Repos : 2 h
Cuisson : 40 min

INGRÉDIENTS

25 cl de lait tiède
30 g de levure
1 œuf
2 jaunes d'œufs
500 g de farine blanche
100 g de sucre en poudre
1 pincée de sel
100 g de beurre ramolli
40 g de dés d'écorces d'orange et de citron confites
80 g de raisins secs
3 cuil. à soupe de beurre pour enduire le moule
et badigeonner le panettone

MATÉRIEL

1 moule à souflé de 16 cm de diamètre

1. Délayez la levure dans le lait, ajoutez l'œuf entier et les jaunes.
2. Mélangez la farine, le sucre et le sel. Ajoutez la levure délayée ainsi que les autres ingrédients et pétrissez le tout pour obtenir une pâte élastique. Laissez lever pendant 1 h à couvert.
3. Pendant ce temps, beurrez le moule à soufflé. Chemisez le bord d'une bande de papier sulfurisé ou de papier sulfurisé, de manière qu'elle dépasse de quatre bons centimètres.
4. Pétrissez la pâte une nouvelle fois, rassemblez-la en boule et posez-la dans le moule. Entaillez la surface en croix.
5. Laissez lever 1 h encore avant de glisser au four.
6. Badigeonnez de beurre fondu refroidi et faites cuire 40 min à 190 °C (th. 6-7).

MUFFINS

Pour 15 muffins
Préparation : 20 min
Repos : 1 h + 1 h
Cuisson : 10 min
Coût : €

INGRÉDIENTS

20 cl de lait
1 sachet de levure de boulanger
300 g de farine
40 g de beurre demi-sel
1 cuil. à café de sel
Huile d'olive

MATÉRIEL

1 emporte-pièce rond de 5 cm de diamètre

1. Faites tiédir le lait au four à micro-ondes, puis délayez-y la levure de boulanger. Laissez reposer 10 min.

2. Dans un saladier, mélangez la farine avec le sel et le beurre coupé en morceaux. Creusez un puits puis versez le mélange lait-levure. Mélangez bien à l'aide d'une cuillère en bois puis finissez de pétrir la pâte avec vos mains jusqu'à obtenir une boule de pâte homogène. Laissez gonfler la pâte pendant 1 h.

3. Étalez la pâte sur un plan de travail fariné sur une épaisseur de 1 cm environ. Détaillez des disques à l'aide d'un emporte-pièce puis déposez-les sur une plaque. Laissez gonfler 1 h.

4. Dans une poêle bien chaude, faites chauffer un filet d'huile d'olive, puis faites cuire les muffins pendant 5 min de chaque côté en surveillant bien la coloration. Laissez bien refroidir avant de servir.

LA PÂTE QUI FAIT LE PAIN FRAIS

Le levain, morceau de pâte aigrie qui, mêlé à la pâte du pain, la fait lever et fermenter, est indispensable pour confectionner le pain bis. La levure à elle seule, en effet, ne suffit pas quand on utilise de la farine de seigle ou des grains complets concassés. Les protéines qu'ils contiennent rendent la pâte visqueuse et collante, et les bactéries qui provoquent la fermentation sont en quelque sorte étouffées. Le levain, au contraire, décompose les protéines et le pain reste beaucoup plus longtemps frais.

QUELQUES CONSEILS POUR RÉUSSIR LA PÂTE

– On peut acheter du levain prêt à l'emploi chez le boulanger. On trouve aussi dans les magasins d'alimentation naturelle et dans certaines épiceries fines des levains instantanés ou liquides, qu'on utilise comme le levain maison.

– Prélevez chaque fois une petite poignée de pâte, que vous conserverez au réfrigérateur et qui servira de levain pour la fournée suivante.

– Ne laissez jamais la pâte moulée en attente plus de trois à quatre heures avant de procéder à la cuisson : elle risquerait de retomber.

Le levain

INGRÉDIENTS

20 g de levure
5 dl d'eau tiède
300 g de farine

1. Émiettez la levure dans un bol.
2. Ajoutez l'eau.
3. Délayez la levure en travaillant au fouet.
4. Ajoutez la farine en pluie.
5. Amalgamez bien le tout.
6. Laissez reposer le levain pendant 3 jours à température ambiante.

RECETTE DE BASE : PAIN DE SEIGLE

LES OPÉRATIONS

Préparation : 20 à 30 min
Repos : 9 h
Température : 190 °C (th. 6-7)
Cuisson : 60 min
Pour refroidir : 15 à 30 min

LES INGRÉDIENTS

Ingrédients :
300 g de grains de seigle concassés
300 g de farine de seigle
300 g de farine blanche
1 cuil. à café de sel
300 g de levain
4 dl env. d'eau chaude

L'OUTILLAGE

– Un bol
– Un tamis
– Un saladier
– Un torchon propre
– Un moule à cake
– Un couteau

PRÉPARATION ET CUISSON

1

Mélangez les farines, les grains concassés et le sel dans un saladier.

2

Ajoutez le levain ainsi que l'eau chaude.

3

Pétrissez bien le tout.

4

Couvrez d'un torchon de cuisine et laissez reposer 3 h au moins ou, mieux encore, jusqu'à 24 h.

5

Pétrissez une nouvelle fois la pâte levée et formez une miche allongée.

6

Entaillez la surface en croix et posez sur une tôle farinée. Laissez lever 3 à 4 h encore avant de procéder à la cuisson.

CONSEILS

– En tapotant le dessous du pain, on entend s'il est cuit à point : il sonne creux.

– Pour éviter que le pain se dessèche, posez au fond du four un petit récipient rempli d'eau, qui dégagera de la vapeur tout au long de la cuisson.

LE PAIN COMPLET, SAVOUREUX, SAIN ET NOURRISSANT

Grains entiers et concassés, farine de seigle et son, autant de mélanges qui donnent aux pains une saveur particulière et une consistance à chaque fois différente. Délicieux tels quels, ces pains deviennent de véritables poèmes quand on tartine les tranches d'une épaisse couche de beurre et qu'on les saupoudre de quelques grains de sel.

1 Pain de campagne

INGRÉDIENTS

600 g de farine blanche
300 g de farine de seigle
1 cuil. à café de sel
100 g de levain
20 g de levure
40 cl env. d'eau chaude

1. Mélangez les farines et le sel dans une terrine.
2. Amalgamez le levain, la levure et l'eau chaude.
3. Rassemblez le tout en une pâte ferme, comme dans la recette de base (page 197), et laissez lever.
4. Donnez à la pâte une forme allongée et entaillez le dessus en biais. Faites cuire comme dans la recette de base.

2 Pain complet à l'orge

INGRÉDIENTS

20 g de levure
40 cl env. d'eau
300 g de grains d'orge concassés
300 g de grains de seigle concassés
300 g de farine de seigle
150 g de levain

1. Délayez la levure dans l'eau chaude et laissez reposer jusqu'à ce qu'elle commence à mousser.
2. Ajoutez aux autres ingrédients pour préparer une pâte à pain ferme.
3. Formez un pain rond et entaillez-le en croix. Laissez lever une nouvelle fois et faites cuire comme dans la recette de base (page 197).

3 Pain noir

INGRÉDIENTS

300 g de grains de seigle concassés
300 g de farine de seigle
300 g de son de froment
1 cuil. à café de sel
300 g de levain
20 g de levure
40 cl env. d'eau chaude
2 cuil. à soupe de son de froment pour y rouler le pain

1. Préparez une pâte à pain avec tous les ingrédients mentionnés, comme dans la recette de base (page 197).
2. Formez un gros boudin et roulez-les dans le son.
3. Posez dans un moule rectangulaire, utilisez une boîte de conserve.
4. Laissez lever et faites cuire comme dans la recette de base.

4 Pain aux trois céréales

INGRÉDIENTS

300 g de grains de blé concassés
300 g de flocons d'avoine
300 g de farine de seigle
1 cuil. à café de sel
300 g de levain
30 g de levure
40 cl env. d'eau chaude
Grains de blés concassés pour saupoudrer

1. Préparez une pâte à pain comme dans la recette de base (page 197).
2. Remplissez un moule rectangulaire (contenance 2 l, préalablement saupoudré de grains de blé concassés, dont on parsème aussi la surface de la pâte.
3. Laissez lever et faites cuire comme dans la recette de base.

5 Pain bis

INGRÉDIENTS

20 g de levure
40 cl env. d'eau chaude
750 g de farine blanche
150 g de farine de seigle
1 cuil. à café de sel
100 g de levain

1. Délayez la levure dans l'eau chaude, laissez reposer jusqu'à ce qu'elle commence à mousser.
2. Ajoutez aux autres ingrédients pour préparer une pâte à pain comme dans la recette de base (page 197).
3. Formez un pain rond, laissez lever et faites cuire comme précédemment.

PAIN PERDU
ET SOUFFLÉ CHAUD AU CHOCOLAT

Pour 6 personnes
Préparation : 15 min
Macération : 4 h
Cuisson : 20 min
Coût : €

INGRÉDIENTS

4 tranches de pain de mie (page 183)
10 cl de crème fluide
150 g de chocolat noir à 70 % de cacao
100 g de sucre en poudre + 1 cuil. à soupe pour les moules
4 œufs + 1 blanc
15 g de beurre
1 cuil. à soupe de crème fraîche bien épaisse
1 cuil. à café de sucre glace

MATÉRIEL

4 moules à soufflé individuels

1. Éliminez au couteau les contours du pain de mie. Émiettez les tranches et mettez-les à tremper dans un bol avec la crème fluide pendant 4 h.

2. Séparez les blancs des jaunes d'œufs. Faites fondre, à feu doux, le chocolat avec 5 cl d'eau et 50 g de sucre en mélangeant, jusqu'à ce qu'il soit bien lisse. Laissez refroidir et ajoutez la crème fraîche et les 4 jaunes d'œufs. Mélangez bien.

3. Montez les 5 blancs d'œufs en neige ferme avec le reste du sucre et incorporez- les délicatement au mélange précédent.

4. Préchauffez le four à 220 °C (th. 7). Beurrez et sucrez les 4 moules à soufflé individuels et répartissez le pain au fond, puis la préparation. Faites cuire pendant environ 20 min. Saupoudrez de sucre glace et servez sans attendre.

VARIANTE

Vous pouvez ajouter à la préparation 1 cuil. à soupe de rhum, de Grand Marnier ou de liqueur de framboise, pour un soufflé un peu plus corsé.

PUDDING VANILLE-FRAISE

Pour 4 personnes
Préparation : 15 min
Cuisson : 45 min
Réfrigération : 6 h
Coût : €

INGRÉDIENTS

4 tranches de pain de mie (page 183)
2 œufs
10 g de beurre ramolli
40 cl de crème liquide
30 g de sucre en poudre + 2 cuil. à café
½ gousse de vanille
25 cl de coulis de fraises

MATÉRIEL

4 petits moules hauts

1. Préchauffez le four à 180 °C (th. 6). Fendez la vanille en deux dans la longueur et récupérez- en les petites graines. Ajoutez-les dans la crème avec la gousse. Faites chauffer, puis laissez de côté.

2. Battez vigoureusement les œufs avec le sucre dans un grand saladier. Découpez les morceaux de brioche en petits cubes au-dessus du saladier et mélangez. Incorporez la crème après en avoir retiré la gousse fendue. Mélangez soigneusement.

3. Beurrez et saupoudrez de sucre les petits moules hauts. Répartissez le pudding. Placez les moules dans un grand plat à four rempli à moitié d'eau chaude. Enfournez et faites cuire, au bain- marie, pendant 45 min. La surface doit être ferme et l'intérieur mou, la lame du couteau doit ressortir humide.

4. Placez au frais pendant 6 h, puis démoulez sur des petites assiettes de présentation et servez accompagné du coulis de fraises

VARIANTE

Vous pouvez aussi servir ce dessert avec de la crème anglaise (page 312) nature ou chocolatée et ajouter des morceaux de fraise dans le pudding.

TARTE RHUBARBE AU PAIN PERDU

Pour 4 personnes
Préparation : 25 min
Cuisson : 45 min
Coût : €

INGRÉDIENTS

6 tranches de pain de mie (page 183)
350 g de rhubarbe
4 œufs
20 cl de lait
50 g de beurre
250 g de sucre en poudre
½ cuil. à café de cannelle en poudre
1 cuil. à café de zeste de citron non traité
Le zeste de 1 orange non traitée

MATÉRIEL

Moule à tarte en silicone

1. Tapissez le moule à tarte en silicone de pain. Bouchez bien les trous et mouillez avec 2 œufs battus dans le lait avec 50 g de sucre. Appuyez bien avec le dos d'une cuillère pour obtenir une surface uniforme.

2. Épluchez les tiges de rhubarbe et éliminez les parties dures. Coupez les tiges en petits dés. Préchauffez le four à 200 °C (th. 6-7).

3. Mettez les morceaux de rhubarbe avec le reste du sucre, la cannelle, les zestes d'orange et de citron ainsi que le beurre dans une grande casserole et laissez cuire, à feu doux, pendant 10 à 15 min. Battez les 2 derniers œufs et ajoutez-les au mélange ; garnissez-en le fond de tarte.

4. Enfournez et faites cuire pendant 10 min, puis réduisez la température du four à 180 °C (th. 6) et poursuivez la cuisson pendant 25 à 30 min. Servez froid, accompagné de coulis de fruits rouges ou de glace à la vanille.

VARIANTE

Remplacez la rhubarbe par des pommes ou des poires ; vous n'aurez pas besoin de les faire cuire avant d'enfourner la tarte.

PAINS AUX RAISINS AU LAIT DE COCO

Pour 4 personnes
Préparation : 5 min
Cuisson : 10 min
Coût : €

INGRÉDIENTS

8 mini-pains aux raisins
3 œufs
40 cl de lait de coco
30 g de beurre
2 cuil. à soupe de sirop de canne ou de palme
1 cuil. à soupe de jus de citron vert
1 cuil. à soupe de gingembre frais râpé
2 cuil. à soupe de noix de coco râpée
Sirop de palme pour accompagner

1. Battez les œufs avec le lait de coco, le sirop de canne ou de palme et le jus de citron vert. Parfumez avec le gingembre frais.

2. Imbibez les pains aux raisins de ce mélange, puis faites-les dorer dans le beurre fondu. Parsemez de noix de coco râpée et servez avec un peu plus de sirop.

LA PÂTE FEUILLETÉE

LÉGÈRE ET CROUSTILLANTE : LA PÂTE AUX MILLEFEUILLES

Pas plus que le mille-pattes n'a mille pattes, le millefeuille qu'on prépare avec cette pâte délicate n'a mille feuilles. Il n'en est pas moins vrai qu'une bonne pâte feuilletée compte facilement une centaine de feuilles, ce qui est assurément un exploit. Rien d'étonnant qu'elle soit la légèreté même, surtout quand on la mange toute fraîche, tiède même.

RECETTE DE BASE

Minutie et exactitude sont indispensables à sa préparation : une épaisse couche de beurre est enfermée dans une détrempe, et il est essentiel que la pâte soit, à chaque stade de sa fabrication, abaissée en un long rectangle qu'on plie chaque fois comme on plie un mouchoir en le repassant : le tiers de droite sur le milieu, puis le tiers de gauche par-dessus. C'est ce qu'on appelle « donner un tour ». Plus on donne de tours, plus les couches de pâte s'amincissent et se multiplient, toujours séparées par une pellicule de beurre qui les empêche de coller les unes aux autres. C'est l'évaporation de l'eau contenue dans le beurre qui, à la cuisson, les sépare et les fait monter.

CONSEILS PRATIQUES POUR LA PRÉPARATION

- *Pour faciliter le travail, la détrempe doit être de bonne consistance, souple, lisse et homogène.*
- *Si le beurre n'est pas bien réfrigéré, il risque de fondre et de couler quand on abaisse la pâte. Il est recommandé de mettre celle-ci au réfrigérateur entre deux tours.*
- *L'idéal est de travailler sur une plaque de marbre, qui reste toujours bien fraîche.*

LA CONSERVATION

- *Si vous n'utilisez pas toute la pâte préparée en une fois, vous pouvez conserver le reste pendant deux jours au réfrigérateur. Au congélateur, elle reste parfaite pendant trois mois.*
- *Abaissez la pâte en plusieurs plaques de mêmes dimensions, que vous surgelez séparément et que vous entreposez ensuite les unes sur les autres : vous pouvez ainsi décongeler chaque fois ce dont vous avez besoin.*
- *Une autre solution, qui fait gagner du temps : surgelez la pâte sous forme d'abaisses prêtes à passer au four. Il n'y aura plus qu'à les décongeler avant de les cuire.*

LES OPÉRATIONS

Pour 500 g de pâte feuilletée
Préparation : 45 min
Réfrigération : 2 h

LES INGRÉDIENTS

250 g de farine
5 g de sel fin
152 g d'eau
185 g de beurre à température ambiante

L'OUTILLAGE

- *Un saladier*
- *Du film alimentaire*
- *Un rouleau à pâtisserie*

PRÉPARATION

1

Mettez la farine sur un plan de travail et creusez un puits au centre. Versez le sel et l'eau. Malaxez du bout des doigts en incorporant petit à petit la farine dans le puits.

2

Formez une boule. Incisez la boule au couteau en formant une croix profonde d'environ 3 cm sur le dessus de la pâte. Enveloppez la pâte dans du film alimentaire et laissez-la reposer pendant 30 min au réfrigérateur. Cette étape s'appelle la détrempe. Posez le beurre sur du film alimentaire et couvrez-le d'un autre morceau de film. Cela évite de salir le plan de travail et le rouleau. Tapez le beurre à l'aide du rouleau à pâtisserie et donnez-lui la forme d'un carré d'environ 1,5 cm d'épaisseur.

3

Posez ensuite la boule de pâte sur le plan de travail légèrement fariné. Aplatissez avec les doigts les 4 pointes de la boule. Étalez les pointes en respectant la forme de la croix. Laissez le centre plus épais.

4

Placez le beurre au centre. Rabattez le côté haut de la pâte sur le beurre, puis celui du bas, puis le côté droit et le gauche.

5

Étalez la pâte dans le sens de la longueur très délicatement, pour ne pas la percer et pour éviter que le beurre s'échappe. Allongez le pâton toujours dans le même sens, en un rectangle trois fois plus long que large. Farinez régulièrement. Repliez la pâte en trois. Tournez le pâton d'un quart de tour sur la droite. Étalez de nouveau délicatement la pâte dans le sens de la longueur. Repliez-la de nouveau en trois (comme précédemment). Tournez le pâton d'un quart de tour sur la droite. Marquez la pâte de deux doigts en haut à droite, pour vous souvenir que vous avez fait 2 tours. Enveloppez-la dans du film alimentaire et laissez reposer le pâton pendant 30 min au réfrigérateur. Reprenez l'étape 4, marquez la pâte de 4 doigts en haut à droite, pour vous souvenir que vous avez fait 4 tours. Placez le pâton au réfrigérateur, bien emballé dans du film alimentaire, pendant 30 min.

6

Reprenez de nouveau à l'étape 4. Votre pâte feuilletée « a fait » 6 tours. Placez-la pendant 30 min au réfrigérateur. Elle est prête à être utilisée.

UN CLASSIQUE : LA TARTE FINE AUX POMMES

Elle suscite à juste titre l'admiration des amis arrivés à l'improviste quand, prête en un tour de main, elle fait son apparition sur la table. La machine à café n'a plus qu'à suivre…

TARTE FINE AUX POMMES

Pour 6 personnes
Préparation : 30 min
Cuisson : 30 min
Réfrigération : 2 h
Coût : €

INGRÉDIENTS

1 pâte feuilletée (page 211)

POUR LA GARNITURE

6 pommes
1 cuil. à soupe de cassonade
50 g de beurre

MATÉRIEL

1 siphon ou 1 batteur électrique

1. Préchauffez le four à 220 °C (th. 7-8).

2. Pelez les pommes, coupez-les en deux, ôtez le cœur et les pépins, puis coupez-les en fines lamelles.

3. Étalez la pâte feuilletée sur 3 mm d'épaisseur avec un rouleau à pâtisserie, déposez-la sur une plaque allant au four recouverte de papier sulfurisé, puis piquez-la avec une fourchette. Disposez les lamelles de pommes dessus, saupoudrez de sucre cassonade et parsemez de dés de beurre. Enfournez pendant 20 à 25 min. Laissez tiédir.

SENS DESSUS DESSOUS : LES TOURTES

Cela peut paraître paradoxal, mais l'idée est ingénieuse. Une idée qui, soit dit en passant, nous vient d'Angleterre, où les tourtes portent le nom de pies. *Le jus des fruits, en effet, a vite fait de détremper le fond, même croustillant, d'une tarte conventionnelle. On retourne donc le problème, au sens propre du terme, et la garniture devient fond tandis que le fond garnit les fruits.*

LE DÉCOR

Les restes de pâte ne doivent pas être rassemblés en boule, ce qui nuirait au feuilletage. On les empilera les uns sur les autres avant de les abaisser au moment d'y découper les éléments du décor à l'aide d'une roulette à pâte ou d'emporte-pièces divers : cœurs, feuilles, rondelles dentelées, étoiles, etc. Les longs rubans de pâte enroulés comme une cordelière sont, eux aussi, du plus bel effet.

TOURTE AUX FRUITS ROUGES

Pour 6 personnes
Préparation : 25 min
Cuisson : 50 min à 1 h
Coût : €€

INGRÉDIENTS

1 pâte feuilletée maison (p. 210)
1 blanc d'œuf

POUR LA GARNITURE

125 g de myrtilles
150 g de fraises
125 g de mûres
125 g de framboises
3 cuil. à soupe de miel
Le jus de 1 citron
1 cuil. à soupe de verveine hachée

POUR LA DORURE

1 œuf

1. Préchauffez le four à 180 °C (th. 6). Préparez le fond de tarte (voir p. 210) et faites-le précuire à blanc environ 20 min (voir p. 20). Afin de préserver le croustillant de la pâte, badigeonnez-la, avec un pinceau, de blanc d'œuf légèrement battu 5 min avant la fin de la cuisson. Gardez les chutes de pâte dans un film alimentaire au frais pour réaliser les bandelettes.

2. Mélangez dans un saladier tous les fruits rouges, versez le miel, le jus du citron et la verveine, mélangez délicatement. Répartissez cette préparation sur le fond de tarte précuit.

3. Préparez la dorure en battant l'œuf dans un bol. Étalez avec un rouleau à pâtisserie les chutes de pâte ou, à défaut, utilisez une pâte feuilletée du commerce pour réaliser les bandelettes de pâtes.

4. Découpez des bandelettes de pâte de 1 cm de large à l'aide d'une roulette cannelée. Déposez-les sur le dessus de la tarte et formez des losanges. Faites-les adhérer sur les bords de la tarte avec un peu d'œuf battu. Badigeonnez toutes les bandelettes avec l'œuf battu. Enfournez pendant 30 à 40 min. Dégustez tiède ou chaud.

UNE, DEUX TROIS COUCHES... IMPOSSIBLE DE RÉSISTER !

Quelle merveille ! Le contraste entre le feuilletage croustillant et le moelleux de la crème est irrésistible. Et pourtant, c'est tout simple à préparer, un peu moins à découper !

MILLEFEUILLE

Pour 6 personnes
Préparation : 45 min
Cuisson : 25 min
Réfrigération : 2 h
Coût : €

INGRÉDIENTS

500 g de pâte feuilletée (page 211)
1 crème pâtissière (page 312)

POUR LE GLAÇAGE

20 g de chocolat noir
150 g de fondant blanc (en vente au rayon pâtisserie des supermarchés)
1 cuil. à soupe d'eau

1. Préparez la crème pâtissière en suivant la recette de la page 312.
2. Abaissez la pâte feuilletée sur environ 3 mm d'épaisseur, sur un plan de travail légèrement fariné. Piquez-la bien à l'aide d'une fourchette pour qu'elle ne gonfle pas. Faites-la cuire pendant 25 min à 180 °C (th. 6). Lorsqu'elle est bien dorée, sortez-la du four. Coupez ensuite la pâte feuilletée en trois parts égales tant qu'elle est encore chaude.
3. Déposez la première part sur le plat de service. Étalez-y de la crème pâtissière à l'aide d'une poche à douille. Déposez la deuxième plaque de pâte feuilletée par-dessus et garnissez-la de crème pâtissière. Enfin, posez la dernière plaque de pâte feuilletée sur le dessus.
4. Faites fondre rapidement le chocolat au micro-ondes et versez-le dans un sachet congélation.
5. Versez le fondant et la cuillère d'eau dans un saladier en inox. Posez le saladier dans une casserole d'eau chaude et remuez jusqu'à ce que le fondant soit lisse.
6. Versez le fondant sur le millefeuille et lissez-le à l'aide d'une spatule. Coupez un tout petit coin dans le sachet congélation et réalisez des traits de chocolat fondu sur le fondant blanc. Réalisez des marbrures à l'aide de la pointe d'un petit couteau. Conservez le millefeuille au frais jusqu'au moment de le servir.

ASTUCE

Coupez tout le tour du millefeuille à l'aide d'un couteau à dents pour lui donner un plus bel aspect.

TATIN AUX COINGS ÉPICÉS

Pour 6 personnes
Préparation : 40 min
Cuisson : 1 h 15
Coût : €

INGRÉDIENTS

1 pâte feuilletée (page 211)

POUR LA GARNITURE

4 coings
Le jus et le zeste de 1 citron

POUR LE SIROP

200 g de sucre
1 l d'eau
1 rouleau de cannelle
1 étoile de badiane
3 capsules de cardamome
2 clous de girofle
1 poivre long

POUR LE CARAMEL AU BEURRE SALÉ

100 g de sucre
2 cuil. à soupe d'eau
40 g de beurre salé

MATÉRIEL

1 moule à manqué

1. Prélevez un ruban de zeste du citron puis pressez-le dans un petit récipient. Épluchez les coings et badigeonnez-les régulièrement de jus de citron. Ôtez les extrémités des coings, coupez-les en deux et retirez le cœur à l'aide d'un couteau. Coupez-les ensuite en gros cubes.

2. Dans une grande casserole, ajoutez tous les ingrédients du sirop, les coings et leurs épluchures (cela évite qu'ils noircissent). Portez à ébullition puis baissez le feu, laissez cuire à frémissements pendant 20 min environ. Lorsque les coings sont tendres, égouttez-les dans une passoire, jetez le jus de cuisson.

3. Préchauffez le four à 180 °C (th. 6). Beurrez un moule à manqué.

4. Préparez le caramel. Versez le sucre et 2 cuil. à soupe d'eau dans une casserole à fond épais. Fouettez à feu doux pour dissoudre le sucre, portez à ébullition sans remuer. Lorsque le caramel a atteint une belle couleur ambrée, incorporez le beurre coupé en morceaux. Versez le caramel au beurre salé dans le fond d'un moule. Déposez par dessus les coings égouttés et refroidis. Serrez bien chaque morceau de fruit. Enfournez pendant 30 min.

5. Sortez la pâte feuilletée du réfrigérateur, étalez-la au rouleau sur 3 mm d'épaisseur.

6. À la fin de la cuisson, retirez le jus de cuisson des coings puis recouvrez les fruits avec la pâte feuilletée en bordant les bords à l'intérieur du moule. Piquez la pâte et enfournez pendant 25 min environ. Laissez tiédir 10 min puis retournez la tarte sur une assiette.

PALMIERS AU SUCRE

Pour 15 palmiers
Préparation : 10 min
Repos : 2 h
Cuisson : 15 min
Coût : €

INGRÉDIENTS

250 g de pâte feuilletée (page 211)
100 g de sucre
10 g de beurre

MATÉRIEL

Pinceau de cuisine

1. Étalez la pâte feuilletée en un rectangle. Faites fondre le beurre et badigeonnez la pâte à l'aide d'un pinceau. Saupoudrez-la de sucre.

2. Roulez les 2 grands côtés du feuilleté vers le centre en serrant bien. Filmez et entreposez le boudin de pâte au frais pendant 2 h. Il sera plus facile à couper.

3. Préchauffez le four à 180 °C (th. 6).

4. Détaillez le boudin de pâte en 15 tranches. Disposez-les sur une plaque à pâtisserie et enfournez-les pour 15 min de cuisson. Décollez les palmiers et laissez-les refroidir sur une grille.

PASTÉIS DE NATA

Pour 6 personnes
Préparation : 20 min
Cuisson : 20 min
Coût : €

INGRÉDIENTS

1 pâte feuilletée (page 211)

POUR LA GARNITURE

50 cl de lait
15 g de beurre
250 g de sucre en poudre
30 g de Maïzena
1 œuf
3 jaunes d'œufs
1 gousse de vanille
1 pincée de sel

POUR LA FINITION

1 cuil. à soupe de cannelle en poudre

MATÉRIEL

6 petits moules à muffins ou moules alvéolés en silicone

1. Préchauffez le four à 240 °C (th. 8). Beurrez les moules. Étalez la pâte feuilletée avec un rouleau à pâtisserie sur une épaisseur de 3 mm. Découpez 6 disques de pâte de taille adaptée à celle des moules. Disposez les disques de pâte en pressant du bout des doigts pour bien faire adhérer la pâte aux moules. Piquez-la avec une fourchette.

2. Aplatissez la gousse de vanille avec le plat du couteau, coupez-la en deux dans le sens de la longueur puis prélevez les graines avec la pointe d'un petit couteau. Faites chauffer le lait, le beurre, la gousse et les graines de vanille dans une casserole. Dès la première ébullition, retirez la gousse de vanille, puis ajoutez le sucre, le sel et la Maïzena, mélangez bien. Portez à ébullition à nouveau jusqu'à ce que le mélange épaississe, puis laissez refroidir quelques minutes en remuant. Ajoutez l'œuf et les jaunes d'œufs, battez bien au fouet et versez le mélange dans les moules jusqu'aux 2/3 de leur hauteur.

3. Enfournez pendant 20 min. Les tartelettes sont cuites lorsque la pâte est croquante et la crème légèrement brûlée sur la surface. Laissez refroidir avant de démouler et saupoudrez de cannelle au moment de servir.

KOUIGN-AMANN

Pour 6 personnes
Préparation : 40 min
Repos : 2 h 20
Cuisson : 30 min
Coût : €

INGRÉDIENTS

10 g de levure fraîche de boulanger
10 cl d'eau tiède
220 g de farine + environ 30 g pour le plan de travail
½ cuil. à café de sel
150 g de beurre + 20 g environ pour beurrer le moule
150 g de sucre en poudre

1. Sortez le beurre du réfrigérateur et laissez-le à température ambiante pour qu'il devienne bien mou. Émiettez la levure fraîche dans l'eau tiède.

2. Dans un saladier, mélangez la farine et le sel. Creusez un puits au centre et versez la levure. Mélangez la pâte jusqu'à ce qu'elle devienne homogène et pétrissez-la pour qu'elle devienne souple et légèrement élastique. Couvrez le saladier d'un torchon et laissez lever la pâte pendant 2 h à température ambiante.

3. Versez la pâte sur un plan de travail fariné et donnez-lui une forme rectangulaire à l'aide d'un rouleau à pâtisserie. Étalez un quart du beurre sur la pâte à l'aide d'un pinceau (et des doigts) et saupoudrez généreusement de sucre en poudre. Repliez la pâte en trois.

4. Étalez de nouveau la pâte au rouleau à pâtisserie, toujours en lui donnant une forme rectangulaire (si le beurre s'échappe un peu, ce n'est pas grave). Étalez un autre quart du beurre sur la pâte à l'aide du pinceau et des doigts, et saupoudrez de sucre en poudre généreusement, comme précédemment. Repliez de nouveau la pâte en trois.

5. Enroulez votre pâte dans du film alimentaire et laissez-la reposer au réfrigérateur 20 min.

6. Beurrez un moule à gâteau rond de 22 ou 24 cm de diamètre. Sortez la pâte du réfrigérateur, étalez-la de nouveau en rectangle et étalez dessus, à l'aide du pinceau, le troisième quart du beurre. Saupoudrez de sucre en poudre. Repliez la pâte en deux et rabattez les coins pour lui donner la forme de votre moule. Déposez-la dedans et répartissez le dernier quart du beurre en petits morceaux sur la pâte. Saupoudrez avec le restant de sucre.

7. Enfournez le kouign-amann dans un four préchauffé à 200 °C (th. 7) et laissez-le cuire 30 min. Il doit être bien doré. Pendant la cuisson, le gâteau va rendre du beurre. Vous pouvez arroser le gâteau avec ce beurre au fur et à mesure pour l'imbiber.

8. Lorsqu'il est cuit, sortez-le du four et laissez-le reposer 10 min avant de le démouler sur un plat. Servez le kouign-amann tiède ou chaud, accompagné d'un verre de cidre.

STRUDEL, CROISSANT & CIE

UN VRAI MARIAGE D'AMOUR, ET QUEL RÉSULTAT !

Si on travaille une pâte levée comme une pâte feuilletée, les pâtisseries qu'elle sert à préparer sont d'une qualité tout à fait exceptionnelle. Elles présentent en effet les avantages de l'une et de l'autre pâte, puisqu'elles sont riches et légères comme le sont toutes les pâtisseries en pâte levée, fines et croustillantes comme seule peut l'être la pâte feuilletée en sortant du four. Pour ne rien dire du bon goût de beurre. Un exemple ? Les croissants, bien sûr, qu'on savourera tout frais, à peine refroidis.

RECETTE DE BASE

Le moelleux des pâtisseries en pâte levée feuilletée a deux raisons d'être : la levure, qui les fait gonfler et les rend friables ; et le beurre, dont elles ont le bon goût et qui leur donne leur remarquable légèreté. Car le beurre qui n'entre pas dans la préparation de la pâte levée est ajouté par la suite, en bloc, quand on donne à la pâte les nombreux tours qui formeront le feuilletage.

CONSEILS PRATIQUES POUR RÉUSSIR LA PÂTE

Commencez par préparer une pâte levée comme dans la recette de base (page 157) et laissez-la lever avant d'y incorporer une bonne quantité de beurre et de la travailler comme une pâte feuilletée, en lui donnant plusieurs tours. Il faut toutefois tenir compte des points suivants :

1. *La pâte levée doit être relativement ferme : si elle est trop molle, elle absorbe le beurre et il n'est plus possible d'obtenir le feuilletage. Le mieux est de la laisser lever toute une nuit au réfrigérateur, elle aura la bonne consistance le lendemain.*
2. *Le beurre ne doit pas sortir directement du réfrigérateur, il serait alors trop dur pour qu'on puisse l'abaisser.*
3. *Une règle fondamentale, donc : la pâte et le beurre doivent avoir à peu près la même consistance ou, plus exactement, la même malléabilité.*
4. *Pour que la pâte ne colle pas au plan de travail, veillez à fariner généreusement ce dernier avant chaque opération.*
5. *Quand la pâte est prête, ne la laissez pas en attente : elle risquerait de se dessécher et de perdre toute sa souplesse, ce qui ne permettrait plus de l'abaisser régulièrement.*
6. *Lorsque vous façonnez les croissants en roulant la pâte, ne l'écrasez pas afin qu'elle lève uniformément. Surveillez bien la cuisson afin que les croissants dorent mais ne brunissent pas.*

CONSEILS PRATIQUES POUR LA CUISSON

1. *Rangez les croissants prêts à être cuits sur une tôle beurrée ou chemisée de papier sulfurisé, en veillant à les espacer suffisamment pour qu'ils puissent gonfler sans coller les uns aux autres.*
2. *Laissez lever 30 à 60 min encore avant de glisser au four. Pour que les croissants ne se fendillent pas en séchant, couvrez la plaque d'un torchon de cuisine humide.*
3. *Il est important de contrôler la cuisson. La chaleur, en effet, n'est pas absolument la même partout dans le four, et les croissants ne sont pas tous dorés en même temps. Sortez ceux qui le sont au fur et à mesure et laissez les autres quelques minutes de plus dans le four.*
4. *Les croissants seront bien brillants si on les badigeonne d'eau chaude ou de crème avant de les glisser au four.*
5. *Pour obtenir une belle croûte dorée, vous pouvez enduire les croissants d'un peu de jaune d'œuf battu.*
6. *Laissez refroidir les croissants sur une grille à pâtisserie. Et surtout, servez-les encore tièdes : c'est ainsi qu'ils sont les meilleurs !*

LA CONSERVATION

Vous pouvez sans crainte surgeler la pâte levée feuilletée. Mais comme il faut longtemps pour décongeler un bloc de pâte, il est préférable de surgeler les croissants eux-mêmes, prêts à être glissés au four ou déjà cuits. Dans ce dernier cas, rangez-les dès qu'ils sont tièdes sur un plat que vous mettrez aussitôt dans le bac de congélation rapide.

POUR DÉCONGELER

Il n'est pas nécessaire de décongeler les croissants. Posez-les tels quels sur une tôle beurrée, que vous glisserez au four préalablement chauffé à 190 °C (th. 6-7). Au bout de 5 min exactement, ils sont décongelés et chauds à l'intérieur.

LES OPÉRATIONS

Préparation : 1 h
Repos : 8 h environ
Température : 190 °C (th. 6-7)
Cuisson : 20 min
Pour refroidir : 10 min environ

LES INGRÉDIENTS

Pour 6 personnes
10 cl de lait frais entier chaud
25 g de beurre fondu
25 g de sucre semoule
10 g de levure fraîche
5 g de sel
250 g de farine
150 g de beurre froid
1 œuf pour la dorure

L'OUTILLAGE

– Un saladier
– Une spatule
– Un rouleau à pâtisserie
– Une plaque à pâtisserie
– Du papier sulfurisé

PRÉPARATION ET CUISSON

1

Préparez la pâte. Versez dans un saladier le lait, le beurre fondu, le sucre, la levure émiettée, le sel et la farine. Mélangez à l'aide d'une spatule jusqu'à ce que vous obteniez une pâte élastique qui se décolle facilement des parois. Couvrez et laissez reposer pendant 2 h au réfrigérateur.

2

Étalez la pâte en lui donnant la forme d'un rectangle deux fois plus long que large, sur une épaisseur de 0,5 cm. Étalez le beurre sur la pâte afin qu'il recouvre la moitié du rectangle et recouvrez-le.

3

Tournez d'un quart et étalez la pâte en un rectangle quatre fois plus long que large. Repliez en portefeuille afin d'obtenir une pâte à 4 épaisseurs. Couvrez et laissez de nouveau reposer 2 h au réfrigérateur.

4

Tournez d'un quart et étalez la pâte en un rectangle quatre fois plus long que large. Repliez en portefeuille afin d'obtenir une pâte à 4 épaisseurs. Couvrez et laissez de nouveau reposer 2 h au réfrigérateur.

5

Sortez la pâte et étalez-la en lui donnant la forme d'un carré, sur une épaisseur de 3 mm. Coupez ensuite ce carré en deux bandes égales.

6

Coupez chaque bande en triangles ayant une base de 7 cm environ. Roulez délicatement les croissants en commençant par la base et en allant vers la pointe.

7

Disposez les croissants sur une plaque à pâtisserie garnie de papier sulfurisé et laissez-les reposer 2 h à température ambiante (ils doivent doubler de volume)

8

Préchauffez le four à 190 °C (th. 6-7). Badigeonnez les croissants de jaune d'œuf battu et enfournez pendant 18 à 20 min. Sortez du four et laissez tiédir avant de déguster.

DES VIENNOISERIES AU PARFUM D'ENFANCE

La saveur de la pâte levée feuilletée est absolument neutre. Elle contient bien un peu de sucre, mais cette quantité ne suffit pas à la sucrer, tout juste à « nourrir » les bactéries de la levure et à leur donner de la vigueur. Garnis de farces sucrées, les viennoiseries sont sur la table du petit déjeuner et du goûter.

1 Croissants aux noisettes

Mélangez par croissant 1 cuil. à soupe de noisettes moulues, 1 cuil. à café de sucre et autant de rhum. Posez sur le côté large du triangle de pâte, enroulez en allant de la base vers la pointe et courbez en forme de croissant. Vous pouvez bien sûr remplacer les noisettes par des amandes, des noix ou des pistaches. Ou encore ajouter à la farce quelques raisins secs, que vous aurez préalablement fait macérer dans un peu de rhum.

1

2 Croissants au chocolat

Le choix du chocolat est une question de goût : au lait, noir, aux noisettes ou en copeaux (ce dernier fond plus vite que le chocolat en morceaux et s'intègre mieux à la pâte). Vous pouvez aussi ajouter un peu d'amandes ou de noisettes hachées ou moulues, ou encore saupoudrer de pralin, qui donnera aux croissants un petit croustillant tout à fait agréable. Nappez à volonté de sirop de sucre (page 74) au sortir du four.

2

3 Croissants aux pommes

Préparez la farce à l'avance : épluchez une petite pomme, coupez-la en quatre, retirez le cœur et détaillez en fines lamelles. Faites cuire à couvert et à petit feu dans un peu de vin blanc. Sucrez à volonté et aromatisez d'une goutte de calvados ou de rhum. Ajoutez des amandes effilées ou des raisins secs, ou les deux. La farce est bien meilleure si on la laisse macérer un moment avant d'en fourrer les croissants.

3

4 Pains au chocolat

Pour 15 pains au chocolat
Préparation : 1 h 30
Pour faire lever la pâte : 1 à 2 h
Réfrigération : 2 h
Repos : 1 h 30
Cuisson : 15 min
Coût : €

INGRÉDIENTS

20 g de levure fraîche de boulanger (½ cube)
12,5 cl de lait tiède
500 g de farine
60 g de sucre en poudre
5 g de sel fin
12,5 cl d'eau froide
300 g de beurre froid (ne prenez ni beurre tendre, ni beurre à tartiner, ni margarine !)
30 bâtonnets de chocolat de 8 cm de long (en vente dans les magasins spécialisés ou chez votre boulanger-pâtissier)
1 œuf entier (pour la dorure)

1. Réalisez la recette des croissants (page 229) jusqu'à l'étape 4.
2. Étalez la pâte sur votre plan de travail légèrement fariné en un grand rectangle de 40 x 60 cm environ et sur une épaisseur de 3 mm environ.
3. Coupez la pâte en rectangles d'environ 8 cm (c'est la hauteur de vos bâtonnets de chocolat) sur 15 cm. Posez un bâtonnet de chocolat au bout du rectangle de pâte. Repliez la pâte sur le bâtonnet et déposez-en un deuxième. Roulez la pâte pour former le pain au chocolat.
4. Déposez les pains au chocolat au fur et à mesure sur une plaque de four recouverte de papier sulfurisé. Pensez à bien les espacer entre eux car ils vont encore lever et gonfler lors de la cuisson.
5. Dorez les pains au chocolat à l'œuf à l'aide d'un pinceau. Évitez les bordures où le feuilletage apparaît, car cela empêcherait son développement.
6. Laissez lever les pains au chocolat dans un endroit tiède (à côté d'un radiateur par exemple) pendant 1 h 30 pour qu'ils gonflent.
7. Lorsqu'ils ont bien gonflé, dorez-les une deuxième fois à l'œuf sur le dessus, toujours en évitant les bordures.
8. Enfournez les pains au chocolat dans un four bien préchauffé à 180 °C (th. 6) et laissez-les cuire pendant 12 à 15 min, jusqu'à ce qu'ils soient bien dorés. Laissez-les refroidir sur une grille.

NOTE

Vous pouvez congeler les pains au chocolat à peine refroidis. Il vous suffira de les repasser quelques minutes au four pour qu'ils redeviennent tout frais.

JOLIES, APPÉTISSANTES ET DÉLICIEUSES

Aux États-Unis, on les appelle danish (« danois »), *à Vienne Kopenhagener* (« Copenhague ») *et à Copenhague Wiener Brød* (« pains viennois »). *Il s'agit en fait de délicieuses petites pâtisseries en pâte levée feuilletée, fourrées de crème ou de fruits. On les sert avec le café ou, pourquoi pas, au petit déjeuner.*

1 Chaussons aux pommes

Pour 6 gros chaussons
Préparation : 25 min
Repos : 30 min + 30 min
Cuisson : 35 min
Coût : €

INGRÉDIENTS

300 g de pâte levée feuilletée (page 229)
2 jaunes d'œufs (pour la dorure)

POUR LA COMPOTE DE POMMES

15 g de beurre
500 g de pommes (reinettes ou golden)
½ citron
50 g de sucre en poudre
Cannelle en poudre (facultatif)

1. Préparez la compote de pommes : faites fondre le beurre dans une casserole. Ajoutez les pommes coupées en cubes et le jus de citron, couvrez et faites compoter pendant 15 min à feu doux, en remuant de temps en temps. Ajoutez le sucre en poudre puis la cannelle. Lorsque les pommes sont cuites, écrasez-les grossièrement à la fourchette. Augmentez le feu et remuez vivement la compote pour qu'elle sèche. Laissez-la refroidir complètement pendant environ 30 min.

2. Étalez la pâte feuilletée sur un plan de travail légèrement fariné sur une épaisseur de 3 mm environ. Découpez de grands disques de pâte avec un emporte-pièce ou un bol. À l'aide d'un rouleau à pâtisserie, aplatissez légèrement les disques pour leur donner une forme ovale.

3. Déposez de la compote de pommes sur la moitié de l'ovale en laissant environ 1 cm libre sur les bords. Badigeonnez ensuite les bords de jaune d'œuf en prenant soin de ne pas faire couler de jaune sur la tranche (sinon la pâte feuilletée ne lèvera pas bien et vos chaussons seront moins jolis). Repliez les ovales en appuyant bien sur les bords pour souder.

4. Déposez les chaussons au fur et à mesure sur une plaque de four recouverte de papier sulfurisé. Dorez-les à l'œuf battu à l'aide d'un pinceau et laissez-les reposer au frais pendant 30 min.

5. Préchauffez le four à 200 °C (th. 7). Badigeonnez une deuxième fois les chaussons de jaune d'œuf à l'aide d'un pinceau. Enfournez-les et laissez-les cuire 10 min. Baissez ensuite le four à 180 °C (th. 6) et prolongez la cuisson pendant encore 10 min. Les chaussons doivent être bien dorés et gonflés. Laissez-les refroidir sur une grille.

2 Feuilletés au miel

Pour 6 personnes
Préparation **: 15 min**
Repos **: 30 min**
Cuisson **: 20 min**
Coût **: €**

INGRÉDIENTS

500 g de farine
4 cuil. à soupe d'huile d'olive
200 g de miel de romarin
400 g de sucre
1 bâton de cannelle
Le jus de 1 citron
Huile de friture

MATÉRIEL

Friteuse

1. Dans un saladier, mélangez la farine, l'huile d'olive et 20 cl d'eau. Malaxez bien, formez une belle boule de pâte et réservez-la, emballée dans du film alimentaire, pendant 30 min au réfrigérateur.

2. Dans une casserole, faites chauffer le miel, le sucre, la cannelle et 50 cl d'eau. Maintenez un frémissement pendant 15 min, puis ajoutez le jus de citron.

3. Étalez la pâte finement puis coupez-la en bandes de 2 cm de large. Enroulez-les grossièrement entre vos doigts puis plongez-les dans l'huile chaude à 180 °C pendant 3 min. Égouttez-les sur du papier absorbant et plongez-les dans le sirop pendant quelques minutes. Égouttez à nouveau et dégustez tiède ou chaud avec un thé à la menthe.

DORÉS ET CROUSTILLANTS, ILS FONDENT SOUS LA DENT

À voir comme à manger, ils sont irrésistibles et on peut les préparer avec les fruits les plus divers. Et, cuits dans de bonnes conditions, ils ne risquent pas d'être trop gras. C'est en effet la chaleur du bain dans lequel on les fait frire qui détermine la quantité de graisse absorbée par la pâte. Et d'ailleurs, rien n'est plus facile que d'éponger l'excédent de graisse en égouttant les beignets sur du papier absorbant.

CONSEILS PRATIQUES POUR RÉUSSIR LA PÂTE

- Remplacez éventuellement la bière par de l'eau minérale gazeuse.
- Laissez lever la pâte pendant 30 min avant d'y incorporer les blancs en neige. La farine aura ainsi le temps de développer son gluten et la pâte sera plus « aérée ».
- Préparez alors les beignets sans attendre, pour que la pâte reste bien homogène et adhère parfaitement aux fruits.

CONSEILS PRATIQUES POUR LA CUISSON

Huile ou graisse végétale ? C'est une question de goût. En tout cas pas de beurre, qui n'atteindrait pas la température nécessaire. Faites frire à 180 °C environ, température qu'il est facile de régler si vous disposez d'une friteuse électrique. Dans une friteuse ordinaire, il faudra contrôler la chaleur du bain avec un thermomètre spécial ou, à défaut, en y plongeant le manche d'une cuillère en bois, autour duquel l'huile à bonne température formera aussitôt des bulles.

Attention : ne faites jamais frire trop de beignets à la fois, cela risquerait de refroidir l'huile. Et jusqu'à ce qu'elle atteigne de nouveau la bonne température, la pâte s'en sera complètement imprégné et ne sera plus croustillante.

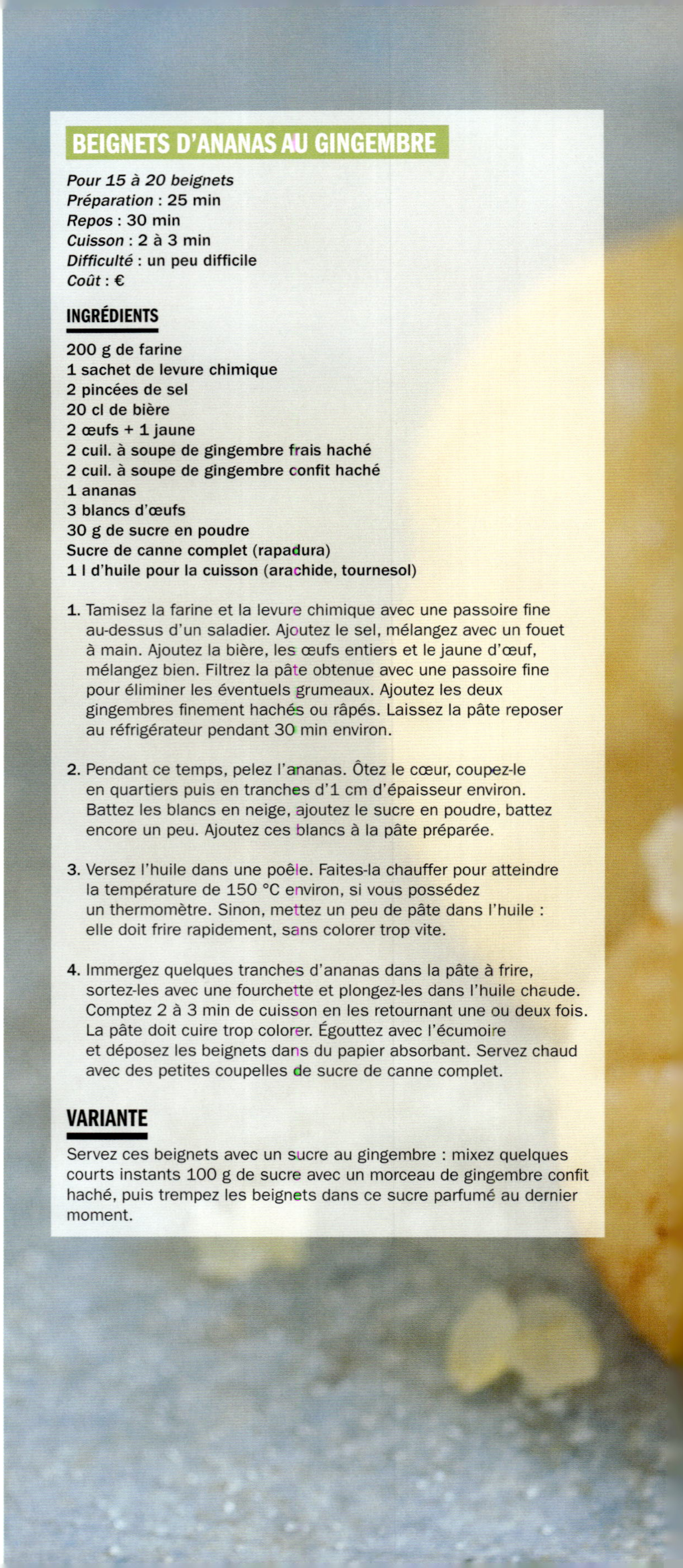

BEIGNETS D'ANANAS AU GINGEMBRE

Pour 15 à 20 beignets
Préparation **: 25 min**
Repos **: 30 min**
Cuisson **: 2 à 3 min**
Difficulté **: un peu difficile**
Coût **: €**

INGRÉDIENTS

200 g de farine
1 sachet de levure chimique
2 pincées de sel
20 cl de bière
2 œufs + 1 jaune
2 cuil. à soupe de gingembre frais haché
2 cuil. à soupe de gingembre confit haché
1 ananas
3 blancs d'œufs
30 g de sucre en poudre
Sucre de canne complet (rapadura)
1 l d'huile pour la cuisson (arachide, tournesol)

1. Tamisez la farine et la levure chimique avec une passoire fine au-dessus d'un saladier. Ajoutez le sel, mélangez avec un fouet à main. Ajoutez la bière, les œufs entiers et le jaune d'œuf, mélangez bien. Filtrez la pâte obtenue avec une passoire fine pour éliminer les éventuels grumeaux. Ajoutez les deux gingembres finement hachés ou râpés. Laissez la pâte reposer au réfrigérateur pendant 30 min environ.

2. Pendant ce temps, pelez l'ananas. Ôtez le cœur, coupez-le en quartiers puis en tranches d'1 cm d'épaisseur environ. Battez les blancs en neige, ajoutez le sucre en poudre, battez encore un peu. Ajoutez ces blancs à la pâte préparée.

3. Versez l'huile dans une poêle. Faites-la chauffer pour atteindre la température de 150 °C environ, si vous possédez un thermomètre. Sinon, mettez un peu de pâte dans l'huile : elle doit frire rapidement, sans colorer trop vite.

4. Immergez quelques tranches d'ananas dans la pâte à frire, sortez-les avec une fourchette et plongez-les dans l'huile chaude. Comptez 2 à 3 min de cuisson en les retournant une ou deux fois. La pâte doit cuire trop colorer. Égouttez avec l'écumoire et déposez les beignets dans du papier absorbant. Servez chaud avec des petites coupelles de sucre de canne complet.

VARIANTE

Servez ces beignets avec un sucre au gingembre : mixez quelques courts instants 100 g de sucre avec un morceau de gingembre confit haché, puis trempez les beignets dans ce sucre parfumé au dernier moment.

POUR NOËL, UNE MAISON EN PAIN D'ÉPICE

Pâtisserie à base de miel, le pain d'épice a une longue histoire. Dans la Grèce antique, il était symbole de longévité et, au Moyen Âge, on le considérait comme un élixir de vie dont on nourrissait les malades. Au siècle dernier encore, c'était du pain d'épice qu'on offrait traditionnellement à l'accoucheuse qui venait de mettre un enfant au monde. De nos jours enfin, il reste de la fête, à Noël, dans bien des pays.

LA MAISON EN PAIN D'ÉPICE

Pour 15 personnes
Préparation : 3 h
Cuisson : 40 min
Repos : 1 h
Coût : €

INGRÉDIENTS

16 œufs
L'équivalent du poids des 16 œufs (environ 1 kg) de beurre salé tempéré + 40 g pour les moules
L'équivalent du poids des 16 œufs (environ 1 kg) de sucre + 20 g pour les moules
4 sachets de sucre vanillé
L'équivalent du poids des 16 œufs (environ 1 kg) de farine
2 sachets de levure chimique

POUR LA GARNITURE ET LE GLAÇAGE

250 g de pâte de spéculos
4 crêpes
2 blancs d'œufs
500 g de sucre glace
12 tranches de pain d'épice
2 boîtes de langues de chat
2 barres de Toblerone
2 plaques de chocolat blanc
Bonbon fil
Sucettes

MATÉRIEL

2 moules rectangulaires
Batteur électrique
Une spatule
Un couteau à pain

1. Préchauffez le four à 180 °C (th. 6). Réalisez 2 gâteaux ; cassez les œufs en séparant les blancs des jaunes. Beurrez et sucrez les moules. Réservez-les au réfrigérateur.

2. Mélanger le beurre avec les sucres au batteur. Incorporez les jaunes d'œufs un à un. Dans un saladier, mélangez la farine et la levure et ajoutez-les à la pâte. Mélangez bien. Montez les blancs en neige et incorporez-les délicatement à la préparation.

3. Remplissez les moules et enfournez pour 40 min. Démoulez immédiatement et laissez refroidir 1 h. Procédez en une ou deux fois selon la taille de votre four.

4. Coupez 2 bandes de taille égale dans chaque gâteau. Tartinez chaque rectangle de pâte de spéculos et empilez- les. Déposez les 2 morceaux de gâteau au sommet et taillez de façon à faire un toit à double pente.

5. Sur un grand plateau, étalez les crêpes et déposez le gâteau dessus. Réalisez le glaçage royal, celui-ci servira à coller tous les éléments de la maison : battez les blancs d'œufs et incorporez le sucre glace.

6. Pour le montage de la maison, référez-vous au pas à pas ci-dessous.

1

Taillez les gâteaux avec un couteau à pain pour former une maison.

2

Coupez les tranches de pain d'épice en quatre. Collez-les à la base de la maison pour faire les briques.

3

Servez-vous des langues de chat pour faire les tuiles, que vous poserez en quinconce, en commençant par le bas du toit.

4

Fixez les barres de Toblerone au sommet du toit. Collez les volets en chocolat blanc. Réalisez un rideau de porte avec les fils en bonbon et plantez des arbres sucettes autour de la maison.

L'ART DIFFICILE DU STRUDEL ENFIN MAÎTRISÉ !

À l'heure de la cuisine – et de la pâtisserie – internationale, tout le monde sait que le strudel est un feuilleté aux pommes. Ce qu'on sait moins, c'est qu'on peut aussi le fourrer de toutes sortes d'autres ingrédients. Cette fine pâtisserie autrichienne a sa petite histoire. Elle fut créée par un pâtissier viennois, Heinrich Wittmann. Ses concurrents comprirent vite qu'ils ne pouvaient rivaliser avec sa dextérité : il préparait en effet cinq strudels absolument parfaits en moins de dix minutes. Son secret : il étalait et amincissait la pâte non pas en l'abaissant au rouleau, mais en l'étirant sur le dos de ses mains, la jetant en l'air jusqu'à ce qu'il ne reste plus qu'une couche diaphane, dont il entourait les farces les plus diverses

RECETTE DE BASE : PÂTE À STRUDEL

Pour 6 à 8 personnes

INGRÉDIENTS

250 g de farine
1 pincée de sel
1 à 2 cuil. à soupe d'huile ou de beurre fondu
2 jaunes d'œufs
12,5 dl env. d'eau tiède huile ou beurre fondu pour badigeonner

1. Tamisez la farine avec le sel dans une terrine.

2. Creusez un trou au milieu et versez-y l'huile ou le beurre fondu, mais refroidi.

3. Ajoutez les jaunes d'œufs et pétrissez au batteur électrique, en mouillant avec juste assez d'eau pour obtenir une pâte souple. Travaillez jusqu'à ce qu'elle se détache de la terrine.

4. Continuez à pétrir la pâte sur une surface de travail farinée, en la soulevant régulièrement pour la jeter contre le plan de travail, jusqu'à ce qu'elle soit lisse et élastique.

5. Rassemblez en boule et badigeonnez d'huile ou de beurre fondu. Couvrez d'aluminium ménager ou, mieux encore, d'un grand bol rincé à l'eau bouillante, et laissez reposer 30 min au moins (l'idéal serait toute une nuit) : la pâte ne peut en aucun cas se dessécher.

COMMENT ÉTIRER LA PÂTE

Il faut pour cela un grand linge ou une nappe… et beaucoup de place ! Posez la boule de pâte au centre de la surface de travail et saupoudrez-la de farine. Divisez en deux portions que vous étirerez séparément. Abaissez d'abord au rouleau et badigeonnez d'huile ou de beurre fondu. Glissez alors les mains farinées sous la pâte et, les paumes tournées vers le plan de travail, étirez-la dans tous les sens jusqu'à ce qu'elle soit presque transparente et recouvre entièrement le linge. Égalisez le contour aux ciseaux et fourrez sans attendre, pour que la pâte ne sèche pas.

1 Strudel au fromage blanc

INGRÉDIENTS

pâte à strudel (ci-contre)
1 kg de fromage blanc maigre
200 g de sucre en poudre
30 g de beurre ramolli
2 œufs
2 jaunes d'œufs
Zeste de citron râpé
50 g de raisins secs
100 g de chapelure pour parsemer le fond
100 g de beurre fondu pour badigeonner
100 g de sucre glace pour saupoudrer

1. Préparez la pâte comme dans la recette de base et laissez-la reposer.

2. Travaillez le sucre, le beurre, les œufs entiers et les jaunes jusqu'à ce que le mélange soit mousseux. Incorporez le zeste de citron ainsi que les raisins secs trempés et soigneusement égouttés.

3. Ajoutez le fromage blanc et amalgamez bien le tout.

4. Étirez la pâte comme indiqué à gauche, badigeonnez toute la surface de beurre fondu et saupoudrez de chapelure.

5. Étalez la farce sur la moitié de la pâte, en laissant un bord vide tout autour.

6. Soulevez le linge du côté recouvert de farce et enroulez la pâte autour de celle-ci.

7. Repliez la pâte des deux côtés et posez le strudel, couture vers le bas, sur une tôle beurrée. Badigeonnez généreusement de beurre fondu et faites cuire 45 à 55 min à 220 °C (th. 7-8).

8. Laissez reposer le strudel 10 min avant de le couper en tranches pour que la farce s'affermisse. Saupoudrez de sucre glace.

2 Strudel tyrolien

INGRÉDIENTS

pâte à strudel (ci-contre)
100 g de beurre fondu
150 g de pain d'épice émietté
150 g d'abricots secs
200 g de figues sèches
250 g de pruneaux
100 g de dés d'écorces d'orange et de citron confites
100 g de poires séchées
50 g de pistaches
100 g de sucre glace pour saupoudrer

1. Préparez et étirez la pâte comme dans la recette de base.

2. Badigeonnez de beurre fondu et parsemez de pain d'épice émietté. Hachez tous les autres ingrédients et parsemez-en la moitié de la pâte.

3. Roulez le strudel, faites cuire et servez comme dans la recette du strudel au fromage blanc.

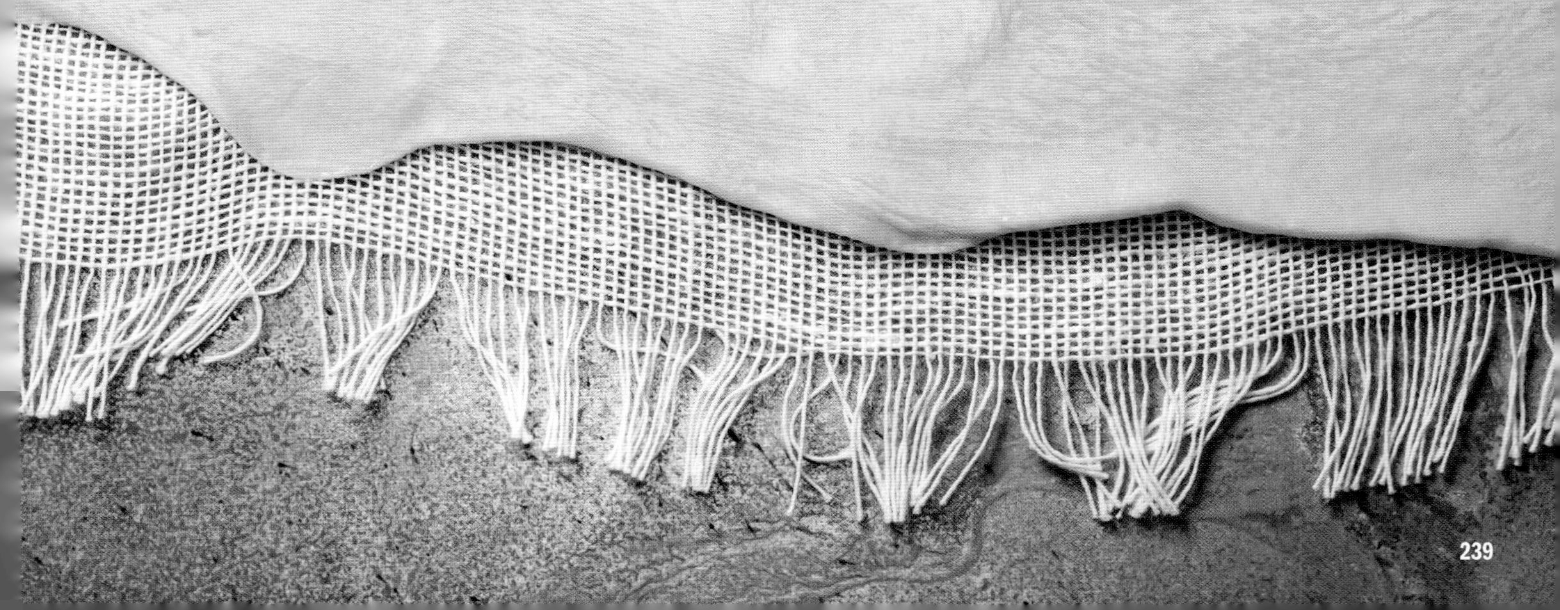

LINZERTORTE

Pour 6 à 8 personnes
Préparation : 30 min
Cuisson : 35 min
Coût : €

POUR LA PÂTE

250 g de farine
60 g de sucre en poudre
60 g de poudre d'amandes
1 cuil. à café de cannelle
1 cuil. à café de mélange quatre-épices
200 g de beurre
4 jaunes d'œufs

POUR LA GARNITURE

250 à 300 g de confiture de framboises (1 pot)
1 jaune d'œuf (pour dorer)
Sucre glace (décor)

1. Préparez la pâte : dans un saladier, mélangez la farine, le sucre en poudre, la poudre d'amandes, la cannelle et le quatre-épices.

2. Creusez un puits au centre et déposez le beurre légèrement ramolli coupé en dés. Malaxez la pâte et ajoutez les jaunes d'œufs un à un. Mélangez jusqu'à ce que la pâte soit bien homogène. Si elle vous semble trop sèche, ajoutez 1 cuil. à soupe d'eau.

3. Étalez la pâte sur une feuille de papier sulfurisé à l'aide d'un rouleau (attention, elle est très friable). Disposez-la dans un moule à tarte avec la feuille de papier sulfurisé. Appuyez avec le bout des doigts pour lui donner la forme du moule. Coupez le surplus de pâte à l'aide d'un couteau et reformez une boule.

4. Préchauffez le four à 180 °C (th. 6).

5. Piquez la pâte à l'aide d'une fourchette et étalez la confiture de framboises. Avec le restant de pâte, coupez des bandes et déposez-les sur la tarte en les faisant se chevaucher pour former des croisillons. À l'aide d'un pinceau, avec du jaune d'œuf, soudez-les aux bords du moule et aux endroits où ils se croisent. Badigeonnez les croisillons avec le restant de jaune d'œuf.

6. Faites cuire la linzertorte pendant 35 min à 180 °C (th. 6) jusqu'à ce que la pâte soit bien dorée. Laissez-la refroidir. Saupoudrez-la de sucre glace juste au moment de servir.

CONSEIL

Si vous avez peur que la tarte soit trop sucrée, utilisez une confiture allégée en sucre.

LA PÂTE À CHOUX

LA PÂTE QUI PASSE À LA CASSEROLE AVANT DE MONTER AU FOUR

On la dit délicate. Lorsqu'elle sort du four, c'est vrai. Délicate, mais tellement tendre, croustillante et légère… Par contre, pour la préparation, pas d'accord ! Il n'y a guère de pâte plus vite faite et qui pose moins de problèmes que la pâte à choux. Elle n'en exige pas moins qu'on fasse preuve d'une rigoureuse exactitude en ce qui concerne les quantités indiquées et la marche à suivre.

RECETTE DE BASE

QUELQUES RÈGLES FONDAMENTALES

– L'eau doit être portée rapidement à ébullition, mais il faut l'éloigner aussitôt du feu pour que l'évaporation ne fausse pas les proportions.
– Les œufs n'ont pas tous la même grosseur : ajoutez-les donc un à un, le dernier sera peut-être de trop. La pâte doit être très brillante et présenter de petites pointes qui ne s'affaissent pas.
– Certaines recettes recommandent d'ajouter de la levure, mais ce n'est pas nécessaire : les œufs seuls font très bien monter la pâte. Si vous décidez toutefois d'en utiliser, il faudra l'ajouter à l'appareil complètement refroidi, pour éviter qu'elle n'entre en action avant que la pâte ne soit au four.

CONSEILS PRATIQUES POUR RÉUSSIR LA PÂTE

1. *Versez la farine en une seule fois dans l'eau en ébullition. Si vous l'ajoutez en pluie, vous risquez les grumeaux.*
2. *Remuez le mélange sans arrêt, à feu moyen, jusqu'à ce qu'il forme une boule et qu'un film blanc recouvre le fond de la casserole.*
3. *Transvasez dans un bol froid avant d'incorporer les œufs, qui risqueraient de coaguler dans la casserole chaude.*

POURQUOI LA PÂTE À CHOUX PASSE D'ABORD À LA CASSEROLE

La farine est délayée dans de l'eau – le rapport farine/eau doit être strictement respecté –, eau qui a été enrichie de beurre. Le tout est cuit pour que l'eau soit entièrement absorbée par le gluten de la farine. Le résultat est un mélange assez épais, qui n'emmagasine pas d'air. C'est ce qui fait la particularité de cette pâte : l'absence d'air l'empêche de devenir poreuse à la cuisson. Les œufs sont ajoutés sans être autrement travaillés que juste assez pour être incorporés. En cours de cuisson, ce sont eux qui feront gonfler la pâte, dont les pores sont ici remplacés par de grosses bulles d'air.

COMMENT MOULER LA PÂTE À CHOUX ?

Elle est de consistance trop molle pour pouvoir être moulée à la main. Vous pouvez :
– former des petits tas à l'aide de deux cuillères et les poser sur la plaque à pâtisserie ;
– dresser des boules, des éclairs ou d'autres formes à la poche garnie d'une douille adéquate.
– Pour faire un fond de gâteau, lissez la pâte sur la plaque à pâtisserie ou sur le fond d'un moule à fond amovible.

CONSEILS PRATIQUES POUR LA CUISSON

1. *Graissez bien la plaque à pâtisserie ou, mieux encore, tapissez-la de papier sulfurisé.*
2. *Espacez suffisamment les tas de pâte : ils doublent, triplent même de volume à la cuisson, et risqueraient de coller les uns aux autres.*
3. *Le four doit être préalablement chauffé. Et surtout, il ne faut en aucun cas ouvrir la porte pendant la première moitié de la cuisson : la pâte a déjà monté mais n'est pas encore assez « solide » pour supporter les courants d'air sans risquer de s'affaisser.*
4. *Si la pâtisserie doit être fourrée, coupez la pâte lorsqu'elle sort du four, alors qu'elle est encore souple. Une fois refroidie – et il faut attendre qu'elle le soit complètement pour la fourrer –, elle pourrait se briser.*

LA CONSERVATION

– La pâte à choux n'aime guère attendre avant de passer au four : elle devient grise et visqueuse, la surface durcit et se craquèle.
– Vous pouvez cependant la surgeler, et sa faible teneur en matière grasse permet de la conserver pendant près d'un an au congélateur. Une fois décongelée, travaillez-la comme la pâte fraîche.
– Comme il faut moins de temps pour préparer la pâte que pour la décongeler, il est préférable de surgeler les pâtisseries cuites, qui seront décongelées en une demi-heure à peine à température ambiante. Pour aller plus vite, vous pouvez aussi les passer rapidement au four chaud.

LES OPÉRATIONS

Préparation : 20 à 25 min
Cuisson : 20 min
Température : 190 °C (th. 6-7)
Pour refroidir : 15 à 20 min

LES INGRÉDIENTS

Pour 12 choux ou
35 à 40 profiteroles
80 g de beurre
1 pincée de sel
1 cuil. à café de sucre en poudre
125 g de farine
4 œufs entiers + 1 jaune

L'OUTILLAGE

– Une casserole
– Une cuiller en bois
– Un grand bol
– Un batteur électrique
– Une poche à pâtisserie munie d'une douille large (au moins 1 cm de diamètre)
– Du papier sulfurisé
– Un pinceau à pâtisserie
– Une plaque à pâtisserie

PRÉPARATION ET CUISSON

1

Dans une casserole, mettez avec le beurre coupé en petits morceaux, le sel, le sucre et 25 cl d'eau.

2

Portez à ébullition, puis ajoutez d'un coup toute la farine.

3

Mélangez rapidement jusqu'à obtention d'une pâte homogène et séchez- la 1 minute sur le feu jusqu'à ce qu'elle se décolle des parois de la casserole.

4

Coupez le feu et ajoutez dans la pâte les œufs entiers, un à un. Mélangez jusqu'à obtention d'une pâte homogène entre chaque ajout. Préchauffez le four à 190 °C (th. 6-7). Remplissez au deux-tiers la poche à pâtisserie. Serrez entre vos mains le haut de la poche et faites tourner la base afin de compresser la pâte. Sur une plaque à pâtisserie garnie de papier sulfurisé, faites des choux de la taille d'une balle de golf ou des tubes de 10 cm de long pour réaliser des éclairs. Badigeonnez-les de jaune d'œuf et enfournez 20 min à 190 °C (th. 6-7).

QUAND PERSONNE NE REGARDE,
ON NE LES MANGE PAS : ON LES DÉVORE !

Les gens bien élevés les mangent, comme il se doit, à la fourchette, mais ils sont bien meilleurs quand on y mord à pleines dents, comme le font les enfants. Ils s'émiettent, la farce coule et on fait des taches, mais c'est la seule façon de savourer pleinement le contraste entre la pâte croustillante et la farce parfumée et fondante.

1 Choux à la crème vanillée

Pour 35 choux
Préparation : 40 min
Cuisson : 30 min
Repos : 2 h
Coût : €

INGRÉDIENTS

1 gousse de vanille
50 cl de lait
3 jaunes d'œufs
60 g de sucre en poudre
15 g de fécule de maïs (Maïzena)

POUR LA PÂTE À CHOUX

25 cl d'eau
100 g de beurre
20 g de sucre en poudre
130 g de farine
4 œufs
1 pincée de sel

POUR LE GLAÇAGE VANILLÉ

100 g de sucre glace
2 cuil. à soupe d'eau
3 gouttes d'extrait de vanille liquide

MATÉRIEL

Robot (facultatif)
Plaque à pâtisserie
Grille
Poche à douille (facultatif)
Pinceau
Papier sulfurisé, film alimentaire

1. Préparez la crème pâtissière à la vanille en suivant la recette page 312.

2. Préparez ensuite la pâte à choux comme indiqué page 245.

3. Laissez les choux refroidir sur la grille. Découpez le haut à l'aide d'un couteau à dents et garnissez- les de crème à la vanille à l'aide d'une petite cuillère.

4. Pour le glaçage, mélangez le sucre, l'eau et l'extrait de vanille. Remuez jusqu'à ce que la consistance soit bien lisse mais pas trop liquide. Badigeonnez les choux au pinceau.

5. Conservez les choux au réfrigérateur (pas plus d'une journée) jusqu'au moment de servir.

Les choux à la crème sont très jolis et encore meilleurs si vous nappez le couvercle d'un glaçage.

GLAÇAGE AU SUCRE

Mélangez 150 g de sucre glace avec 1 cuil. à soupe d'eau, de rhum ou de jus de citron.

GLAÇAGE À L'ABRICOT

Chauffez 4 cuil. à soupe de confiture d'abricots avec 1 cuil. à soupe de sucre et 1 cuil. à soupe d'eau. Étalez au pinceau sur le couvercle des choux sans laisser refroidir.

GLAÇAGE AU CARAMEL

Faites fondre à feu doux, dans une petite casserole, 10 cuil. à soupe de sucre et 4 cuil. à soupe d'eau pour obtenir un caramel blond. Versez à la cuiller sur le couvercle des choux.

2 Choux à la crème au chocolat

Pour 35 choux
Préparation : 40 min
Cuisson : 30 min
Repos : 2 h
Coût : €

INGRÉDIENTS

50 cl de lait
120 g de chocolat noir spécial pâtisserie
3 jaunes d'œufs
60 g de sucre en poudre
15 g de fécule de maïs (Maïzena)

POUR LA PÂTE À CHOUX

25 cl d'eau
100 g de beurre
20 g de sucre en poudre
130 g de farine
4 œufs
1 pincée de sel

POUR LE GLAÇAGE AU CHOCOLAT

150 g de chocolat à 55 % de cacao minimum
15 cl de crème liquide

MATÉRIEL

Robot (facultatif)
Plaque à pâtisserie
Grille
Poche à douille (facultatif)
Pinceau
Papier sulfurisé, film alimentaire

1. Préparez la crème au chocolat : faites bouillir le lait dans une casserole. Hors du feu, ajoutez le chocolat cassé en morceaux et laissez- le fondre. Remuez pour homogénéiser la préparation. Dans un saladier, mélangez les jaunes d'œufs et le sucre. Fouettez la préparation et ajoutez la fécule. Versez le lait petit à petit dans le saladier. Reversez la préparation dans une casserole et faites chauffer jusqu'à ce qu'elle nappe la cuillère.

2. Versez la crème dans un saladier et recouvrez- la de film alimentaire, en le collant bien contre la crème. De cette manière, il ne se formera pas de petite pellicule dessus. Laissez refroidir 2 h au réfrigérateur, le temps que la crème prenne.

3. Préparez la pâte à choux en suivant la recette page 245. Laissez- les refroidir sur la grille. Découpez le haut des choux à l'aide d'un couteau à dents et garnissez- les de crème au chocolat à l'aide d'une petite cuillère.

4. Réalisez le glaçage au chocolat en suivant la recette page 99. Badigeonnez les choux au pinceau puis placez au réfrigérateur jusqu'au moment de servir.

COURONNES, BRETZELS OU ÉCLAIRS – DES PÂTISSERIES EXQUISES ET FONDANTES

Avec une poche à douille, vous pouvez donner à la pâte à choux la forme que vous voulez. Suivant la douille choisie, vous préparerez ainsi des petits fours, des garnitures diverses ou des gâteaux pour le dessert.

TOUT UN CHOIX DE FORMES

La pâte à choux, préparée comme dans la recette des couronnes aux amandes, sert à confectionner, à l'aide de la poche à douille, des pâtisseries très variées. Voici quelques suggestions :

Bretzels

Utilisez une douille en étoile de moyenne dimension, dressez des bretzels sur la plaque à pâtisserie et saupoudrez de sucre en grains.

Éléments de décor

Pour décorer gâteaux et desserts. Servez-vous de la poche munie d'une douille unie ou d'un petit cornet en papier sulfurisé. Ne faites pas cuire plus de 5 à 10 min.

Profiteroles

Utilisez une petite douille unie pour dresser des noisettes de pâte sur la tôle beurrée. Ne faites pas cuire plus de 5 min. Vous pouvez fourrer les profiteroles de crème sucrée ou salée.

Éclairs

Avec une douille en étoile de moyenne dimension, dressez des languettes de pâte rectilignes ou en zigzag, de 10 cm de long. Faites cuire 10 min.

Demi-lunes

Prélevez la pâte avec une cuillère à café et faites-la tomber du bout du doigt sur la tôle : elle s'étalera légèrement en demi-lunes, que vous ferez cuire 10 min et que vous servirez, saupoudrées de sucre, avec le thé, ou, roulées dans du sel aromatisé, avec une coupe de champagne.

Couronne étoilée

Dressez des petits tas de pâte en couronne à l'aide d'une douille en étoile. Faites cuire 20 min.

Cous de cygne

Des points d'interrogation sans point, dressés avec une petite douille en étoile et cuits 10 min.

CHOUQUETTES AU SUCRE

Pour 50 chouquettes
Préparation : 20 min
Cuisson : 20 à 25 min
Coût : €

INGRÉDIENTS

25 cl d'eau
20 g de sucre en poudre
100 g de beurre
150 g de farine
4 œufs
50 g de grains de sucre
1 œuf (pour la dorure)

1. Dans une casserole, mettez l'eau, le sucre et le beurre. À ébullition, ôtez la casserole du feu. Ajoutez la farine d'un seul coup et travaillez bien la pâte pour la « mettre en boule » (il ne faut plus que la pâte colle aux parois de la casserole).

2. Hors du feu toujours, ajoutez les œufs battus en omelette un à un. Incorporez bien chaque œuf à la pâte avant d'ajouter le suivant.

3. Préchauffez le four à 180 °C (th. 6).

4. Façonnez des petits tas de pâte à l'aide de 2 petites cuillères. Badigeonnez les choux d'œuf battu à l'aide d'un pinceau.

5. Mettez des grains de sucre sur les choux. Il faut les enfoncer légèrement dans la pâte pour qu'ils tiennent bien.

6. Enfournez les chouquettes 20 à 25 min. N'ouvrez surtout pas la porte du four pendant la cuisson, sinon elles risquent de retomber ! Elles doivent être bien dorées. Laissez-les refroidir sur une grille.

DE LA POCHE À DOUILLE À LA GRANDE FRITURE

La pâte à choux, elle aussi, sert à préparer des pâtisseries frites à la grande friture, dans laquelle elles prennent très vite une belle couleur dorée – comme nous, au soleil. Et croustillantes à souhait – ce que nous ne souhaitons pas nécessairement… En Espagne, où les pâtisseries frites et le soleil sont de toutes les fêtes, on accorde une nette préférence aux premières. Ah, ces churros odorants qu'on vous sert là-bas au petit déjeuner… ils sentent bon les vacances !

CHURROS NATURE AU SUCRE

Pour 3 à 4 personnes
Préparation : 15 min
Cuisson : 1 à 2 min
Coût : €

INGRÉDIENTS

24 cl de lait
30 g de sucre en poudre
200 g de farine
Sucre en poudre
1 l d'huile pour la cuisson (arachide, tournesol)

MATÉRIEL

Passoire fine
Appareil à churros ou poche à pâtisserie munie d'une douille à churros

1. Versez le lait dans une casserole et faites-le chauffer à feu moyen. Quand le lait est frémissant et qu'il commence juste à monter, sortez la casserole du feu. Ajoutez le sucre, mélangez bien avec un fouet pour le faire fondre parfaitement. Couvrez, mettez de côté.
2. Sans attendre, tamisez la farine avec une passoire fine au-dessus d'un saladier. Il faut éliminer tous les éventuels amas de farine qui pourraient ensuite former des grumeaux risquant d'obstruer l'appareil à churros. Faites frémir à nouveau le lait sucré et versez-le brûlant sur la farine.
3. À l'aide d'un fouet solide ou d'une cuillère en bois, mélangez aussitôt et vigoureusement afin d'obtenir une pâte très ferme et assez collante. Remplissez l'appareil à churros avec la pâte encore chaude. Faites chauffer l'huile dans une poêle (environ 160 à 165 °C, si vous avez un thermomètre).
4. Actionnez la vis de l'appareil à churros. Quand les churros mesurent 15 cm environ, détachez-les avec un couteau. Comptez 1 à 2 min de cuisson en les retournant. Égouttez- les avec une écumoire et déposez-les sur du papier absorbant. Saupoudrez-les de sucre et dégustez sans attendre.

CONSEILS PRATIQUES POUR LA CUISSON À LA FRITURE

– Choisissez une huile ou une graisse végétale supportant les hautes températures. Dans certaines régions, on se sert de saindoux, en Italie et en Espagne, d'huile d'olive, dont le goût prononcé donne une saveur toute particulière aux pâtisseries qu'on y frit.
– Pour que le bain de friture reste à la bonne température, ne cuisez que peu de pâte à la fois.
– Retirez les pâtisseries frites à l'écumoire, égouttez-les soigneusement et épongez-les sur une double couche de papier absorbant.

PETS-DE-NONNE

Pour 35 pets-de-nonne
Préparation : 20 min
Cuisson : 5 à 6 min
Coût : €

INGRÉDIENTS

25 cl d'eau
100 g de beurre
20 g de sucre en poudre
1 pincée de sel
4 œufs
130 g de farine
Huile de friture
Sucre glace

1. Faites chauffer l'eau, le beurre, le sucre en poudre et le sel dans une casserole. Portez à ébullition. Hors du feu, ajoutez la farine d'un seul coup. Travaillez bien la pâte pour la « mettre en boule ». Il ne faut plus que la pâte colle aux parois de la casserole.

2. Versez la pâte dans un saladier ou dans le bol de votre robot. Ajoutez un à un les œufs battus en omelette. Incorporez bien chaque œuf à la pâte avant d'ajouter le suivant. La pâte doit devenir bien lisse.

3. Faites chauffer l'huile de friture dans une casserole ou dans une friteuse. Versez la pâte dans une poche à douille et faites-en tomber des petits tas dans l'huile bouillante. Vous pouvez aussi façonner ces petites boules de pâte à l'aide de deux cuillères à café.

4. Laissez cuire les pets-de-nonne pendant 5 à 6 min. Ils se retourneront tout seuls dans l'huile. Lorsqu'ils sont bien dorés, sortez-les à l'aide d'une écumoire et déposez-les sur du papier absorbant.

5. Saupoudrez les pets-de-nonne de sucre glace et servez-les encore tièdes.

VARIANTE

En plus du sucre glace, vous pouvez saupoudrer les pets-de-nonne d'un peu de cannelle.

SAINT-HONORÉ ET LE GÂTEAU DU MÊME NOM À L'HONNEUR

Si le bon saint n'a vraiment rien à voir avec ce délicieux gâteau, il n'en reste pas moins un des chefs-d'œuvre de la grande pâtisserie française. Léger et somptueux, il porte le nom de la rue – Saint-Honoré – où était autrefois installé le pâtissier qui l'a créé. Rien ne vous empêche de suivre ses traces, il suffit d'un peu d'habileté.

SAINT-HONORÉ

Pour 6 personnes
***Préparation* : 1 h**
***Cuisson* : 1 h**
***Coût* : €**

INGRÉDIENTS

1 pâte feuilletée (page 211)

POUR LA CRÈME CHIBOUST

2 feuilles de gélatine
250 g de lait
½ gousse de vanille
4 jaunes d'œufs
50 g de sucre en poudre
25 g de farine
125 g de sucre
4 cl d'eau
4 blancs d'œufs

POUR LA PÂTE À CHOUX

10 cl de lait
10 cl d'eau
90 g de beurre
10 g de sucre
1 cuil. à café de sel
110 g de farine
4 œufs

POUR LE CARAMEL

200 g de sucre en poudre
60 g d'eau
Jus de citron

MATÉRIEL

Sonde de cuisson
Batteur électrique
Poche munie d'une douille lisse de 8-10 mm
Poche munie d'une douille à Saint-Honoré
Robot

1. Préparez la crème chiboust comme indiqué page 316.

2. Préparez la pâte à choux en mettant à bouillir le lait, l'eau, le beurre, le sucre et le sel. Versez en une seule fois toute la farine et mélangez avec une cuillère en bois jusqu'à ce que la pâte se détache des parois de la casserole. Séchez la pâte encore quelques minutes puis transvasez-la dans le bol de votre robot. Incorporez les 3 premiers œufs un à un en battant. Battez le quatrième œuf et incorporez-le petit à petit jusqu'à obtenir la bonne consistance (pâte souple et homogène, légèrement collante mais pas liquide).

3. Recouvrez une plaque de papier cuisson. Mettez la pâte à choux dans une poche munie d'une douille lisse de 8 à 10 mm et pochez-en les trois quarts en choux ronds d'environ 3 cm sur la plaque. Enfournez à 180 °C (th. 6) pendant environ 30 min.

4. Pendant ce temps, préparez une deuxième plaque recouverte de papier cuisson et étalez-y la pâte feuilletée. Piquez la pâte puis pochez le reste de pâte à choux sur tout le pourtour de la pâte feuilletée. Enfournez pour 20 min à 180 °C (th. 6).

5. Mettez la moitié de la crème chiboust dans une poche munie d'une douille à garnir et remplissez les choux ronds.

6. Préparez un caramel : réunissez dans une casserole le sucre, l'eau, 1 goutte de jus de citron. Portez à ébullition jusqu'à une belle couleur ambrée. Réservez au chaud.

7. Trempez le dessus des choux ronds dans le caramel puis déposez-les (caramel vers le bas) sur un tapis en silicone et laissez durcir. Lorsque le caramel a pris, trempez le dessous des choux dans le caramel et collez-les sur le pourtour de la pâte feuilletée, sur le ruban de pâte à choux.

8. Mettez le reste de crème chiboust dans une poche munie d'une douille à St Honoré et remplissez le centre du gâteau de crème. Décorez de fils de caramel et réservez au frais.

CONSEIL

Vous pouvez réaliser les choux ainsi que le fond du gâteau (pâte feuilletée + pourtour en choux) la veille. Il ne restera ensuite plus qu'à réaliser la crème et le caramel pour garnir le St Honoré.

ATTENTION

Ce qui est vrai pour toutes les pâtisseries en pâte à choux l'est aussi pour le Saint-Honoré : c'est tout frais qu'il est le meilleur. La crème, en effet, a tôt fait de détremper la pâte délicate et le caramel ramollit vite, lui aussi. Vous pouvez préparer les différents éléments du gâteau à l'avance, mais il n'est à confectionner qu'au dernier moment. Pour le servir, faut-il le dire, sans attendre.

LE CROQUEMBOUCHE : UNE MERVEILLEUSE SURPRISE

Le croquembouche – et c'est bien vrai qu'il croque en bouche – est une pièce de pâtisserie classique pour les mariages et autres grandes réunions. Il est fait d'une pyramide de profiteroles fourrées de crème pâtissière ou de crème fouettée et nappées de caramel. La pièce montée elle-même est entourée de fils de caramel formant une sorte de toile d'araignée. Pour la pyramide, aucun problème technique. Le tissage du caramel, par contre, demande plus de savoir-faire, et il n'est pas évident que vous réussissiez du premier coup un croquembouche qui ressemble à celui de la photo. Et gare aux doigts, le caramel est brûlant !

LA CUISSON DU SUCRE

Le sucre doit être cuit dans une casserole à fond épais, en matériau bon conducteur. Les confiseurs utilisent des casseroles en cuivre ou en acier inoxydable à triple fond, où une couche de cuivre est prise en sandwich entre deux fonds. Le sucre est d'abord dissous dans l'eau, puis chauffé jusqu'à ce que cette eau se soit entièrement évaporée. Il faut ensuite bien surveiller les opérations, le caramel se fait très vite. Il passe rapidement de l'état de sirop visqueux et transparent aux différents stades de concentration et de coloration. Au stade final – qu'on n'attendra pas, faut-il le dire – il se carbonise. Éloignez la casserole du feu dès qu'il est couleur d'ambre rouge. Laissez refroidir un moment, mais sans attendre que le caramel se solidifie : il doit être tout juste visqueux. Il faut travailler tout à côté du croquembouche et très vite : les fils se figent presque instantanément. Trempez une fourchette dans le caramel, retirez-la en la montant très haut et enroulez les fils qui se forment autour de la pyramide.

CROQUEMBOUCHE

INGRÉDIENTS

Pâte à choux (page 245)
Pâte sablée (page 121)
5 dl de crème
1 sachet de sucre vanillé
1 cuil. à soupe de sucre en poudre

POUR LE CARAMEL

150 g de sucre
4 cuil. à soupe d'eau

1. Préparez des profiteroles de la grosseur d'une noix.
2. Faites cuire un fond de pâte sablée de 22 cm de diamètre et laissez-le refroidir.
3. Fouettez la crème, ajoutez le sucre vanillé et le sucre. Fourrez les profiteroles.
4. Préparez un caramel blond avec le sucre et l'eau, plongez-y à demi les profiteroles fourrées et collez-les sur le fond de tarte, puis les unes sur les autres, pour former une pyramide.
5. Remettez le caramel sur le feu et faites-lui prendre un peu plus vivement couleur. Avec une fourchette, formez des fils et nappez la pyramide, qui doit être recouverte d'un fin entrelacs.

ÉCLAIRS À LA VANILLE

Pour 20 éclairs
Préparation : 1 h
Cuisson : 25 min
Repos : 2 h (pour la crème pâtissière)
Coût : €

INGRÉDIENTS

Pour la pâte à choux
25 cl d'eau
20 g de sucre en poudre
100 g de beurre
4 œufs
150 g de farine
1 œuf (pour la dorure)

POUR LA GARNITURE

Crème pâtissière à la vanille (page 312)

POUR LE GLAÇAGE VANILLÉ

100 g de sucre glace
2 cuil. à soupe d'eau
3 gouttes d'extrait de vanille liquide

MATÉRIEL

1 poche à douille
Plaque de four
Papier sulfurisé

1. Commencez par préparer la crème pâtissière à la vanille en suivant la recette de la page 312.

2. Préparez ensuite la pâte à choux : préchauffez le four à 180 °C (th. 6). Dans une casserole, mettez l'eau, le sucre et le beurre. À ébullition, ôtez la casserole du feu. Ajoutez la farine d'un seul coup et travaillez bien la pâte, pour la « mettre en boule » (il ne faut plus que la pâte colle aux parois de la casserole).

3. Hors du feu toujours, ajoutez les œufs battus en omelette un à un. Incorporez bien chaque œuf à la pâte avant d'ajouter le suivant. Lorsque la pâte est bien lisse, versez-la dans une poche à douille ou dans un sachet congélation. Façonnez des boudins de pâte d'environ 10 cm de long sur une plaque de four recouverte de papier sulfurisé. À l'aide d'un pinceau, badigeonnez les éclairs avec de l'œuf battu.

4. Enfournez les éclairs pendant 25 à 30 min à 180 °C (th. 6) jusqu'à ce qu'ils soient bien dorés. Laissez-les refroidir sur une grille.

5. Fourrez les éclairs de crème pâtissière à l'aide d'une poche à douille, en faisant 3 petits trous sous les éclairs.

6. Mélangez le sucre glace avec quelques gouttes d'eau et l'extrait de vanille. Remuez jusqu'à ce que la consistance soit bien lisse mais pas trop liquide. Badigeonnez les éclairs à l'aide d'un pinceau. Conservez les éclairs au réfrigérateur jusqu'au moment de servir.

RELIGIEUSES AU CHOCOLAT

Pour 8 personnes
Préparation : 1 h 30
Repos : 2 h
Cuisson : 25-30 min
Coût : €

INGRÉDIENTS

25 cl d'eau
20 g de sucre en poudre
100 g de beurre
150 g de farine
4 œufs

POUR LA CRÈME PÂTISSIÈRE AU CHOCOLAT

50 cl de lait
120 g de chocolat
4 jaunes d'œufs
60 g de sucre en poudre
20 g de Maïzena (fécule de maïs)
1 gousse de vanille

POUR LE GLAÇAGE

120 g de bon chocolat à pâtisser
3 cuil. à soupe de lait
Crème au beurre (page 309)

MATÉRIEL

Poche à douille

1. Préparez la crème pâtissière au chocolat : faites bouillir le lait dans une casserole. Hors du feu, ajoutez le chocolat en morceaux et laissez-le fondre. Remuez.
2. Dans un saladier, mélangez les jaunes d'œufs et le sucre. Fouettez cette préparation et ajoutez la Maïzena. Versez petit à petit le lait chocolaté dans le saladier. Reversez la préparation dans une casserole et faites chauffer jusqu'à ce qu'elle nappe la cuillère.
3. Versez la crème dans un saladier et recouvrez-la de film alimentaire en le collant bien contre la crème. Laissez refroidir 2 h au frais.
4. Préparez la pâte à choux : préchauffez le four à 180 °C (th. 6). Dans une casserole, mettez l'eau, le sucre et le beurre. À ébullition, ôtez la casserole du feu. Ajoutez la farine d'un seul coup et travaillez bien la pâte pour la « mettre en boule » (il ne faut plus que la pâte colle aux parois de la casserole).
5. Hors du feu toujours, ajoutez les œufs battus en omelette un à un. Incorporez bien chaque œuf à la pâte avant d'ajouter le suivant. Faites des petits tas de pâte à l'aide de petites cuillères, et d'autres tas plus grands avec des cuillères à soupe.
6. Enfournez les choux 25 à 30 min jusqu'à ce qu'ils soient bien dorés. Laissez-les refroidir sur une grille. Fourrez-les avec la crème pâtissière au chocolat à l'aide d'une poche à douille.
7. Faites fondre le chocolat au bain-marie avec le lait. Trempez un gros chou dans le chocolat, puis posez un petit chou par-dessus pour les souder entre eux. Versez la crème au beurre dans une poche à douille cannelée et décorez les religieuses.

PROFITEROLES

Pour 8 personnes
Préparation : 30 min
Cuisson : 20 à 25 min
Congélation : 2 h
Coût : €

INGRÉDIENTS

25 cl d'eau
20 g de sucre en poudre
100 g de beurre
150 g de farine
4 œufs
1 l de glace à la vanille

POUR LE COULIS AU CHOCOLAT

200 g de chocolat noir à 55 % de cacao minimum
10 cl de lait
15 cl de crème liquide
20 g de beurre

1. Préparez la pâte à choux : préchauffez le four à 180 °C (th. 6). Dans une casserole, mettez l'eau, le sucre et le beurre. À ébullition, ôtez la casserole du feu. Ajoutez la farine d'un seul coup et travaillez bien la pâte, pour la « mettre en boule » (il ne faut plus que la pâte colle aux parois de la casserole).

2. Hors du feu toujours, ajoutez les œufs battus en omelette un à un. Incorporez bien chaque œuf à la pâte avant d'ajouter le suivant. Façonnez des petits tas de pâte à l'aide de petites cuillères.

3. Enfournez les choux pendant 20 à 25 min jusqu'à ce qu'ils soient bien dorés. Laissez-les refroidir sur une grille.

4. Coupez les choux en deux et garnissez-les de glace à la vanille. Disposez les choux au fur et à mesure sur une assiette et mettez-les au congélateur pendant au moins 2 h.

5. Préparez le coulis au chocolat : concassez le chocolat en grosses pépites à l'aide d'un couteau. Faites bouillir le lait et la crème liquide. Versez ce mélange sur le chocolat et remuez jusqu'à obtenir une crème bien lisse. Ajoutez le beurre lorsque le chocolat est fondu. Au moment de servir, nappez les choux avec ce coulis.

VARIANTE

Pour des profiteroles originales, remplacez la glace à la vanille par de la glace au chocolat ou un sorbet aux framboises, par exemple.

PARIS-BREST

Pour 8 à 10 personnes
Préparation : 1 h
Cuisson : 40 min
Repos : 3 h
Réfrigération : 2 h
Coût : €

INGRÉDIENTS

7 jaunes d'œufs
100 g de sucre en poudre
50 g de Maïzena
1 l de lait
120 g de praliné (en pot, au rayon pâtisserie des grandes surfaces)
200 g de beurre mou

POUR LA PÂTE À CHOUX

25 cl d'eau
20 g de sucre en poudre
100 g de beurre
150 g de farine
4 œufs
1 œuf (pour dorer) + amandes effilées

1. Commencez par préparer la crème au praliné : dans un saladier, fouettez les jaunes d'œufs et le sucre en poudre, jusqu'à ce que le mélange blanchisse et double de volume. Ajoutez ensuite la Maïzena et fouettez.
2. Dans une casserole, portez le lait à ébullition et versez-le sur les œufs dans le saladier, sans cesser de fouetter. Reversez la préparation dans la casserole et fouettez pendant au moins 3 min lorsque le mélange bout. Lorsque la crème est devenue bien épaisse, retirez-la du feu. Ajoutez le praliné et remuez. Versez la crème pâtissière dans un saladier et ajoutez 100 g de beurre mou coupé en petits morceaux. Remuez. Recouvrez le saladier de film alimentaire en le collant sur la crème pâtissière, pour éviter qu'une petite pellicule se forme sur le dessus de la crème. Laissez totalement refroidir (au moins 3 h).
3. Pendant ce temps, préparez la pâte à choux : dans une casserole, versez l'eau, le sucre et le beurre coupé en petits morceaux. Portez le tout à ébullition. Hors du feu, ajoutez la farine d'un seul coup et remuez vivement, jusqu'à ce que la pâte se détache des parois de la casserole. Versez la pâte dans un saladier (ou dans le bol de votre robot). Ajoutez un à un les œufs préalablement battus. Attendez que chaque œuf soit bien incorporé avant d'ajouter le suivant. Remuez énergiquement jusqu'à ce que la pâte soit bien lisse.
4. Préchauffez le four à 180 °C (th. 6). Versez la pâte dans une poche à douille. Sur une feuille de papier sulfurisé, dessinez un grand cercle au crayon de papier. Retournez la feuille et avec la poche à douille, formez un gros boudin de pâte à choux tout autour du cercle. Lorsque le premier cercle est formé, formez-en un second à l'intérieur, collé au premier. Lorsque les deux premiers boudins sont formés, faites-en un troisième au-dessus, de manière à obtenir 3 boudins distincts. Badigeonnez la couronne de pâte à choux d'un peu d'œuf battu à l'aide d'un pinceau, et parsemez-la d'amandes effilées.
5. Enfournez la couronne de pâte à choux dans le four bien chaud à 180 °C (th. 6) et laissez-la cuire pendant 30 à 40 min. La pâte doit être bien dorée. Si elle vous semble trop claire, prolongez la cuisson de quelques minutes supplémentaires. Sortez la couronne du four et laissez-la refroidir sur une grille.
6. Lorsque la couronne de pâte à choux est froide, coupez-la en deux dans le sens de l'épaisseur. Déposez-la sur le plat de service.
7. Dans un saladier, fouettez les 100 g de beurre restant à la cuillère en bois pour obtenir une pommade. Ajoutez la crème pâtissière en trois fois dans le saladier, en mélangeant bien entre chaque ajout. Versez le mélange obtenu dans une poche à douille et remplissez de crème la base de la couronne. Posez l'autre moitié par-dessus. Laissez reposer le paris-brest pendant 2 h au réfrigérateur. Au moment de servir, saupoudrez-le de sucre glace.

LES DOUCEURS QUI VIENNENT DU FROID

LES DÉLICES QUI NOUS FONT FONDRE DE PLAISIR

Les Chinois les connaissaient trois mille ans avant l'ère chrétienne. Hippocrate, lui, considérait la glace comme un remède qui, disait-il, « tonifiait les humeurs et favorisait le bien-être général ». Et Néron faisait servir à ses hôtes des purées de fruits mélangées à de la neige… qu'apportaient des coureurs de relais ! La mode des glaces n'a jamais passé, mais il faut bien dire que nous avons aujourd'hui moins de mérite à les préparer que nos ancêtres…

IL Y A GLACE ET GLACE

La législation alimentaire décrit très exactement les différentes préparations ainsi que le nom qu'on est autorisé à leur donner. Ce sont les mêmes que pour les glaces maison. Il y a les sorbets, à base de fruits, de vin ou de sirops aromatisés ; les glaces aux fruits, qui sont des purées additionnées de crème ; les parfaits, riches en œufs et en crème. Toutes ces préparations, mises telles quelles au froid, durcissent sous forme de petits cristaux, peu agréables pour le palais. Les remuer à la main est long et fastidieux, mais on trouve aujourd'hui dans le commerce des sorbetières électriques à placer dans le congélateur ou équipées de leur propre système de refroidissement.

LES SORBETS

Ils sont légers, rafraîchissants… et très à la mode. On les prépare avec des jus ou des purées de fruits, des vins fruités (sauternes ou gewurztraminer, par exemple), des sirops aromatisés à l'alcool, etc. Comme les sorbets sont très aqueux, il faut les préparer dans une sorbetière, pour éviter la formation de cristaux qui les empêcheraient de devenir onctueux.

À défaut de sorbetière, congelez les fruits lavés et parés en une seule couche (sur une plaque, par exemple), les sirops dans le bac à glaçons, de manière à obtenir des cubes. Passez fruits ou cubes, à l'état congelé, au mixer, avec un peu de sirop de sucre dans le cas des fruits. Vous obtenez une « neige » crémeuse, qu'il faut servir sans attendre.

LES PARFAITS

Ici, on ne risque pas les cristaux : la teneur en matières grasses (crème, jaunes d'œufs) et, éventuellement, en alcool de l'appareil de base empêche leur formation. Il suffit donc de les mettre au congélateur en temps voulu. Ils peuvent être présentés sous forme de bombes glacées, qu'on démoule juste avant de servir. Le même appareil sert à la préparation des soufflés glacés, ce n'est qu'une question de présentation. Chemisez le ou les moules à soufflé d'une manchette de papier parchemin ou d'aluminium ménager, dépassant de trois à quatre centimètres. Moulez l'appareil à glacer jusqu'au bord du papier et laissez prendre au congélateur. Le parfait n'est pas difficile à préparer, mais il demande un peu de temps. Et il présente un avantage : il ne faut pas de sorbetière. Une chose est importante : les jaunes d'œufs doivent être cuits, puis refroidis, avant l'adjonction de crème et, le cas échéant, d'alcool. À noter que c'est avec l'appareil à parfait qu'on prépare les biscuits glacés.

LES CRÈMES GLACÉES

L'industrie alimentaire nous propose des glaces de tous les parfums et de toutes les couleurs. Cela va de la crème glacée du pâtissier-confiseur réputé aux glaces colorées et aromatisées artificiellement. Dans la sorbetière, il n'est pas sorcier de confectionner chez soi de délicieux desserts glacés. Avec du lait, de la crème et des jaunes d'œufs, on prépare une crème anglaise (page 312). Elle doit épaissir à petit feu sans atteindre le point d'ébullition. Cette crème est alors aromatisée selon le parfum choisi, au chocolat par exemple, puis refroidie et glacée dans une sorbetière.

LES SORBETIÈRES

Il existe différents modèles, plus ou moins sophistiqués et plus ou moins chers. Le modèle le plus courant est électrique et se place au congélateur : des palettes tournent aussi longtemps que la glace n'a pas la consistance voulue, puis s'arrêtent automatiquement. Il existe aussi des turbines à glace, qui ressemblent à celles des professionnels et sont équipées de leur propre système réfrigérant.

LES OPÉRATIONS

Préparation : 40 min
Congélation : 4 à 5 h
Décoration : 30 min

LES INGRÉDIENTS

5 jaunes d'œufs
200 g de sucre glace
Le zeste et le jus de 2 oranges non traitées
75 cl de crème
7 cuil. à soupe de liqueur à l'orange
1 fond de biscuit (page 65)
25 cl de crème pour décorer
1 à 2 cuil. à soupe de sucre glace

L'OUTILLAGE

– Un bol
– Une casserole
– Un batteur électrique
– Une râpe fine
– Une spatule
– Un petit couteau
– Un grand couteau
– Un moule à fond amovible de 22 à 24 cm de diamètre
– Une poche à douille en étoile

PRÉPARATION DE L'APPAREIL À PARFAIT ET DU BISCUIT GLACÉ

1

Pesez et mesurez les ingrédients, que vous tiendrez à portée de main.

2

Mettez les jaunes d'œufs dans un grand bol (en métal de préférence).

3

Ajoutez le sucre glace.

4

Fouettez dans un bain-marie jusqu'à ce que le mélange s'épaississe.

5

Retirez du bain-marie en continuant à fouetter.

6

Râpez finement le zeste de deux oranges non traitées et fouettez la crème.

7

Ajoutez-la au parfait avec 3 cuil. à soupe de liqueur à l'orange et le zeste râpé.

8

Coupez le fond de biscuit en deux à l'aide d'un grand couteau.

9

Imbibez une moitié de liqueur et de jus d'orange dans un moule.

10

Versez la crème dessus et lissez à la spatule.

11

Posez la deuxième moitié en appuyant délicatement.

12

Arrosez du reste de liqueur et de jus d'orange et mettez 4 à 5 h au congélateur.

13

À l'aide d'un petit couteau, détachez le biscuit glacé du moule et posez-le sur un plat.

14

Fouettez et sucrez la crème pour le décor.

15

Tartinez tout le biscuit de crème fouettée et décorez le dessus de rosettes.

PARFAIT AU CHOCOLAT

Pour 6 personnes
Préparation : 20 min
Repos : 2 h
Congélation : 6 h
Coût : €

INGRÉDIENTS

4 jaunes d'œufs
75 g de sucre en poudre
40 cl de lait entier
200 g de chocolat noir à 55 % de cacao minimum
15 cl de crème liquide

MATÉRIEL

Maryse
Batteur électrique
6 ramequins
Film alimentaire

1. Préparez la crème anglaise. Dans un saladier, fouettez les jaunes d'œufs avec le sucre en poudre jusqu'à ce que le mélange blanchisse et forme un ruban.

2. Faites bouillir le lait dans une casserole, puis versez-le sur les œufs sans cesser de fouetter. Reversez le mélange dans la casserole et faites chauffer à feu doux, sans cesser de remuer. Lorsque la crème nappe le dos de la cuillère, ôtez du feu et laissez tiédir.

3. Faites fondre le chocolat cassé en morceaux au bain-marie (dans un saladier placé au-dessus d'une casserole d'eau frémissante). Remuez bien à la maryse pour le lisser. Mélangez le chocolat fondu à la crème anglaise tiède. Fouettez jusqu'à ce que le mélange soit bien lisse. Laissez refroidir à température ambiante pendant 2 h.

4. Dans un saladier, montez la crème liquide bien froide en chantilly à l'aide du batteur électrique et incorporez-la à la crème au chocolat. Versez la préparation dans les ramequins préalablement tapissés de film alimentaire. Placez au congélateur pendant au moins 6 h.

CONSEIL

Sortez les parfaits du congélateur 10 min avant de les servir, enlevez le film alimentaire et décorez avec des fruits frais et des copeaux de chocolat.

GLACÉS, OUI, MAIS ILS FONDENT DANS LA BOUCHE

Sept façons d'interpréter la recette de base du biscuit glacé à l'orange, page 271. Et chaque fois, un nouveau petit chef-d'œuvre. Pourtant, rien n'est plus simple : contentez-vous de supprimer la liqueur, le zeste et le jus d'orange dans l'appareil à parfait, et d'y ajouter des éléments divers. Sortez le biscuit une heure à l'avance du congélateur et laissez-le en attente dans le réfrigérateur. Il suffira alors d'une dizaine de minutes à température ambiante pour que sa consistance soit parfaite.

1 Biscuit glacé à la meringue et au chocolat

Amalgamez à l'appareil à parfait (page 271) 200 g de copeaux de chocolat et 100 g de meringue émiettée. Parfumez avec une eau-de-vie au choix. Décorez le biscuit glacé de meringue grossièrement émiettée et saupoudrez de cacao.

1

2

3

2 Biscuit glacé à l'ananas

Hachez grossièrement 150 g d'ananas confit ou frais et incorporez avec 4 cuil. à soupe d'arak à l'appareil à parfait (page 271). Préparez le biscuit glacé comme dans la recette de base et décorez-le de demi-rondelles d'ananas et de cerises.

3 Biscuit glacé aux fraises

Réduisez 250 g de fraises en purée et amalgamez-les à l'appareil à parfait avec 4 cuil. à soupe de kirsch. Préparez le biscuit glacé comme dans la recette de base (page 271) et décorez de fraises.

4

5

6

4 Biscuit glacé aux kiwis

Pelez 4 kiwis, réduisez-les en purée au mixer et incorporez-les à l'appareil à parfait (page 271). Aromatisez au rhum blanc. Décorez de rondelles de kiwis.

5 Biscuit glacé à l'orange

Préparez le biscuit glacé comme dans la recette de base (page 271) et, quand il est pris, décorez de zeste d'orange et de rondelles de citron vert très fines.

6 Biscuit glacé aux cerises

Incorporez 180 g de cerises dénoyautées et 2 cuil. à soupe de liqueur de cerise à l'appareil (page 271). Préparez le biscuit glacé comme indiqué et décorez-le de cerises au moment de servir.

LE GÂTEAU QUI PASSE AU RÉFRIGÉRATEUR

Faites votre « pâtisserie » au frigo !
Voici un gâteau frais, légers et très appétissant, que vous savourerez avec plaisir l'été, au jardin ou sur le balcon.

MARQUISE (GÂTEAU SANS CUISSON)

Pour 6 personnes
Préparation : 30 min
Repos : 1 nuit
Coût : €

INGRÉDIENTS

250 g de chocolat noir
130 g de beurre de très bonne qualité (type Isigny ou autre)
100 g de sucre glace
5 œufs très frais

MATÉRIEL

Batteur électrique
Moule carré ou rectangulaire de votre choix
Film alimentaire

1. Cassez le chocolat en morceaux, placez-le dans un saladier avec le beurre coupé en dés. Faites fondre le tout au bain-marie en posant le saladier sur une casserole d'eau frémissante.

2. Pendant ce temps, séparez les blancs des jaunes d'œufs. Posez le saladier contenant les jaunes d'œufs sur la casserole d'eau ayant servi au bain-marie du chocolat. Ajoutez-y la moitié du sucre glace. Battez pendant 4 ou 5 min à l'aide du batteur électrique, à vitesse maximale. Ôtez le saladier du feu et continuez de battre pendant encore 2 min. Mettez de côté ce sabayon.

3. Montez en neige ferme 4 blancs d'œufs, puis ajoutez le reste du sucre glace. Incorporez les jaunes d'œufs et les blancs en neige au chocolat. Mélangez le moins possible pour ne pas faire retomber la préparation.

4. Versez la pâte dans le moule tapissé de film alimentaire et placez au réfrigérateur pendant toute une nuit. Le lendemain, démoulez la marquise et coupez-la en tranches ou servez à la cuillère.

CONSEILS

Servez la marquise avec une bonne crème Chantilly parfumée à la vanille ou une sauce bien chaude. Quelques décors seront aussi les bienvenus.

AÉRIENNES, DÉLICATES ET DÉCORATIVES, LES MERINGUES OFFRENT D'INFINIES POSSIBILITÉS !

En Suisse, on affirme que le mot « meringue » vient de Meiringen, villégiature bien connue du canton de Berne. Les meringues sont en effet une des spécialités de ce canton : deux énormes coques réunies par de la crème fouettée constituent le dessert traditionnel après le non moins célèbre plat bernois. Quoi qu'il en soit, le point de départ de la meringue n'est rien d'autre que des blancs d'œufs battus avec du sucre en mousse neigeuse qui, une fois moulée et desséchée à four doux, offre d'infinies possibilités en pâtisserie.

QUELQUES CONSEILS POUR RÉUSSIR LES MERINGUES

1. *Le plus important est la consistance des blancs en neige, qui doivent tenir en masses effilées sur le fouet. Pour cela, ils doivent être rigoureusement frais et ne pas contenir la moindre trace de jaune. Il faut aussi que le bol dans lequel vous travaillez et le fouet soient parfaitement propres.*
2. *Prévoyez un bol suffisamment grand pour fouetter les blancs : ils prennent beaucoup de place en montant.*
3. *Si vous utilisez un batteur électrique, réglez-le sur la plus petite vitesse : il faut un certain temps aux blancs pour atteindre le volume désiré. L'idéal est un robot ménager, qui travaille à une vitesse constante.*
4. *Les blancs deviennent plus fermes si vous y ajoutez une pincée de sel.*
5. *Choisissez du sucre très fin, mieux encore du sucre glace, qui se dissout très rapidement.*
6. *Quand il est à point, l'appareil doit être satiné et former des petites pointes sur le fouet. Aussi longtemps qu'il n'est pas ferme et reste très brillant, il faut continuer à fouetter.*
7. *Les meringues doivent sécher à four très doux, plutôt trop doux que trop chaud. Dans les fours conventionnels, il est indispensable de laisser la porte entrouverte pour que la vapeur puisse s'échapper.*

1 Meringue française

Préparation : 15 min
Cuisson : 1 à 2 h
Coût : €

INGRÉDIENTS

2 blancs d'œufs
100 g de sucre en poudre
25 g de sucre glace

MATÉRIEL

Batteur électrique
Poche avec une douille

1. Battez les blancs en neige au batteur électrique à vitesse moyenne pendant 2 min. Lorsque les blancs commencent à être fermes, versez le sucre en poudre en pluie. Battez jusqu'à ce que les blancs soient très fermes.

2. Incorporez à la spatule le sucre glace tamisé.

3. Pochez les meringues sur une plaque recouverte de papier cuisson ou d'un tapis en silicone. Faites cuire à four très doux pendant 1 à 2 h (selon la taille des meringues) à 90 °C (th. 3) maximum en veillant à ce qu'elles ne colorent pas. À la fin de la cuisson, laissez refroidir dans le four éteint, les meringues vont durcir en refroidissant.

CONSEIL

Si vous souhaitez aromatiser ou colorer vos meringues, ajoutez un arôme (cacao en poudre, graines de vanille, arôme liquide) ou un colorant (en poudre, gel ou liquide) dans les blancs en neige en même temps que le sucre en poudre.

1

2

3

2 Meringue italienne

Préparation : 25 min
Coût : €

INGRÉDIENTS

100 g de blancs d'œufs
35 g de sucre en poudre

POUR LE SUCRE CUIT

160 g de sucre en poudre
40 g d'eau

MATÉRIEL

Sonde de cuisson
Batteur électrique

1. Préparez un sirop avec les 160 g de sucre en poudre et l'eau : portez à ébullition et mesurez la température avec une sonde, elle doit atteindre les 121 °C.
2. En parallèle, montez les blancs d'œufs en neige au batteur électrique en ajoutant les 35 g de sucre semoule.
3. Lorsque le sirop de sucre atteint 121 °C, baissez la vitesse du batteur au minimum et versez le sucre en une fois sur les blancs. Laissez tourner à vitesse réduite 1 min, le temps que les blancs d'œufs cuisent puis augmentez à nouveau à vitesse maximum jusqu'à complet refroidissement.
4. La meringue doit être lisse, ferme et très brillante.

CONSEIL

Si vous souhaitez aromatiser ou colorer votre meringue, ajoutez un arôme (cacao en poudre, graines de vanille, arôme liquide) ou un colorant (en poudre, gel ou liquide) dans la meringue pendant son refroidissement.

1

2
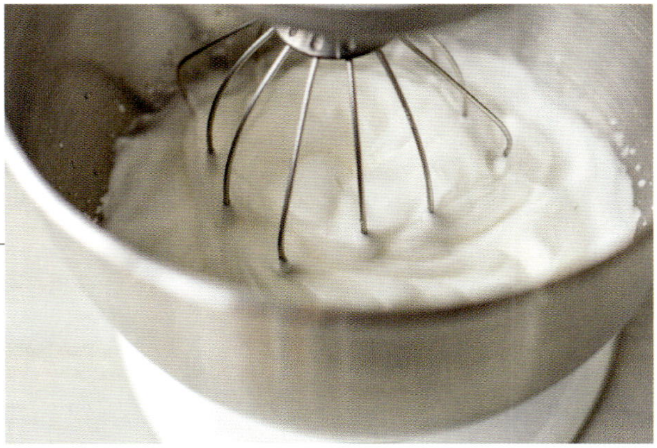

3

4

MACARONS À LA VANILLE

Pour 25 macarons
Préparation : 35 min
Cuisson : 40 min
Coût : €€

POUR LES COQUES

Recette de base au choix (meringue française ou italienne page 278 ou 279)
Colorant alimentaire blanc

POUR LA GARNITURE

50 g de crème liquide
1 cuil. à café de miel
2 gousses de vanille
80 g de chocolat blanc à pâtisser
85 g de crème liquide bien froide

MATÉRIEL

Poche munie d'une douille lisse de 8 mm

1. Mettez les 50 g de crème liquide, le miel et les gousses de vanille fendues et grattées dans une casserole. Portez à ébullition, puis couvrez et laissez infuser 15 min. Retirez les gousses de vanille puis faites chauffer à nouveau la crème et versez-la en une fois sur le chocolat blanc haché. Couvrez et laissez fondre 2 min avant de mélanger. Ajoutez 85 g de crème bien froide, mélangez délicatement, couvrez de film alimentaire et placez au frais.

2. Réalisez l'appareil à macarons selon la méthode choisie (voir recettes de base page 278 ou 279) en incorporant le colorant alimentaire dans les blancs d'œufs montés en neige.

3. Mettez l'appareil dans une poche munie d'une douille lisse de 8 mm et dressez les macarons en dômes de 3,5 cm de diamètre sur une feuille de papier cuisson. Tapez la plaque 2 ou 3 fois sur le plan de travail pour chasser les bulles d'air et laissez croûter 20 min.

4. Faites cuire pendant 20 min à 120 °C (th. 4), puis laissez refroidir complètement les coques avant de les détacher.

5. Montez la ganache au fouet comme une chantilly et garnissez-en les coques refroidies.

MACARONS AU CHOCOLAT NOIR

Pour 25 macarons
Préparation : 20 min
Cuisson : 20 min
Repos : 1 h
Coût : €

POUR LES COQUES

Recette de base au choix (meringue française ou italienne page 278 ou 279)
Colorant alimentaire brun

POUR LA GARNITURE

110 g de crème liquide
100 g de chocolat noir
10 g de beurre

MATÉRIEL

Poche munie d'une douille lisse de 8 mm

1. Portez la crème à ébullition puis versez-la sur le chocolat noir haché. Couvrez et laissez fondre pendant 2 min avant de lisser la ganache à l'aide d'une cuillère en bois. Laissez tiédir le mélange puis ajoutez le beurre mou. Couvrez de film alimentaire et placez au frais pendant au moins 1 h.

2. Réalisez l'appareil à macarons selon la méthode choisie (voir recettes de base page 278 ou 279) en incorporant le colorant alimentaire dans les blancs d'œufs montés en neige.

3. Mettez l'appareil dans une poche munie d'une douille lisse de 8 mm et dressez les macarons en dômes de 3,5 cm de diamètre sur une feuille de papier cuisson. Tapez la plaque 2 ou 3 fois sur le plan de travail pour chasser les bulles d'air et laissez croûter 20 min.

4. Faites cuire pendant 20 min à 120 °C (th. 4), puis laissez refroidir complètement les coques avant de les détacher et de les garnir.

MACARONS AUX FRAISES

Pour 25 macarons
Préparation : 40 min
Cuisson : 20 min
Repos : 12 h
Coût : €

POUR LES COQUES

Recette de base au choix (meringue française ou italienne page 278 ou 279)
Colorant alimentaire rouge

POUR LA GARNITURE

100 g de fraises bien mûres
35 g de crème liquide
1 cuil. à café de miel
100 g de chocolat blanc à pâtisser
100 g de crème liquide bien froide

MATÉRIEL

Mixeur
Poche munie d'une douille lisse de 8 mm

1. Rincez, équeutez et coupez les fraises en morceaux puis mettez-les dans une casserole avec les 35 g de crème et le miel. Portez à ébullition en remuant. Lorsque les fraises sont bien ramollies, passez le tout au mixeur, puis versez sur le chocolat blanc haché. Couvrez et laissez fondre. Ajoutez les 100 g de crème bien froide, couvrez de film alimentaire et mettez au frais toute une nuit.

2. Réalisez l'appareil à macarons selon la méthode choisie (voir recettes de base page 278 ou 279) en incorporant le colorant alimentaire dans les blancs d'œufs montés en neige.

3. Mettez l'appareil dans une poche munie d'une douille lisse de 8 mm et dressez les macarons en dômes de 3,5 cm de diamètre sur une feuille de papier cuisson. Tapez la plaque 2 ou 3 fois sur le plan de travail pour chasser les bulles d'air et laissez croûter 20 min.

4. Faites cuire pendant 20 min à 120 °C (th. 4), puis laissez refroidir complètement les coques avant de les détacher.

5. Montez la ganache au fouet comme une chantilly et garnissez-en les coques refroidies.

BÂTONNETS DE MERINGUE

Pour 30 pièces environ
Préparation : 15 min
Cuisson : 1 h
Coût : €

INGRÉDIENTS

1 blanc d'œuf
50 g de sucre en poudre
15 g de sucre glace

MATÉRIEL

Batteur électrique
Poche munie d'une douille lisse de 5 mm

1. Préparez une meringue française : battez le blanc en neige au batteur électrique à vitesse moyenne pendant 2 minutes Lorsque le blanc commence à être ferme, versez le sucre en poudre en pluie. Fouettez jusqu'à ce que le blanc soit très ferme, puis incorporez le sucre glace tamisé à la maryse.

2. Mettez la meringue dans une poche munie d'une douille lisse de 5 mm et pochez de fins bâtonnets d'environ 10 cm de long sur une plaque recouverte de papier cuisson ou d'un tapis en silicone.

3. Faites cuire à four très doux (maximum 90 °C, th. 3) pendant 1 h en veillant à ce que les bâtonnets ne colorent pas. À la fin de la cuisson, laissez refroidir dans le four éteint, les meringues vont durcir en refroidissant.

CONSEIL

Vous pouvez utiliser les bâtonnets de meringue pour décorer une tarte ou un dessert.

PETITES MERINGUES COLORÉES ET PARFUMÉES

Pour 30 meringues environ
Préparation : 20 min
Cuisson : 1 h
Coût : €

INGRÉDIENTS

2 blancs d'œufs
100 g de sucre en poudre
Arôme au choix : les graines de ½ gousse de vanille, ½ cuil. à café d'arôme naturel liquide…
20 g de sucre glace
½ cuil. à café de colorant en poudre au choix ou 1 cuil. à café de cacao amer en poudre

MATÉRIEL

Batteur électrique
Poche avec une douille cannelée

1. Préparez une meringue française : battez les blancs en neige au batteur électrique à vitesse moyenne pendant 2 min. Lorsque les blancs commencent à être fermes, versez le sucre en poudre en pluie et ajoutez l'arôme. Fouettez jusqu'à ce que les blancs soient très fermes. Incorporez le sucre glace tamisé à la maryse.

2. Ajoutez le colorant dans la meringue puis incorporez à la maryse sans chercher à homogénéiser la couleur (le but étant de faire des stries de couleur).

3. Mettez la meringue dans une poche munie d'une douille cannelée et pochez sur une plaque recouverte de papier cuisson ou d'un tapis en silicone en tenant la poche verticalement par rapport à la plaque.

4. Faites cuire à four très doux (maximum 90 °C, th. 3) pendant environ 1 h (suivant la taille des meringues) en veillant à ce qu'elles ne colorent pas. À la fin de la cuisson, laissez refroidir dans le four éteint, les meringues vont durcir en refroidissant.

PETITS CHAMPIGNONS EN MERINGUE

Pour 20 pièces environ
Préparation : 15 min
Cuisson : 1 h
Coût : €

INGRÉDIENTS

2 blancs d'œufs
125 g de sucre glace
Cacao en poudre
Glace royale (page 99) ou crème au beurre (page 309)

MATÉRIEL

Batteur électrique
Poche avec une douille

1. Préparez une meringue suisse : préparez un bain-marie en mettant une grande casserole d'eau à bouillir. Pendant ce temps, mettez les blancs d'œufs dans un saladier d'un diamètre légèrement plus petit que celui de la casserole et commencez à les fouetter au batteur électrique.

2. Lorsque les blancs deviennent mousseux, ajoutez le sucre glace et placez le bol sur la casserole. Continuez de fouetter pour monter la meringue en la cuisant. Lorsque la meringue est bien blanche et ferme, retirez le bol du bain-marie et continuez de fouetter jusqu'au complet refroidissement.

3. Mettez l'appareil dans une poche munie d'une douille de votre choix.

4. Préparez 2 plaques recouvertes de papier cuisson. Sur la première, pour les chapeaux, pochez la meringue en formant des « boules » sur la feuille de papier cuisson. Saupoudrez d'un voile de cacao en poudre. Sur la deuxième, pour les pieds, pochez des pointes de meringue verticales, en prenant soin de faire les bouts pointus.

5. Faites cuire 1 h à 90 °C (th. 3) puis laissez refroidir dans le four éteint.

6. Pour assembler les champignons : percez la partie inférieure des têtes de champignons avec la pointe d'un couteau et garnissez le trou de glace royale ou de crème au beurre. Insérez la partie pointue des pieds dans le trou, la glace royale ou la crème au beurre servant de colle (la première sèche en quelques heures à température ambiante, la seconde se figera au frais).

CONSEIL

Si vous souhaitez réaliser vos champignons quelques jours à l'avance, préférez la glace royale et conservez-les dans une boîte hermétique à température ambiante.

AVEC UNE TASSE DE CAFÉ OU UN DESSERT RAFFINÉ : LES OUBLIES AUX AMANDES

Voilà bien une pâtisserie qui fait beaucoup d'effet à peu de frais… et de travail. Dans certains grands restaurants, elles accompagnent automatiquement le dessert ou, en tout cas, le café odorant qui termine le repas. Les oublies aux amandes doivent être fines et croustillantes bien que, comme la pâte contient beaucoup de sucre, elles aient tendance à ramollir très rapidement. Pour remédier à cet inconvénient, il suffira de les passer rapidement au four.

RECETTE DE BASE : OUBLIES AUX AMANDES

INGRÉDIENTS

200 g de pâte d'amandes
1 jaune d'œuf
2 cuil. à soupe de farine
1 dl de lait
4 cuil. à soupe de sucre
Beurre et farine pour la plaque

1. Mettez la plaque au réfrigérateur.
2. Mélangez au fouet tous les ingrédients de la pâte pour obtenir un appareil fluide et lisse, que vous passez ensuite au tamis.
3. Badigeonnez la tôle de beurre et saupoudrez-la d'une mince pellicule de farine.
4. Découpez des modèles en carton résistant aux formes que vous voulez donner à la pâte : rondelles de toutes dimensions, feuilles, etc.
5. Rangez les modèles en carton sur la tôle et versez au centre un petit tas de pâte, que vous étendez à la spatule de manière qu'elle couvre entièrement et très exactement le modèle.
6. Enlevez délicatement les modèles : seules les rondelles et les feuilles de pâte restent sur la plaque.
7. Glissez la sans attendre au four préalablement chauffé à 180 °C (th. 6) et faites dorer pendant 2 à 4 min.
8. Détachez aussitôt les oublies toutes chaudes de la plaque à l'aide d'un couteau à lame souple et donnez-leur, le cas échéant, la forme désirée (cornet, coupelle, etc.).

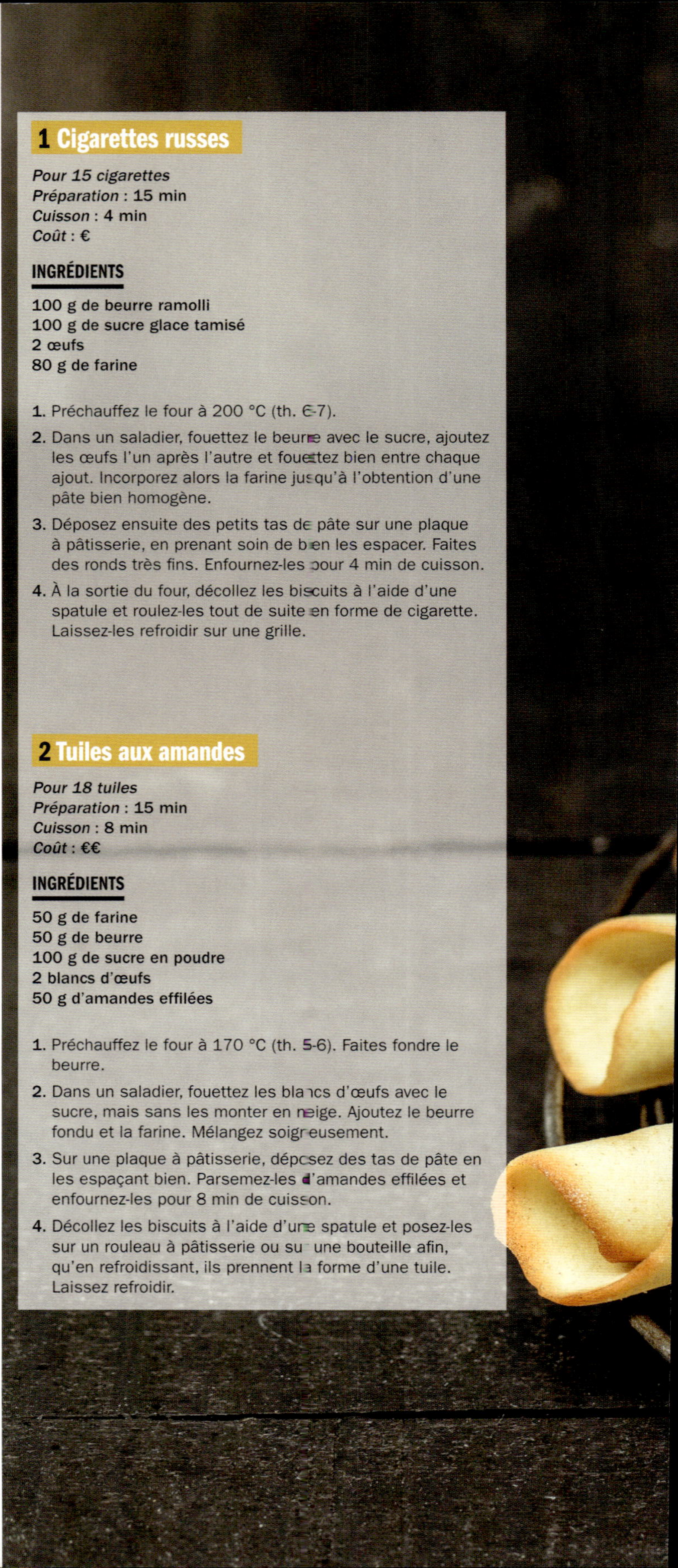

1 Cigarettes russes

Pour 15 cigarettes
***Préparation* : 15 min**
***Cuisson* : 4 min**
***Coût* : €**

INGRÉDIENTS

100 g de beurre ramolli
100 g de sucre glace tamisé
2 œufs
80 g de farine

1. Préchauffez le four à 200 °C (th. 6-7).
2. Dans un saladier, fouettez le beurre avec le sucre, ajoutez les œufs l'un après l'autre et fouettez bien entre chaque ajout. Incorporez alors la farine jusqu'à l'obtention d'une pâte bien homogène.
3. Déposez ensuite des petits tas de pâte sur une plaque à pâtisserie, en prenant soin de bien les espacer. Faites des ronds très fins. Enfournez-les pour 4 min de cuisson.
4. À la sortie du four, décollez les biscuits à l'aide d'une spatule et roulez-les tout de suite en forme de cigarette. Laissez-les refroidir sur une grille.

2 Tuiles aux amandes

Pour 18 tuiles
***Préparation* : 15 min**
***Cuisson* : 8 min**
***Coût* : €€**

INGRÉDIENTS

50 g de farine
50 g de beurre
100 g de sucre en poudre
2 blancs d'œufs
50 g d'amandes effilées

1. Préchauffez le four à 170 °C (th. 5-6). Faites fondre le beurre.
2. Dans un saladier, fouettez les blancs d'œufs avec le sucre, mais sans les monter en neige. Ajoutez le beurre fondu et la farine. Mélangez soigneusement.
3. Sur une plaque à pâtisserie, déposez des tas de pâte en les espaçant bien. Parsemez-les d'amandes effilées et enfournez-les pour 8 min de cuisson.
4. Décollez les biscuits à l'aide d'une spatule et posez-les sur un rouleau à pâtisserie ou sur une bouteille afin, qu'en refroidissant, ils prennent la forme d'une tuile. Laissez refroidir.

3 Langues-de-chat

Pour 20 langues-de-chat
Préparation : 15 min
Cuisson : 10 min
Coût : €

INGRÉDIENTS

75 g de beurre
75 g de sucre en poudre
75 g de farine
2 blancs d'œufs

MATÉRIEL

Poche à pâtisserie

1. Préchauffez le four à 150 °C (th. 5). Dans un saladier, mélangez le beurre et le sucre. Ajoutez les blancs d'œufs et fouettez bien. Ajoutez la farine et travaillez bien tous ces ingrédients jusqu'à l'obtention d'une pâte homogène.
2. Mettez la pâte dans une poche et moulez des langues-de-chat sur une plaque à pâtisserie. Enfournez-les pour 10 min de cuisson.
3. Décollez délicatement les langues-de-chat à l'aide d'une spatule et laissez-les refroidir sur une grille.

PAVLOVA

Pour 4 à 6 personnes
Préparation : 20 min
Cuisson : 1 h 30
Coût : €

INGRÉDIENTS

4 blancs d'œufs
1 cuil. à café de vinaigre blanc
200 g de sucre
1 cuil. à soupe de fécule de maïs

POUR LA CRÈME FOUETTÉE

20 cl de crème liquide entière
50 g de sucre en poudre

POUR LA GARNITURE

150 g de fruits rouges mélangés
Coulis de framboise ou de fraise
Sucre glace

MATÉRIEL

Batteur électrique

1. Préchauffez votre four à 100 °C (th. 3-4). Mélangez les blancs d'œufs avec le vinaigre et montez-les en neige très ferme tout en ajoutant le sucre et la fécule petit à petit. Laissez encore tourner le batteur 3 min pour obtenir une meringue bien blanche et brillante.

2. À l'aide d'une cuillère, étalez la meringue en cercle sur une plaque recouverte de papier cuisson ou d'un tapis en silicone. La meringue doit avoir une épaisseur d'au moins 4-5 cm, ne cherchez pas à faire quelque chose de régulier, mais plutôt comme un « nid » en creusant légèrement le centre du cercle de meringue avec le dos de la cuillère. Enfournez pour 1 h 30. Laissez refroidir.

3. Au dernier moment, avant de servir, montez la crème bien froide en chantilly avec le sucre et étalez-la sur la meringue.

4. Coupez les fruits en morceaux et parsemez-en la crème, nappez d'un peu de coulis et d'un voile de sucre glace.

CONSEIL

Vous pouvez réaliser la meringue jusqu'à 2 jours en avance en la conservant dans une boîte métallique hermétique.

NOUGAT GLACÉ

Pour 8 à 10 personnes
Préparation : 30 min
Repos : 1 nuit
Coût : €€

INGRÉDIENTS

100 g de fruits confits assortis (bigarreaux, écorces d'oranges et de cédrat, angélique, melon confit...)
3 cuil. à soupe de Grand Marnier
50 g de pistaches entières émondées non salées
35 g de noisettes concassées
35 g d'amandes blanches émondées concassées
2 cuil. à soupe de sucre semoule
50 g de sucre semoule
50 g de glucose
100 g de miel
4 blancs d'œufs
50 cl de crème fleurette bien froide

MATÉRIEL

Moule à cake
Sonde de cuisson

1. Chemisez un moule à cake de film alimentaire et réservez au congélateur. Faites macérer les fruits confits dans le Grand Marnier.

2. Mettez tous les fruits secs, les 2 cuil. à soupe de sucre et 1 cuil. à soupe d'eau dans une casserole et chauffez à feu moyen pour caraméliser. Remuez sans arrêt avec une cuillère en bois. Lorsque la préparation est dorée (mais non brûlée !) retirez du feu et laissez refroidir.

3. Dans une casserole, réunissez les 50 g de sucre, le glucose et le miel. Faites chauffer à feu doux jusqu'à atteindre une température de 121 °C (contrôlez avec une sonde). Pendant ce temps, montez les blancs d'œufs en neige ferme. Lorsque le sirop a atteint les 121 °C, baissez la vitesse de votre batteur et versez le sirop sur les blancs en neige. Remettez le batteur sur vitesse maximum jusqu'à complet refroidissement de la meringue.

4. Pendant ce temps, fouettez la crème fleurette puis incorporez-la à la meringue refroidie. Ajoutez les fruits secs, les fruits confits égouttés et mélangez rapidement, sans trop travailler l'appareil pour ne pas casser la meringue.

5. Versez dans le moule à cake et remettez le tout au congélateur pour au moins une nuit.

CONSEIL

Au moment de servir, démoulez le nougat glacé et coupez-le en tranches d'environ 1 cm de large. Servez accompagné d'un coulis de fruits rouges.

VACHERIN

Pour 6 personnes
Préparation : 1 h
Congélation : 6 h + 3 h
Coût : €

INGRÉDIENTS

30 petites meringues maison (page 290)

POUR LA CHANTILLY

20 cl de crème liquide
20 g de sucre glace

POUR LA GLACE À LA VANILLE

1 gousse de vanille
40 cl de lait entier
4 jaunes d'œufs
75 g de sucre en poudre
15 cl de crème liquide

MATÉRIEL

Sorbetière

1. Recouvrez un moule rond de 20-22 cm de diamètre de film alimentaire. Émiettez grossièrement la moitié des meringues et disposez-les dans le moule.

2. Préparez la glace à la vanille : fendez la gousse de vanille en deux dans le sens de la longueur et récupérez les graines. Faites bouillir le lait à feu doux avec les graines de vanille et la gousse fendue. Laissez infuser 30 min dans le lait, puis filtrez.

3. Fouettez les jaunes d'œufs avec le sucre en poudre jusqu'à ce que le mélange blanchisse. Faites de nouveau bouillir le lait et versez-le sur les œufs sans cesser de fouetter. Reversez le mélange dans la casserole et faites chauffer à feu doux, sans cesser de remuer. La crème anglaise ne doit surtout pas bouillir, il y aurait de nombreux grumeaux à cause de la coagulation des œufs. Elle est prête lorsqu'elle nappe la cuillère. Laissez-la refroidir au réfrigérateur pendant 6 h, recouverte d'un film alimentaire.

4. Montez les 15 cl de crème liquide bien froide en chantilly, puis incorporez-la délicatement à la crème anglaise. Faites prendre dans une sorbetière. Lorsque la glace est prise mais encore souple, versez-la dans le moule, sur les meringues. Ajoutez l'autre moitié des meringues émiettées et congelez le vacherin pendant 2 h.

5. Démoulez le vacherin sur le plat de service et retirez délicatement le film alimentaire. Montez les 20 cl de crème liquide bien froide en chantilly. Lorsqu'elle est prise, ajoutez le sucre glace. Cessez de fouetter dès que la chantilly tient au fouet. Versez-la dans une poche à douille cannelée et décorez le tour du vacherin glacé.

6. Congelez le vacherin encore 1 h, puis décorez-le avec 6 meringues. Vous pouvez ajouter quelques fruits au centre.

OMELETTE NORVÉGIENNE

Pour 10 à 12 personnes
Préparation : 35 min
Cuisson : 15 min
Coût : €

INGRÉDIENTS

½ l de glace à la fraise
½ l de glace à la vanille

POUR LA GÉNOISE

3 œufs
90 g de sucre en poudre
90 g de farine
Sirop ou liqueur (rhum, Grand Marnier,...)

POUR LA MERINGUE ITALIENNE

160 g de sucre en poudre
40 g d'eau
100 g de blancs d'œufs

MATÉRIEL

Batteur électrique
Moule à cake
Sonde de cuisson

1. Préparez un bain-marie en mettant une grande casserole d'eau à bouillir. Pendant ce temps, mettez les œufs entiers et le sucre dans un saladier d'un diamètre légèrement plus petit que celui de la casserole et commencez à fouetter au batteur électrique.
2. Lorsque le mélange devient pâle et mousseux, placez le bol sur la casserole et continuez de fouetter. L'appareil doit doubler de volume et devenir jaune pâle. À ce stade, retirez le bol du bain-marie et fouettez jusqu'à complet refroidissement. Ajoutez la farine tamisée délicatement avec une spatule.
3. Versez la pâte sur une plaque à pâtisserie recouverte de papier sulfurisé et étalez-la sur une épaisseur d'environ 1,5 à 2 cm. Faites cuire à 180 °C (th. 6) pendant 8 à 10 min (la génoise doit être dorée). À la sortie du four, découpez la génoise en 3 rectangles de pâte aux dimensions du moule à cake.
4. Chemisez un moule à cake de papier sulfurisé. Disposez une bande de génoise au fond du moule et imbibez-la de sirop ou de liqueur. Ajoutez la glace à la fraise ramollie par-dessus la génoise et lissez bien la surface.
5. Disposez la deuxième bande de génoise sur la glace, pressez légèrement pour tasser et imbibez à nouveau de sirop ou liqueur.
6. Ajoutez la glace à la vanille ramollie et lissez bien. Pour finir, déposez la dernière bande de génoise, imbibez puis rabattez la feuille de papier sulfurisé par-dessus. Remettez au congélateur pour au moins 2 h.
7. Préparez la meringue italienne : portez à ébullition le sucre en poudre et l'eau et mesurez la température avec une sonde, elle doit atteindre les 121 °C. En parallèle, montez les blancs d'œufs en neige au batteur électrique. Lorsque le sirop de sucre atteint 121 °C, baissez la vitesse du batteur au minimum et versez le sirop en une fois sur les blancs. Laissez tourner à vitesse réduite 1 min, le temps que les blancs d'œufs cuisent puis augmentez à nouveau à vitesse maximum jusqu'à complet refroidissement. La meringue doit être lisse, ferme et très brillante.
8. Démoulez le bloc de glace et retirez le papier sulfurisé. Recouvrez toute la glace d'une couche de meringue italienne en utilisant une spatule. Mettez le reste de meringue dans une poche à douille cannelée et décorez tout le pourtour.
9. Faites dorer uniformément la meringue avec un chalumeau et réservez au congélateur jusqu'à la dégustation.

« MYSTÈRE » GLACÉ

Pour 4 personnes
Préparation : 15 min
Cuisson : 45 min
Repos : 1 h 15
Coût : €

INGRÉDIENTS

1 blanc d'œuf
50 g de sucre en poudre
Beurre doux
Pralin
½ l de glace vanille

MATÉRIEL

Batteur électrique
Poche munie d'une douille lisse de 10 mm
Moules demi-sphères en silicone

1. Battez le blanc d'œuf en neige ferme avec le sucre au batteur. Mettez dans une poche munie d'une douille lisse de 10 mm et pochez de petites boules de meringue d'environ 2 cm sur une plaque recouverte de papier cuisson ou d'un tapis en silicone. Faites cuire à 90 °C (th. 3) pendant 45 min. À la fin de la cuisson, laissez refroidir dans le four éteint, les meringues vont durcir en refroidissant.

2. Beurrez généreusement un moule en silicone demi-sphère, puis versez-y le pralin pour qu'il adhère bien aux parois du moule. Retournez pour retirer le surplus et, au besoin, ajoutez du pralin s'il y a des trous. Placez au congélateur pendant 15 min.

3. Si vous utilisez une glace du commerce, sortez-la du congélateur quelques minutes pour la faire ramollir (dans le cas d'une glace maison, retirez-la de la sorbetière lorsqu'elle est encore molle). Remplissez à moitié les empreintes de glace, déposez une boule de meringue au centre puis complétez avec la glace. Recouvrez de pralin et remettez au congélateur pour au moins 1 h avant de démouler.

CONSEIL

Vous n'avez pas de moule en silicone ? Vous pouvez utiliser de simples ramequins en céramique. Pour démouler vos desserts, il suffira de plonger le fond des ramequins quelques secondes dans de l'eau chaude et les retourner sur l'assiette de service !

LES CRÈMES

LE TRIOMPHE DE LA FANTAISIE

Maintenant que vous connaissez tout des pâtes de base en pâtisserie, voici un chapitre entièrement consacré aux crèmes qui devrait bien vous servir, parce qu'il ne suffit pas de faire sa pâte, il faut aussi la garnir !

RECETTE DE BASE

La crème des crèmes vaut bien un peu de peine. Elle est l'émulsion impensable de trois éléments qui ne sont pourtant pas faits pour s'entendre : l'eau, la graisse et l'air. Cette gageure n'est pas facile à tenir et, il faut bien le dire, la crème au beurre est un des cauchemars des apprentis pâtissiers. Il faut la faire et la refaire pour qu'elle se laisse faire. Et au lieu de baisser les bras à cause d'une crème ratée ou imparfaite, mieux vaut s'en servir pour recommencer : c'est en commettant des erreurs qu'on apprend ce qu'il faut faire pour les éviter. Le jeu en vaut la chandelle : une crème au beurre réussie, c'est divinement bon !

LES QUATRE FAÇONS DE FAIRE LA CRÈME AU BEURRE

1. La méthode anglaise

Élégante et bien proportionnée : le rapport jaunes d'œufs et beurre est parfaitement équilibré. Le point de départ est une crème anglaise, et c'est là la difficulté. Cette crème, en effet, doit être chauffée, en remuant sans arrêt, jusqu'à ce qu'elle ait la bonne consistance. Mais pas un instant de plus, sinon les jaunes coagulent et la crème tourne.

2. La méthode française

La plus riche, la plus luxueuse… et celle qui demande le plus de temps. Les œufs entiers sont battus avec le sucre cuit pour obtenir une crème lisse et homogène. Cela demande de la patience ou, mieux encore, un robot ménager. La difficulté, ici, est d'abaisser loin du feu la température de la crème en la battant, pour qu'elle soit au diapason du beurre.

3. La méthode allemande

Elle ressemble beaucoup à la méthode anglaise, la différence étant que la base, ici, est une crème pâtissière (page 312), qu'on incorpore au beurre travaillé en mousse. La difficulté, une fois encore, est que tous les éléments doivent être à la même température. Pour faciliter les choses, on peut préparer la crème à la vanille la veille ; elle aura ainsi le temps de bien refroidir et de se stabiliser.

4. La méthode italienne

La crème au beurre la plus simple à préparer et à réussir ! La plus « volumineuse » aussi, ce qui ne convient pas à toutes les utilisations. Elle est à base d'appareil à meringue (pages 278-279), qu'on mélange tout simplement au beurre travaillé en mousse. Là aussi, il y a un point faible : les blancs en neige doivent être assez résistants pour qu'on puisse les amalgamer au beurre sans qu'ils retombent. Il faut donc suivre à la lettre la recette de l'appareil à meringue.

QUELQUES REMARQUES AU SUJET DU BEURRE

– La finesse de la crème dépend de celle du beurre. Il doit non seulement être de première fraîcheur, mais aussi de première qualité. Choisissez un beurre doux, c'est-à-dire à base de crème dont le taux d'acidité est faible : il risque moins de floconner quand on le travaille en mousse.

– Il doit être à température ambiante. Mais attention, la température ambiante, en été, risque souvent de faire fondre le beurre. Et ce n'est pas de beurre fondu dont on a besoin, mais de beurre tout juste ramolli.

– Il faut de la patience pour travailler le beurre (et si possible un robot ménager, plus robuste que le batteur électrique). À bonne consistance, il se présente comme de la crème double (la crème fraîche épaisse).

– La crème au beurre réussie est légère, fine, délicate. Elle ne peut l'être que si le beurre a vraiment été travaillé en mousse.

CONSEILS PRATIQUES POUR RÉUSSIR LA CRÈME AU BEURRE

– La règle fondamentale est que la crème et le beurre doivent être à la même température : la température ambiante. Si la crème est trop chaude, le beurre fond au lieu de s'amalgamer et le mélange n'a pas la consistance voulue. Si, au contraire, elle est trop froide, le beurre « tourne » et ne peut faire corps avec la crème.
– Ne mélangez jamais tous les éléments en une seule fois, mais procédez par petites quantités, que vous amalgamez complètement au beurre avant de continuer.
– Travaillez délicatement au fouet : trop de vigueur ferait retomber la crème en « chassant » l'air qu'elle contient.
– Un truc pour rattraper une crème au beurre qui donne les premiers signes de mauvaise conduite : ajoutez un jaune d'œuf, en travaillant d'abord, au milieu du bol, par petits cercles qui vont en s'agrandissant vers le bord, toujours plus lentement.
– Vous pouvez aromatiser votre crème avec 1 cuil. à café d'extrait de vanille, 1 cuil. à café d'extrait de café ou encore 80 g de chocolat fondu.

LES OPÉRATIONS

Préparation : 15 min
Cuisson : 5 min

LES INGRÉDIENTS

125 g de sucre en poudre
3 cl d'eau
3 jaunes d'œufs
125 g de beurre mou

L'OUTILLAGE

– Une casserole
– Un récipient en métal
– Un robot ménager ou un batteur électrique

RECETTE DE BASE : CRÈME AU BEURRE SELON LA MÉTHODE FRANÇAISE

1

Versez le sucre et l'eau dans une petite casserole. Portez à ébullition jusqu'à ce qu'apparaissent de grosses bulles transparentes (110 °C).

2

Fouettez les jaunes d'œufs au batteur électrique en versant le sucre cuit en filet sur les jaunes. Fouettez jusqu'à ce que la préparation ait triplé de volume et ait complètement refroidi.

3

Ajoutez alors le beurre mou coupé en morceaux.

4

Remuez jusqu'à ce que la crème épaississe.

DU BRUN AU VERT EN PASSANT PAR LE ROSE : LES CRÈMES AU BEURRE SE MAQUILLENT

La crème au beurre nature est presque blanche, couleur… crème. Idéale donc pour supporter toutes sortes de transformations, aussi bien de parfum que d'aspect. La plupart des arômes qu'on y ajoute changent aussi sa couleur, ce qui permet de métamorphoser les gâteaux au gré de sa fantaisie.

1 Crème au beurre pralinée

Faites fondre lentement, au bain-marie, 200 g de masse pralinée (chocolat de couverture et amandes ou noisettes pulvérisées). Laissez refroidir à température ambiante et incorporez délicatement à la crème au beurre.

2

1

3

2 Crème au beurre au chocolat

Faites fondre 100 g de chocolat noir au bain-marie, laissez refroidir à température ambiante et incorporez à la crème au beurre.

3 Crème au beurre moka

Délayez 3 cuil. à soupe de café soluble dans 2 cuil. à soupe de rhum et incorporez à la crème au beurre.

QUELQUES CONSEILS

Que vous ayez choisi pour la préparer la méthode française, anglaise, allemande ou italienne (les quatre méthodes sont décrites à la page 308), il s'agit maintenant de parfumer la crème au beurre. Le parfum qu'on lui donne détermine aussi sa couleur.

– Il faut veiller à ce que tous les parfums et les arômes qui ont dû être chauffés (café soluble, chocolat, masse pralinée) soient refroidis à la même température que la crème ou l'appareil auquel on les mélange.

– Ajoutez les liquides goutte à goutte, en les incorporant au fouet.

– Les ingrédients qui doivent être moulus le seront le plus finement possible. Pralin, amandes ou pistaches hachés trop grossièrement bouchent la douille quand on applique le décor.

4

5

4 Crème au beurre à la framboise

Écrasez 100 g de framboises à travers un tamis. Ajoutez 3 cuil. à soupe d'eau-de-vie de framboise et incorporez, cuillerée par cuillerée, à la crème au beurre, en travaillant au fouet.

5 Crème au beurre à la pistache

Moulez très finement 150 g de pistaches et incorporez-les à la crème au beurre. Parfumez-les avec 3 cuil. à soupe de kirsch, que vous ajoutez goutte à goutte à la crème.

BRILLANTES SOLISTES OU DOUBLURES PARFAITES : LES CRÈMES À TOUT FAIRE

Ce sont les classiques de la pâtisserie. Elles acceptent tous les rôles et on ne saurait se passer d'elles : telles quelles, seules ou avec des fruits, elles sont entremets, mais elles savent aussi fourrer un gâteau. Sûres d'elles, elles peuvent être le point de départ de toute une série de desserts plus ou moins sophistiqués. Elles ont toutes une chose en commun : il faut les chauffer pour qu'elles épaississent et soient fermes en refroidissant.

1 La crème pâtissière

C'est elle qui servit de modèle, il y a une centaine d'années, lorsque l'industrie alimentaire mit au point les puddings en poudre, fort utilisés dans les cuisines familiales. Bien sûr, la comparaison n'est pas à faire, mais le succès des puddings est compréhensible : la crème pâtissière n'est pas facile à faire, et revient assez cher. Elle ressemble beaucoup à la crème anglaise, en plus ferme, en moins fragile aussi, grâce à la petite quantité de farine qu'elle contient.

Pour 50 cl de crème pâtissière
Préparation : 15 min
Cuisson : 10 min
Repos : 2 h
Coût : €

INGRÉDIENTS

1 gousse de vanille
50 cl de lait
3 jaunes d'œufs
60 g de sucre en poudre
15 g de Maïzena (fécule de maïs)

MATÉRIEL

Film alimentaire

1. Coupez la gousse de vanille dans le sens de la longueur. Grattez les graines et ajoutez-les dans le lait avec la gousse. Faites bouillir le lait.
2. Dans un saladier, mélangez les jaunes d'œufs et le sucre. Fouettez la préparation et ajoutez la Maïzena.
3. Filtrez le lait. Versez le lait petit à petit dans le saladier. Reversez la préparation dans une casserole et faites chauffer en remuant jusqu'à ce qu'elle nappe la cuillère. Versez la crème dans un saladier et recouvrez-la de film alimentaire, en le collant bien contre la crème. De cette manière, il ne se formera pas de petite pellicule dessus.
4. Laissez refroidir la crème pendant 2 h au réfrigérateur, le temps qu'elle prenne.

VARIANTES

On se sert de crème pâtissière pour fourrer les profiteroles, réunir les meringues et garnir les millefeuilles. Elle peut aussi napper un fond de pâte sablée destiné à une tarte aux fruits ou servir de base à la crème au beurre préparée selon la méthode allemande. Elle se prête à d'innombrables métamorphoses.

2 La crème anglaise

La plus délicate, la plus somptueuse, la plus riche d'entre les crèmes. Ni farine ni fécule dans sa composition : seuls les jaunes d'œufs lui donnent sa consistance. Ils doivent être chauffés au degré près, juste assez pour lier le liquide, mais pas plus. S'ils coagulent, la crème tourne et il est impossible de la rattraper.

Pour 50 cl de crème anglaise
Préparation : 10 min
Infusion : 30 min
Cuisson : 10 min
Réfrigération : 12 h
Coût : €

INGRÉDIENTS

1 gousse de vanille
40 cl de lait entier
4 jaunes d'œufs
75 g de sucre en poudre

MATÉRIEL

Film alimentaire

1. Fendez la gousse de vanille à l'aide d'un couteau et grattez les graines. Faites chauffer le lait doucement avec les graines de vanille et la gousse fendue. Laissez infuser 30 min dans le lait tiède, puis filtrez-le.
2. Fouettez les jaunes d'œufs avec le sucre en poudre, jusqu'à ce que le mélange blanchisse et forme un ruban.
3. Faites bouillir le lait et versez-le sur les œufs sans cesser de fouetter. Reversez le mélange dans la casserole et faites chauffer à feu doux, sans cesser de remuer. (La crème anglaise ne doit surtout pas bouillir : il y aurait de nombreux grumeaux à cause de la coagulation des œufs.) La crème anglaise est prête lorsqu'elle nappe la cuillère. Si la consistance de votre crème est trop liquide, poursuivez la cuisson.
4. Laissez la crème anglaise refroidir au réfrigérateur plusieurs heures, recouverte de film alimentaire.

CONSEIL

Pour vérifier la cuisson, passez un doigt sur la spatule nappée de crème anglaise, la trace doit rester bien nette. Pour une crème anglaise bien onctueuse, n'hésitez pas à la passer au chinois avant de la servir.

ASTUCE

Si votre crème bout et qu'il y a des grumeaux, versez-la dans une bouteille, fermez le bouchon et agitez-la pendant 3 min jusqu'à ce qu'elle redevienne lisse et homogène.
La crème anglaise est servie telle quelle, en entremets, ou glacée.
Elle sert aussi à préparer la crème au beurre (page 309).
Pour fourrer les gâteaux ou confectionner des desserts moulés tels que les bavarois, il faut l'épaissir en lui ajoutant 3 à 5 feuilles de gélatine et l'alléger avec 2,5 dl de crème fouettée.

3 La ganache

Cette crème est vraiment d'une grande finesse, et la réussir est un jeu d'enfant – une fois n'est pas coutume ! Il s'agit tout simplement de chocolat fondu dans de la crème. Il faut toutefois que cette crème soit fraîche : la crème stérilisée UHT, qui flocule quand on la chauffe, ne convient pas. On utilise la ganache pour fourrer et napper les biscuits (page 65), fourrer les profiteroles (page 264), réunir les meringues, garnir le fond des tartelettes aux fruits (page 134) ; ou tout simplement comme dessert vite fait et délicieux.

Pour 500 g de ganache
Préparation **: 5 min**
Cuisson **: 5 min**
Coût **: €**

INGRÉDIENTS

250 g de chocolat noir pâtissier
25 cl de crème liquide

1. Dans un saladier, concassez le chocolat.
2. Faites chauffer la crème liquide dans une casserole et portez-la à ébullition.
3. Une fois la crème liquide à ébullition, versez-la sur le chocolat et mélangez-la délicatement à l'aide d'une cuillère en bois jusqu'à obtenir une ganache lisse et homogène.

VARIANTES

Vous pouvez également réaliser une ganache au chocolat au lait ou blanc. La procédure de la recette reste la même mais faites toujours fondre le chocolat au bain-marie avec un peu d'eau, de lait ou de crème ; ne faites jamais fondre le chocolat à même la casserole, il risquerait de brûler.

POUR NAPPER LES GÂTEAUX OU CONFECTIONNER DE SUCCULENTS DESSERTS

La crème Chantilly a la malencontreuse habitude de s'affaisser très rapidement et de perdre sa légèreté. Voici un truc qui permet non seulement de la parfumer de diverses manières, mais encore de la « consolider » pour qu'elle puisse attendre sans crainte son heure de gloire.

RECETTE DE BASE : CRÈME CHANTILLY

Pour environ 50 g de chantilly
Préparation : 10 min
Congélation : 10 min
Coût : €

INGRÉDIENTS

30 cl de crème liquide à 30 % de matière grasse
15 g de sucre glace

MATÉRIEL

Batteur électrique

1. Montez la crème liquide bien froide en chantilly à l'aide du batteur électrique.
2. Lorsqu'elle est bien prise, ajoutez le sucre glace.
3. Cessez de fouetter dès que la chantilly tient au fouet.

CONSEIL

Pour être sûr de réussir votre chantilly, placez les manches du batteur électrique et le saladier dans le congélateur pendant 10 min.

1

Vous pouvez préparer, selon le même principe, d'autres crèmes à base de crème fraîche. Voici quelques exemples :

1 Crème chantilly au citron

Ajoutez le jus d'un citron à la crème mélangée à la gélatine. Mettez au frais et fouettez comme dans la recette de base.

2 Crème chantilly aux groseilles

Réduisez les groseilles en purée, puis passez-les à travers un tamis pour éliminer les pépins. Préparez ensuite la crème comme dans la recette de base.

QUELQUES CONSEILS

- La crème que vous voulez fouetter doit toujours être très froide. L'idéal est de la battre dans un récipient en métal préalablement réfrigéré.
- Le sucre empêche la crème de devenir ferme, ne l'ajoutez donc que tout à la fin. Choisissez de préférence du sucre glace, qui se dissout plus vite.
- Utilisez sans attendre la crème fouettée à laquelle vous n'avez pas ajouté de gélatine, car elle retombe très rapidement.

2

3

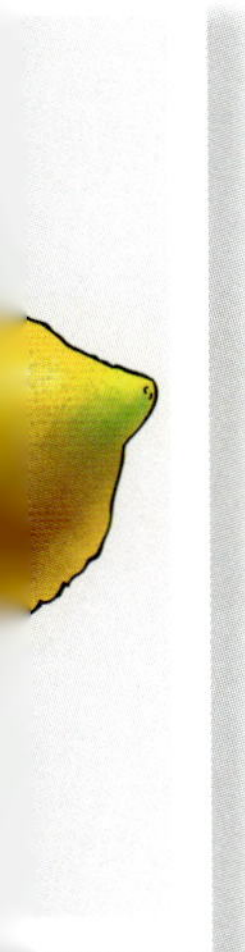

4

3 Crème chantilly au fromage blanc

Sucrez à volonté 250 g de fromage blanc. Passez à travers un tamis et incorporez à la crème fouettée.

4 Crème fouettée au moka

Ajoutez à la crème fraîche mélangée à la gélatine 5 cuil. à soupe de moka très fort. Mettez au frais, puis fouettez comme dans la recette de base.

CYGNES À LA CRÈME CHIBOUST

Pour 6 personnes
Préparation : 25 min
Cuisson : 45 min
Coût : €

INGRÉDIENTS

12,5 cl de lait
12,5 cl d'eau
110 g de beurre
10 g de sucre
1 pincée de sel
140 g de farine
5 œufs
Sucre glace

POUR LA CRÈME CHIBOUST

2 feuilles de gélatine
4 œufs
250 g de lait
½ gousse de vanille
50 g + 125 g de sucre
25 g de farine
4 cl d'eau

MATÉRIEL

Sonde de cuisson
Batteur électrique
Poche munie d'une douille cannelée de 8-10 mm
Poche munie d'une douille cannelée

1. Mettez les feuilles de gélatine à tremper dans de l'eau froide. Pour préparer la crème chiboust, il faut commencer par faire une crème pâtissière : portez le lait à ébullition avec la demi-gousse de vanille fendue et grattée. Pendant ce temps, fouettez les jaunes d'œufs avec le sucre jusqu'à ce que le mélange blanchisse. Ajoutez la farine et mélangez bien. Lorsque le lait bout, filtrez-le et versez tout en fouettant sur le mélange à base de jaunes d'œufs. Remettez le tout dans la casserole et faites cuire sans bouillir tout en fouettant. Lorsque la crème est prête, incorporez la gélatine ramollie et égouttée dans la crème pâtissière encore chaude.

2. Préparez ensuite une meringue italienne : réalisez un sirop avec le sucre en poudre et l'eau et mesurez la température avec une sonde, elle doit atteindre les 121 °C. En parallèle, montez les blancs d'œufs en neige au batteur électrique. Lorsque le sirop de sucre atteint 121 °C, baissez la vitesse du batteur au minimum et versez le sucre en une fois sur les blancs. Laissez tourner à vitesse réduite 1 min, le temps que les blancs d'œufs cuisent puis augmentez à nouveau à vitesse maximum pour faire tiédir la meringue, elle ne doit plus être chaude au toucher. Enfin, incorporez la meringue italienne à la crème pâtissière refroidie pour obtenir la crème chiboust.

3. Préparez ensuite la pâte à choux en mettant à bouillir le lait, l'eau, le beurre, le sucre et le sel. Versez en une seule fois toute la farine et mélangez avec une cuillère en bois jusqu'à ce que la pâte se détache des parois de la casserole. Séchez la pâte encore quelques minutes puis transvasez-la dans le bol de votre robot. Incorporez les 4 premiers œufs un à un en battant. Battez le cinquième œuf et incorporez-le petit à petit jusqu'à obtenir la bonne consistance (pâte souple et homogène, légèrement collante mais pas liquide).

4. Recouvrez une plaque de cuisson de papier sulfurisé ou d'un tapis en silicone. Mettez la pâte à choux dans une poche munie d'une douille cannelée de 8-10 mm et déposez la pâte à choux en forme de « gouttes » d'environ 10 cm de long sur 5 cm de large pour faire les corps des cygnes. Faites un deuxième passage au centre des formes pour doubler la pâte. Badigeonnez de jaune d'œuf, puis enfournez à 220 °C (th. 7) pendant environ 25 min.

5. Sur une autre plaque, dressez le restant de pâte à choux en formant des « 2 » assez fins pour faire les cous et têtes des cygnes. Badigeonnez de jaune d'œuf et enfournez séparément des corps pendant 5 min à 220 °C (th. 7). Lorsque tous vos choux sont cuits, déposez-les sur une grille et laissez-les refroidir complètement.

6. Découpez les corps des cygnes en deux dans le sens de la hauteur, puis coupez la partie du dessus en deux dans la longueur pour former les ailes des cygnes. Mettez la crème dans une poche munie d'une douille cannelée et garnissez les demi-choux. Placez les ailes et les cous et saupoudrez d'un voile de sucre glace. Réservez au frais jusqu'à la dégustation.

QUEL RAFFINEMENT : UNE CRÈME AU CITRON SUR UN FOND DE PÂTE SABLÉE LE TOUT NAPPÉ D'UN MERINGAGE DORÉ

L'appareil à meringue, ici, tient lieu de crème : au lieu de le faire sécher à four doux, on le passe rapidement à four très chaud, jusqu'à ce que les crêtes soient joliment dorées. La neige reste très moelleuse et fait, pourrait-on dire, d'une pierre trois coups : elle protège la crème parfumée qu'elle cache, habille merveilleusement le gâteau et réserve au palais la surprise d'un très agréable contraste.

TARTE AU CITRON MERINGUÉE

Pour 6 personnes
Préparation : 30 min
Cuisson : 8 à 10 min
Coût : €

INGRÉDIENTS :

1 fond de tarte en pâte sablée (page 121)
1 blanc d'œuf
3 citrons non traités (12 cl)
4 œufs entiers
100 g de sucre glace
40 g de beurre mou

POUR LA MERINGUE

3 blancs d'œufs
70 g de sucre semoule

MATÉRIEL

Moule à tarte
Batteur électrique
Couteau zesteur ou râpe

1. Préchauffez le four à 180 °C (th. 6). Préparez le fond de tarte et cuisez-le à blanc (page 20). Afin de préserver le croustillant de la pâte, badigeonnez-la avec un pinceau de blanc d'œuf légèrement battu 5 min avant la fin de la cuisson.
2. Prélevez le zeste de 2 citrons et récupérez le jus des 3. Dans une casserole, fouettez les œufs avec le sucre puis ajoutez le jus et les zestes des citrons. Mélangez bien le tout puis faites cuire sans cesser de remuer environ 6 min à feu moyen jusqu'à épaississement. Dès que la crème atteint la consistance d'une mayonnaise, coupez le feu et ajoutez le beurre coupé en dés, puis remuez vigoureusement. Plongez la casserole dans un bain d'eau froide pour faire refroidir le lemon curd.
3. Montez les blancs en neige ferme en incorporant petit à petit le sucre. Répartissez cette meringue sur la crème au citron bien refroidie.
4. Passez la tarte quelques instants sous le gril du four pour colorer la meringue.
5. Dégustez aussitôt ou conservez la tarte au réfrigérateur.

OPÉRA

Pour 8 personnes
Préparation : 1 h
Cuisson : 12 min
Réfrigération : 2 h
Coût : €

INGRÉDIENTS

125 g de sucre glace
110 g de poudre d'amandes
3 œufs entiers + 3 blancs d'œufs
1 pincée de sel
20 g de beurre fondu
20 g de sucre en poudre

POUR LE SIROP AU CAFÉ

10 cl d'eau
70 g de sucre en poudre
10 cl de café fort type expresso
1 cuil. à soupe de rhum (facultatif)

POUR LA CRÈME AU BEURRE AU CAFÉ

125 g de sucre en poudre
3 cl d'eau
3 jaunes d'œufs
125 g de beurre mou
1 cuil. à soupe d'extrait de café

POUR LA GANACHE AU CHOCOLAT

200 g de chocolat noir à pâtisser
20 cl de crème liquide
20 g de beurre

POUR LE CROUSTILLANT PRALINÉ

50 g de crêpes dentelle (« gavottes »)
100 g de pralinoise

POUR LE GLAÇAGE

200 g de chocolat à pâtisser à 55 % de cacao minimum
1 cuil. à soupe de miel liquide
20 g de beurre

1. Commencez par préparer le biscuit : préchauffez le four à 180 °C (th. 6). Mélangez le sucre glace et la poudre d'amandes dans un saladier. Ajoutez les œufs entiers tout en fouettant, puis le beurre fondu.

2. Montez les blancs en neige avec la pincée de sel. Lorsque les blancs sont pris, ajoutez le sucre en poudre en pluie. Remuez jusqu'à ce que les blancs soient brillants. Incorporez-les délicatement au mélange précédent à l'aide d'une spatule souple.

3. Versez la pâte en rectangle sur une plaque de four recouverte de papier sulfurisé. Lissez bien le dessus. Faites cuire le biscuit pendant 10 à 15 min jusqu'à ce qu'il soit légèrement doré. Laissez refroidir.

4. Préparez le sirop : portez à ébullition l'eau et le sucre en poudre dans une casserole. Lorsque le mélange bout, retirez du feu et ajoutez le café et le rhum (facultatif). Réservez.

5. Préparez la crème au beurre en suivant la recette de la page 309. Aromatisez-la avec l'extrait de café. Réservez.

6. Préparez la ganache au chocolat : à l'aide d'un couteau, concassez le chocolat en grosses pépites. Déposez-les dans un saladier. Faites bouillir la crème liquide et versez-la sur le chocolat. Remuez jusqu'à ce que le mélange devienne bien lisse. Ajoutez en dernier le beurre coupé en petits morceaux. Remuez et laissez refroidir à température ambiante.

7. Préparez le croustillant praliné : émiettez grossièrement les crêpes dentelle et déposez-les dans un bol. Faites fondre la pralinoise au bain-marie. Lorsqu'elle est fondue, remuez et versez-la sur les crêpes dentelle. Mélangez bien.

8. Coupez le biscuit de l'opéra en trois rectangles égaux. Déposez le premier sur le plat de service. Vous pouvez glisser ce premier biscuit dans un cadre à pâtisserie de la même taille, pour un résultat plus net. Imbibez généreusement le biscuit de sirop à l'aide d'un pinceau. Versez la moitié de la crème au beurre au café sur le biscuit et lissez à l'aide d'une spatule. Déposez par-dessus le croustillant au praliné. Lissez à l'aide d'une spatule. Posez le deuxième biscuit par-dessus et imbibez-le de sirop à l'aide d'un pinceau. Recouvrez-le de ganache au chocolat. Lissez également à l'aide d'une spatule et déposez le troisième biscuit. Imbibez celui-ci de sirop et versez le restant de crème au beurre au café. Lissez bien la surface et laissez reposer l'opéra pendant 2 h au réfrigérateur.

9. Au bout des 2 h, préparez le glaçage au chocolat. Concassez grossièrement le chocolat à l'aide d'un couteau et faites-le fondre au bain-marie avec le miel et le beurre coupé en morceaux. Lorsque le mélange est fondu, versez-le rapidement sur l'opéra et lissez à l'aide d'une spatule. Laissez de nouveau reposer l'opéra pendant 2 h au réfrigérateur. Retirez le cadre à pâtisserie lorsque le glaçage a durci.

CONSEIL

Si possible, préparez cet opéra la veille de la dégustation afin qu'il puisse reposer une douzaine d'heures au frais, il sera encore meilleur !

MOKA

Pour 6 personnes
Préparation : 1 h
Cuisson : 25 à 30 min
Réfrigération : 3 h
Coût : €

INGRÉDIENTS

100 g de poudre d'amandes
100 g de sucre glace
3 œufs + 3 blancs d'œufs
20 g de beurre fondu
20 g de sucre en poudre
30 g de farine

POUR LA CRÈME AU BEURRE AU CAFÉ

125 g de sucre en poudre
3 cl d'eau
3 jaunes d'œufs
125 g de beurre mou
1 cuil. à soupe d'extrait de café

POUR LE SIROP

120 g de sucre en poudre
10 cl d'eau
5 cl de café fort type expresso
1 cuil. à café d'extrait de café

POUR LE DÉCOR

100 g d'amandes effilées
Grains de café en chocolat
Copeaux de chocolat

MATÉRIEL

Moule rond de 22-24 cm de diamètre

1. Préparez le biscuit : préchauffez le four à 180 °C (th. 6). Dans un saladier, mélangez la poudre d'amandes et le sucre glace. Ajoutez les œufs entiers puis fouettez vivement. Ajoutez le beurre fondu.

2. Montez les blancs en neige, ajoutez-y le sucre en poudre en pluie et remuez encore 2 min. Ajoutez-les au mélange précédent en remuant délicatement à l'aide d'une spatule souple. Incorporez la farine tamisée sans casser la mousse.

3. Beurrez et farinez un moule rond de 22 ou 24 cm de diamètre et versez-y la pâte. Faites cuire le gâteau pendant 25 à 30 min à 180 °C (th. 6). Il doit être bien gonflé et doré. Vérifiez la cuisson en plantant la lame d'un couteau à l'intérieur du gâteau : elle doit ressortir sèche. Démoulez le biscuit et laissez-le refroidir sur une grille.

4. Préparez la crème au beurre au café en suivant la recette de la page 309 et en l'aromatisant avec l'extrait de café. Réservez.

5. Préparez le sirop : dans une petite casserole, faites bouillir le sucre et l'eau. Hors du feu, ajoutez le café et l'extrait de café. Laissez refroidir.

6. Coupez le biscuit en trois dans le sens de l'épaisseur à l'aide d'un grand couteau à dents. Déposez le premier disque sur le plat de service. Imbibez-le généreusement de sirop au café à l'aide d'un pinceau. Étalez une première couche de crème au beurre au café.

7. Posez le deuxième disque par-dessus. Imbibez-le généreusement de sirop au café et étalez une nouvelle couche de crème au beurre au café.

8. Enfin, déposez le dernier disque et badigeonnez-le de sirop au café. Recouvrez tout le gâteau de crème au beurre au café, en lissant bien avec une spatule pour que la couche ne soit pas trop épaisse. Conservez de la crème au beurre pour la décoration.

9. Faites revenir dans une poêle, sans matière grasse, les amandes effilées pour qu'elles colorent. Décorez le tour du gâteau d'amandes effilées. À l'aide d'une poche à douille, décorez le dessus avec le restant de crème au beurre. Ajoutez les grains de café au chocolat et les copeaux de chocolat. Laissez reposer le moka pendant au moins 3 h au réfrigérateur.

CONSEIL

Préparez ce moka la veille de la dégustation et laissez-le reposer une douzaine d'heures au frais, il n'en sera que meilleur !

MONT-BLANC

Pour 6 personnes
Préparation : 60 min
Cuisson : 4 h
Repos : 2 h
Coût : €

INGRÉDIENTS

300 g de marrons frais ou en bocaux
150 g de cassonade
1 gousse de vanille
2 cuil. à soupe de rhum brun
Sel

POUR LA MERINGUE

2 blancs d'œuf
120 g de sucre semoule

POUR LA GARNITURE

1 gousse de vanille
1 cuil. à soupe de sucre glace
15 cl de crème liquide
30 g de beurre à température ambiante

MATÉRIEL

Moulin à légumes
Batteur électrique
Poche à pâtisserie

1. Préparez la crème de marron. Incisez les marrons à la base en croisillons et plongez-les dans une casserole d'eau bouillante salée. Sortez les marrons un à un et ôtez la coque ainsi que la peau.
2. Mettez les marrons épluchés dans une casserole avec la cassonade, la gousse de vanille coupée en deux et le rhum. Couvrez d'eau, portez à ébullition et laissez cuire à feu doux pendant 1 h. Les marrons doivent pouvoir s'écraser à la fourchette.
3. Retirez la gousse de vanille et passez les marrons au moulin à légumes muni d'une grille fine. La purée doit être homogène et un peu liquide. Gardez le jus de cuisson et laissez refroidir au réfrigérateur. Si la purée est trop épaisse une fois refroidie, ajoutez un peu de jus.
4. Préparez la meringue. Montez en neige les blancs d'œufs tout en versant délicatement le sucre afin d'obtenir une meringue épaisse et brillante. Garnissez-en une poche à pâtisserie et réalisez de petits cercles de meringue de 5 cm de diamètre. Préchauffez le four à 100 °C (th. 3) et enfournez les meringues durant 3 h en ouvrant la porte de temps à autre afin d'évacuer l'humidité. Sortez du four et laissez refroidir sur une grille.
5. Préparez la garniture. Coupez la gousse de vanille en deux dans le sens de la longueur, retirez les graines et mélangez-les au sucre glace. Réalisez une chantilly avec la crème et le sucre glace.
6. Mélangez la crème de marron avec le beurre à température ambiante. Remplissez-en une poche à pâtisserie garnie d'une douille ronde très fine.
7. Étalez sur les meringues une couche de 1 cm de chantilly, puis recouvrez le tout de fins vermicelles de crème de marron. Gardez au frais ou servez aussitôt.

DÉCORS ET GARNITURES

LA DERNIÈRE TOUCHE

La réussite parfaite d'une pâtisserie, c'est un moment prestigieux qui apporte de la fierté à celle ou celui qui l'a préparée. Et la cerise sur le gâteau, c'est bien sûr le décor ! Dépouillé ou sophistiqué, il sera le garant de votre savoir-faire ! Du plus simple au plus élaboré, sur assiette ou sur le dessert lui-même, pour faire passer un message, marquer un événement ou tout simplement pour laisser parler votre créativité ! Pas besoin de sombrer dans l'excès, faites-vous plaisir par petites touches et vous sublimerez votre dessert…

RECETTE DE BASE

Les décors délicats dont il est question ici exigent une main sûre et beaucoup de patience. Mais le jeu en vaut largement la chandelle. Un petit truc concernant la couverture fondue : pour obtenir un beau nappage satiné, laissez refroidir complètement le chocolat après l'avoir fait fondre une première fois. Et réchauffez-le doucement, toujours au bain-marie.

FLEURS ET PERSONNAGES EN CHOCOLAT

1

Dessinez sur du papier sulfurisé des petites formes de votre choix : champignons, sapins, cloches, fleurs, etc.

2

Versez du chocolat fondu (noir par exemple) dans une poche équipée d'une douille fine. Déposez un fin cordon de chocolat sur les contours des dessins.

3

Remplissez une autre poche à douille d'un autre chocolat (blanc ou au lait par exemple). Remplissez l'intérieur des dessins de ce chocolat, puis laissez prendre 1 h au réfrigérateur.

4
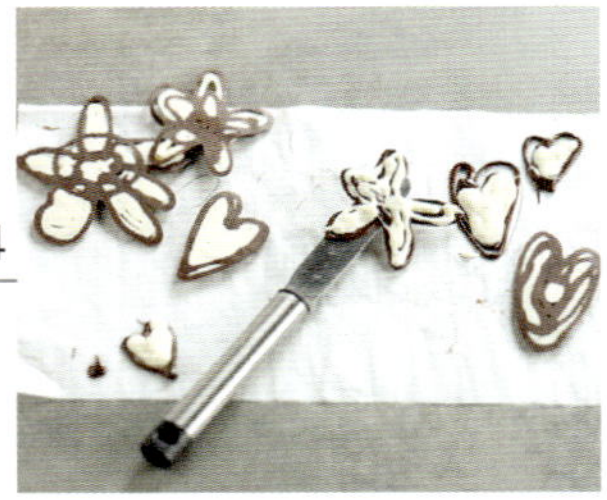

Décollez délicatement les formes en chocolat en pliant un peu le papier sulfurisé.

CHEVEUX D'ANGE, PANIERS ET PÉTALES EN CARAMEL

1

Préparez les cheveux d'ange. Dans une casserole, mettez 200 g de sucre avec 10 cl d'eau et portez à ébullition. Laissez cuire jusqu'à ce que la température atteigne 150 °C. Le caramel doit alors avoir une belle couleur blonde.

2

Ajoutez quelques gouttes de colorant. Étalez une feuille de papier sulfurisé sur un plan de travail. Prenez une fourchette et trempez-la dans le caramel. Faites-lui faire ensuite des mouvements de balancier au-dessus du papier sulfurisé. Le caramel va tomber tout en s'étirant et en faisant comme des cheveux. Réalisez plusieurs petits tas et utilisez-les pour décorer des gâteaux et des desserts glacés.

3

Réalisez les paniers en caramel (vous pouvez faire 4 paniers avec ces proportions). Dans une casserole, faites cuire 200 g de sucre en suivant les mêmes indications que plus haut. Graissez le dos d'une louche et disposez-la sur une feuille de papier sulfurisé. En vous aidant d'une cuillère, faites couler des traits parallèles de caramel sur la louche, faites-en ensuite de façon perpendiculaire et pour terminer, faites des croisillons. Laissez refroidir afin que le caramel durcisse (il se décollera alors facilement de la louche) et utilisez ces paniers pour présenter des boules de glace, des fruits, des bonbons ou pour couvrir un dessert individuel, une tartelette…

4

Préparez les pétales de caramel. Faites d'abord cuire le sucre restant de la même manière. Sur une feuille de papier sulfurisé, réalisez des petits disques de caramel de 3 cm de diamètre. En vous aidant d'une cuillère, étalez et étirez légèrement un côté.

CHIPS DE ROSE

1

La veille de la dégustation, préchauffez le four à 120 °C (th. 4). Retirez les pétales de rose non traités et ne gardez que les plus beaux.

2

Dans un bol, battez 2 blancs d'œufs et badigeonnez-en les pétales de rose. Saupoudrez-les ensuite de 100 g sucre semoule et disposez-les sur une feuille de papier sulfurisé. Éteignez le four et laissez-le légèrement entrouvert à l'aide du manche d'une cuillère en bois.

3

Enfournez les pétales de rose et laissez-les reposer toute une nuit au four afin qu'ils dessèchent et cristallisent. Le lendemain, sortez-les et placez-les dans une boîte hermétique.

FEUILLES EN CHOCOLAT

1

Râpez ou hachez du chocolat. Faites- le ensuite fondre au four à micro-ondes ou au bain-marie. Pour que les feuilles soient bien brillantes, ne faites pas inutilement chauffer le chocolat.

2

Rincez délicatement les feuilles choisies (laurier, houx, vigne, etc. pas trop grosses et jeunes) sous l'eau courante, puis égouttez-les dans une passoire.

3

Épongez les feuilles à l'aide de papier absorbant, puis laissez-les complètement sécher sur un plat.

4

Trempez un pinceau de cuisine bien sec dans le chocolat fondu. Enduisez l'une des faces d'une feuille de chocolat.

5

Posez la feuille recouverte de chocolat sur du papier sulfurisé, puis laissez reposer pendant 15 min dans le réfrigérateur.

6

Délicatement, décollez l'extrémité de la feuille de chocolat et détachez la du végétal. Répétez l'opération avec les autres feuilles.

POUR METTRE EN VALEUR ET CACHER CERTAINS PETITS DÉFAUTS : LES GLAÇAGES

La pâtisserie aime se maquiller, et elle fait appel pour cela aux purées de fruits, glaçages, nappages et sirops les plus divers. Ils lui donnent l'éclat et la couleur qu'elle n'a peut-être pas acquis dans le four. Ou, au contraire, atténuent un « bronzage » un peu trop intense. Et, ce qui n'est pas à dédaigner, ils en rehaussent en outre la saveur.

1 Glace royale

Elle forme sur les pâtisseries qu'elle nappe une épaisse couche blanche, qui convient tout particulièrement aux gâteaux des grandes occasions : mariages, baptêmes ou autres.
Au fouet électrique, battez lentement des blancs d'œufs en neige ferme et satinée. Ajoutez petit à petit du sucre glace pour obtenir un appareil lisse et léger : comptez 250 g de sucre glace par blanc d'œuf.
Étalez la glace royale à la spatule ou, pour des décors plus sophistiqués, à la poche en papier sulfurisé. Elle devient dure et croquante en séchant.

2 Glace au blanc d'œuf et au sucre

C'est le plus simple des glaçages, que vous pouvez utiliser tel quel ou colorer au gré de votre fantaisie.
Dans un saladier, mélangez 200 g sucre glace et 1 blanc d'œuf jusqu'à ce que la préparation soit homogène. Ajoutez alors le jus de ½ citron et mélangez bien. Étalez ensuite sur les gâteaux.

QUAND ON PARLE DE CHOCOLAT…

Au seul mot de « chocolat », les yeux brillent et l'eau vient automatiquement à la bouche.
C'est que le chocolat n'est pas seulement la tablette achetée à l'épicerie ou la barre dans le petit pain du goûter. La traduction du nom savant Theobroma cacao, attribué par Linné à la fève de cacao, est « nourriture des dieux ». Tel était le cacao pour ses premiers adeptes, les Amérindiens du Mexique précolombien, qui le prisaient si fort qu'il leur servait de monnaie d'échange, à l'égal de l'or. Les cacaoyères, sous les rois aztèques, faisaient fonction de banque d'État et les fèves de cacao fixaient le cours de la monnaie.

LE CHOCOLAT DIT DE COUVERTURE

C'est un chocolat spécialement pur, dont la teneur en beurre de cacao est élevée, ce qui lui permet de fondre sans formation de grumeaux.
Appelé parfois chocolat à napper, ou tout simplement chocolat tendre, on l'utilise pour toutes les préparations où le chocolat doit être fondu, décors et glaçages notamment.

LES COPEAUX DE CHOCOLAT

Ils servent à décorer les gâteaux et certains desserts d'apparat. Il faut, pour les confectionner, du chocolat de couverture à la bonne température, une plaque de marbre (le verre convient aussi, ainsi que tout autre matériau parfaitement plan et froid au toucher), une spatule en métal et… du doigté. Coulez la couverture fondue en une couche très fine sur le marbre. Laissez refroidir juste assez pour que le chocolat se fige, et raclez avec la spatule : le chocolat se roule en copeaux d'autant plus étroits que la couche sur le marbre est froide. Si vous désirez des copeaux effilochés, qui sont d'un effet très décoratif sur certaines grandes pièces de pâtisserie, il faut veiller à ce que la couverture soit malléable.

... ON FOND COMME NEIGE AU SOLEIL !

Mais notre chocolat n'a pas de point commun avec le breuvage dont se délectait l'empereur Moctezuma, qui faisait servir à la fin des repas, dans des tasses en or, du xocoatl amer et diversement épicé. Si les conquistadores de Christophe Colomb n'apprécièrent guère cette boisson amère, ils n'en ramenèrent pas moins la fève de cacao en Europe (heureusement !), où des cuisiniers ingénieux découvrirent le trésor qu'elle représentait. Aujourd'hui, le chocolat est sublimé par les chocolatiers ou abîmé parfois par l'industrie, mais il reste le symbole de la tentation à laquelle il est si agréable de succomber.

L'ENROBAGE DE CHOCOLAT : LE PLUS BEL HABIT POUR UN GÂTEAU

Qu'y a-t-il de plus séduisant que ce manteau doux-amer qui cache si bien ce qu'il habille ? Pour qu'il tombe bien, sans pli, le gâteau est d'abord tapissé d'une fine couche de pâte d'amandes. Abaissez la pâte d'amandes au rouleau, en l'aplatissant éventuellement avec une plaque à pâtisserie. Coulez la couverture fondue à la bonne température au centre du gâteau et étalez-la délicatement à la spatule tout en faisant tourner le gâteau sur lui-même. Laissez couler la couverture le long du bord pour qu'elle nappe toute la hauteur du gâteau. Quand le chocolat est figé, mais avant qu'il ne soit froid, vous pouvez marquer les parts avec un couteau chauffé. Vous éviterez ainsi que le chocolat se brise lorsque vous servez le gâteau (Sachertorte, page 110).

LES FEUILLES EN CHOCOLAT

Cette présentation de framboises fraîches sur un lit de feuilles en chocolat se passe de commentaire. Les feuilles en chocolat accompagnent aussi le café, et on peut les offrir à une amie gourmande. La manière de les confectionner est expliquée à la page 329. Vous pouvez utiliser les feuilles de toutes sortes de plantes et, pourquoi pas, récompenser un gros effort par une couronne de feuilles de laurier en chocolat...

TOUT L'ART DU DÉCOR DANS UN CORNET DE PAPIER

Pour tracer sur les gâteaux, les biscuits ou les pièces de confiserie des lignes filiformes et des dessins déliés, il ne faut rien d'autre qu'un glaçage au sucre épais et un petit cornet de papier. Et une main sûre, c'est évident. Avec un peu d'exercice, on arrive à écrire toute une lettre : on peut en raconter des choses sur un biscuit aux dimensions de la plaque du four !

UN OUTIL IDÉAL POUR DÉCORER

La poche à douille ordinaire, qu'on utilise pour les pâtes, les crèmes et les appareils de tout genre, ne convient pas pour les décors très fins, en filigrane presque. Elle est trop grande pour qu'on puisse la manier avec la dextérité voulue. Servez-vous donc de petits cornets en papier parchemin ou en papier sulfurisé, que vous fabriquez vous-même ou que vous achetez tout faits dans les magasins d'articles ménagers. On ne les utilise qu'une seule fois, faut-il le dire. Plus le trou que vous ferez aux ciseaux à la pointe du cornet est petit, plus les traits que vous tirerez seront fins. Vous pouvez toujours agrandir le trou pour tracer les lignes plus épaisses, les points, etc. qui termineront la décoration.

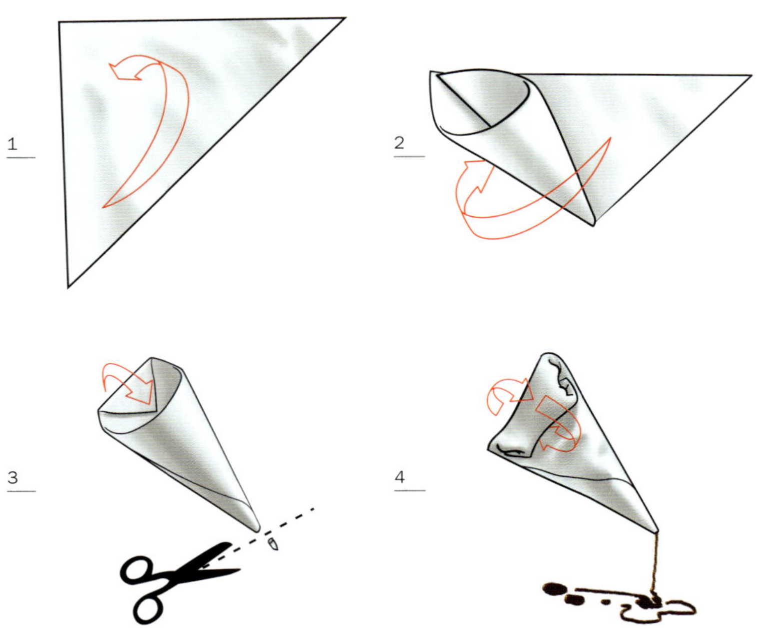

QUELQUES CONSEILS PRATIQUES

- Tenez toujours le cornet 1 cm au moins au-dessus de la pâtisserie à décorer. Plus vous « dessinez » de haut, plus les motifs sont réguliers.
- Le filet de sucre qui sort du cornet doit être assez ferme pour qu'on puisse littéralement le coucher sur la pâtisserie.
- Pour appliquer des traits filiformes et serrés, travaillez aussi vite que possible : plus le mouvement de va-et-vient est rapide, plus les lignes sont fines.
- Ne laissez jamais le cornet rempli en attente : le contenu risquerait de sécher.

1 Une encre très spéciale

Le plus simple est d'utiliser un glaçage au sucre (glace à l'eau) très ferme : délayez du sucre en poudre avec quelques gouttes de liquide (eau, alcool, colorant) pour obtenir une bouillie consistante, mais malléable. Passez-la à travers un tamis pour éliminer les grumeaux éventuels, qui risqueraient de boucher le cornet. Les traits que vous tirez à l'aide de ce cornet doivent garder leur forme, et ne peuvent en aucun cas s'étaler.

2

2 Les décors en chocolat

Tracer de fines lignes en chocolat, c'est déjà un peu plus difficile : faites fondre un peu de chocolat de couverture et ajoutez-y quelques gouttes d'eau ou de rhum pour obtenir un mélange qui file. Versez aussitôt dans un cornet et appliquez sur le décor sans attendre.

3

3 Des glaçages de couleur

Vous pouvez teinter la glace à l'eau à volonté avec des colorants alimentaires. En rouge, en vert, en bleu ou en jaune. En mélangeant ces couleurs de base, on obtient toutes les nuances. On trouve dans le commerce des petits tubes de glaçage de couleur, qui sont bien pratiques. Enfin, vous pouvez utiliser les couleurs naturelles du safran (jaune intense), des épinards (vert foncé) ou de la betterave (rouge).

UN CLIN D'ŒIL ESTIVAL AU CŒUR DE L'HIVER : LES TARTES AUX FRUITS

Deux temps, trois mouvements, et les voilà sur la table : les fonds en pâte battue ou sablée – et pourquoi pas en biscuit ? – peuvent être préparés à l'avance et surgelés ; ou, le cas échéant, achetés tout faits. Les fruits sortent du congélateur ou d'une boîte. Pendant que le nappage refroidit, on a juste le temps de fouetter la crème et de préparer le café.

LE MOULE

– Il présente un bord cannelé, qui donne au fond sa forme typique, empêche les fruits de tomber et le nappage de se sauver.
– Il convient pour tous les types de pâte : pâte sablée, pâte travaillée ou biscuit. Les deux premières donnent des fonds croustillants, la troisième un fond moelleux.
– Tous ces fonds se conservent une huitaine de jours dans des boîtes en fer-blanc ou en matière synthétique alimentaire, hermétiquement fermées.

LES FRUITS

On mange d'abord avec les yeux, c'est bien connu. Choisissez donc les fruits en fonction de leur couleur : deux couleurs contrastées par exemple. Ils conviennent tous pour garnir les fonds de tarte. Les fruits fermes seront au préalable pochés dans un sirop de sucre ou un peu de vin blanc : pommes, poires, pêches, etc. Le liquide de cuisson peut alors servir pour le nappage. Si vous ne disposez pas de fruits frais, choisissez de préférence des fruits surgelés, qu'il est bien pratique d'avoir chez soi. D'une part, ils sont à disposition toute l'année et, d'autre part, ils font gagner du temps puisqu'il suffit de les ranger sur le fond de pâte à l'état congelé et de couler le nappage chaud dessus : ils retrouveront alors très vite leur état ordinaire, et le froid fera prendre le nappage.

LE NAPPAGE

Il « maquille » les fruits en leur donnant un beau brillant, souligne leur arôme et les empêche de faire la culbute quand on coupe la tarte. On trouve dans le commerce des petits sachets de nappage instantané. Il faut compter deux sachets pour une tarte de 22 à 26 cm de diamètre : on dilue le contenu dans du jus de fruits au même parfum que les fruits de la garniture et on attend que le nappage commence à prendre, sans être tout à fait figé, pour le verser sur la tarte. À noter que s'il est trop liquide, il coule sur le fond et le ramollit. La meilleure méthode est d'utiliser un pinceau pour enduire les fruits.

LE NAPPAGE MAISON

C'est le meilleur, bien sûr, et son arôme est plus intense. Choisissez une gelée ou une confiture faite avec les mêmes fruits que ceux de la garniture ou, au contraire, avec des fruits plus acides ou plus sucrés. Les gelées ou les confitures de groseilles, de framboises, de pommes, de citrons et d'oranges font de très bons nappages. Chauffez la gelée ou la confiture choisie avec une cuillerée à soupe de sucre et passez au tamis pour que le nappage soit bien lisse. Laissez refroidir et versez sur la tarte. Une fois complètement refroidi, le nappage maison a la bonne consistance et donne un beau brillant aux fruits.

LES FRUITS SUR UN LIT DE CRÈME

La couche de crème isole le fond des fruits, ce qui lui évite de ramollir. Voilà qui est bien pratique lorsque, pour une raison ou pour une autre, la tarte doit être préparée et garnie la veille. Choisissez une crème au beurre ou une crème pâtissière (pages 309 et 312).

2

1

1 Tarte framboises et myrtilles

Entre 500 et 600 g de fruits de chaque sorte suffisent pour garnir un fond de tarte de 24 ou 26 cm de diamètre. Prenez le temps de ranger les fruits en spirale, en commençant au centre : c'est du plus bel effet. Couvrez d'un nappage instantané ou maison.

3

4

2 Tarte aux trois fruits

Égouttez avec soin une boîte (400 g environ) de quartiers de mandarine et rangez-les très régulièrement le long du bord en les faisant se chevaucher. Couvrez le fond de moitiés d'abricots au sirop (une boîte de 400 g environ), bien égouttés eux aussi. Remplissez les interstices de grains de raisin (200 g environ). Couvrez d'un nappage instantané préparé avec le jus des mandarines ou des abricots, ou nappez d'une gelée au choix.

3 Tarte fraises et ananas

Posez quatre ou cinq rondelles d'ananas sur le fond de tarte et remplissez les interstices de fraises fraîches équeutées. Couvrez d'un nappage préparé avec le jus des ananas.

4 Tarte mûres, groseilles et kiwis

Pelez les kiwis et coupez-les en rondelles de 1 cm d'épaisseur, posez la plus grande au centre du fond de tarte et rangez les autres en cercle tout autour. Remplissez les interstices de mûres et de groseilles (250 g de chaque sorte). Couvrez d'un nappage transparent ou préparé avec de la gelée de groseille.

18 DÉCORS – DU PLUS SIMPLE AU PLUS ÉLABORÉ

Voilà de quoi rendre les gâteaux de toutes tailles encore plus tentants. De quoi les personnaliser aussi. Suivant l'occasion et le temps dont vous disposez, vous avez le choix entre un rapide habillage de cacao ou un décor très théâtral, très romantique ou très sophistiqué.

Tranches d'oranges confites. Coupez les rondelles aussi finement que possible et faites-les confire dans un sirop de sucre. Très décoratives sur un gâteau à la crème. Nappez d'un glaçage à l'abricot.

Roses en pâte d'amandes pour pièces montées de mariage et autres pâtisseries d'apparat.

La gelée de framboise donne un nappage d'un beau rouge écarlate.

Pâte d'amandes enroulée en guise de « couvercle » sur un gâteau. Coupez une abaisse très fine aux dimensions exactes du gâteau et recourbez les bords.

Des fraises fondantes pour marquer les parts sur un gâteau à la crème. Trempez la moitié des fruits dans un glaçage rose.

Le sucre glace permet de réaliser de très jolis décors. Découpez des formes et des motifs au choix, que vous posez sur la surface du gâteau avant de tamiser le sucre dessus. Ne convient qu'aux surfaces sèches.

Cerises confites pour marquer les parts sur un gâteau.

La noix de coco râpée fait une belle finition au pourtour des gâteaux recouverts de crème. Vous pouvez également y rouler les truffes.

Cerneaux de noix pour marquer les parts sur un gâteau recouvert de crème au chocolat.

Une toile d'araignée pour petites ou grandes pièces de pâtisserie recouvertes de glaçage blanc : dessinez une fine spirale avec du glaçage au chocolat et, avant qu'elle ne soit figée, passez le dos d'un couteau ou une brochette en bois du centre vers l'extérieur à intervalles réguliers.

Recouvrez les groseilles (sur une tarte aux fruits) d'un nappage rouge.

Copeaux de chocolat (page 332). Pour un décor spectaculaire sur un gâteau à la crème.

Le pralin est un décor aussi beau que bon sur le bord des gâteaux. Vous pouvez aussi en semer sur les glaçages les plus divers et y rouler les pièces de confiserie.

Les cigarettes en pâte à gaufre qu'on trouve dans le commerce forment un bord croquant et original autour des gâteaux.

Violettes confites ou cristallisées. Décor romantique pour un gâteau enrobé de crème fouettée.

Les rondelles de citron et le zeste détaillé en très fine julienne servent à décorer gâteaux et tartes aux fruits.

Pistaches grossièrement hachées. Elles décorent aussi bien les gâteaux recouverts de crème claire que foncée, ou habillent les pourtours.

Grains de café en chocolat. Ils servent à marquer les parts sur tous les gâteaux recouverts de crème ou d'un glaçage foncé.

GÂTEAU FLEURI

Pour 8 personnes
Préparation : 1 h 30
Repos : 30 min
Cuisson : 40 min
Coût : €

INGRÉDIENTS

250 g de beurre + 1 noix pour le moule
250 g de sucre en poudre + 1 cuil. à soupe pour le moule
250 g de chocolat à pâtisserie
8 œufs
75 g de farine
100 g de poudre d'amandes

POUR LA GARNITURE

200 g de mascarpone
100 g de sucre glace

POUR LE DÉCOR

600 g de pâte à sucre
1 goutte de colorant alimentaire jaune
1 goutte de colorant alimentaire rose clair
1 goutte de colorant alimentaire rose foncé
1 goutte de colorant alimentaire vert
1 goutte de colorant alimentaire mauve
Un peu de sucre glace
1 blanc d'œuf

MATÉRIEL

Batteur
4 emporte-pièce : ronds de deux tailles différentes, fleur et cœur
Outils pour sculpter et modeler la pâte à sucre
Petite éponge
Petit cône

1. Préchauffez le four à 180 °C (th. 6). Beurrez et sucrez le moule. Réservez-le au réfrigérateur. Cassez le chocolat en morceaux. Faites fondre le beurre dans une casserole, à feu très doux, puis incorporez le chocolat et le sucre. Laissez refroidir.

2. Cassez les œufs en séparant les blancs des jaunes. Sans cesser de fouetter, ajoutez les jaunes d'œufs un par un à la préparation, puis la farine et la poudre d'amandes. Montez les blancs en neige bien ferme. Incorporez-en d'abord un tiers à la préparation puis, quand le mélange est bien homogène, ajoutez délicatement un autre tiers et enfin le dernier tiers afin d'obtenir une pâte bien mousseuse. Remplissez le moule et enfournez 40 min. Démoulez immédiatement et laissez refroidir 30 min.

3. Mélangez le mascarpone et le sucre glace. Nappez-en le gâteau refroidi. Réservez 400 g de pâte à sucre et divisez le reste en cinq. Enfilez des gants en caoutchouc et malaxez chacun des 5 morceaux avec un colorant différent. Saupoudrez le plan de travail de sucre glace et étalez la pâte à sucre blanche. Recouvrez-en le gâteau et lissez-la bien.

4. Avec un emporte-pièce, découpez des fleurs de différentes tailles. Faites onduler les pétales en les appuyant avec l'un des outils sur une petite éponge. Empilez les pétales pour créer des fleurs et fixez-les avec un peu d'eau. Utilisez les outils pour les modeler selon vos envies.

5. Pour créer un arum, découpez un cœur à l'emporte-pièce dans la pâte à sucre blanche. Enroulez le cœur de pâte à sucre sur le petit cône pour lui donner la forme de l'arum. Façonnez un petit boudin de pâte à sucre jaune et placez-le au cœur de la pâte à sucre blanche roulée.

6. À l'emporte-pièce, découpez des formes de fleur de tailles et de couleurs différentes. Empilez-les et passez un coup de rouleau afin d'incruster les pâtes les unes dans les autres. Appuyez bien au centre pour les assembler en une fleur.

7. Enfin, utilisez le reste des pâtes à sucre colorées pour faire des ronds. Décorez le gâteau avec les ronds de pâte à sucre colorés et les fleurs. Fixez les éléments en passant un peu de blanc d'œuf au pinceau en dessous.

TARTE À LA RICOTTA ET ORANGES CONFITES

Pour 6 personnes
Préparation : 60 min
Cuisson : 60 min
Repos : 24 h
Coût : €

INGRÉDIENTS

3 oranges non traitées bien rondes
1 pincée de sel
600 g de sucre en poudre

POUR LA PÂTE SUCRÉE

200 g de farine
125 g de beurre
80 g de sucre glace
1 pincée de sel
50 g de poudre d'amandes
1 œuf
½ gousse de vanille

POUR LA GARNITURE

100 g de germes de blé
1 l de lait frais entier
4 œufs
300 g de ricotta
1 pincée de cannelle
Les graines de 1 gousse de vanille
Le zeste de 1 orange et de 1 citron
200 g de sucre en poudre

MATÉRIEL

Couteau d'office
Tamis
Grille
Rouleau à pâtisserie
Moule à tarte
Papier sulfurisé
Batteur électrique (ou fouet)
Râpe

1. Préparez les oranges confites. Nettoyez les oranges et retirez les bouts ronds. Coupez ensuite les oranges en rondelles de taille égale, d'une épaisseur de 3 à 4 mm.

2. Mettez les rondelles d'orange dans une casserole avec la pincée de sel et couvrez d'eau froide. Portez à ébullition et laissez cuire pendant 5 min. Versez délicatement les oranges dans un tamis et passez sous l'eau froide.

3. Dans une casserole, mettez les rondelles d'orange, ajoutez le sucre et 50 cl d'eau. Portez à ébullition, puis laissez cuire doucement pendant 10 min. Éteignez le feu et laissez refroidir complètement la casserole avec son contenu (comptez au moins 5 à 6 h de repos).

4. Portez de nouveau les rondelles d'orange à ébullition, laissez cuire 10 min puis refroidir 6 h. Recommencez une dernière fois cette opération. Disposez ensuite les rondelles pendant 5 à 6 h sur une grille afin qu'elles sèchent légèrement.

5. Préparez la pâte sucrée. Fendez la demi-gousse de vanille dans la longueur et grattez l'intérieur avec la pointe d'un couteau afin de récupérer les petites graines noires qu'elle contient. Mélangez-les avec l'œuf et le sel dans un bol. Battez vigoureusement. Dans un saladier, mélangez du bout des doigts la farine, le beurre, le sucre glace et la poudre d'amandes afin de bien lier le tout. Vous devez obtenir un sable homogène. Ajoutez alors l'œuf. Pétrissez la pâte jusqu'à ce qu'elle forme une grosse boule. Divisez-la en deux parts égales et laissez-la reposer pendant 1 h au réfrigérateur afin qu'elle durcisse un peu. Ainsi, vous éviterez qu'elle se casse en l'étalant. À l'aide d'un rouleau à pâtisserie, étalez la pâte sur une épaisseur de 3 ou 4 mm. Garnissez-en un moule à tarte graissé ou recouvert de papier sulfurisé. Faites cuire la pâte à blanc (page 20).

6. Préparez la garniture. Faites cuire les germes de blé dans le lait frais pendant 20 min, puis laissez-les gonfler 30 min avant de les égoutter.

7. Séparez les blancs des jaunes d'œufs et montez les blancs en neige avec 50 g de sucre. Dans un saladier, mélangez les jaunes avec la ricotta, la cannelle, la vanille, le sucre, les zestes d'agrumes râpés, les germes de blé. En dernier, incorporez délicatement les blancs en neige.

8. Versez cette préparation sur le fond de tarte et enfournez à 170 °C (th. 5-6) pendant 45 min. La tarte doit gonfler et dorer. Sortez du four, laissez refroidir et répartissez dessus les rondelles d'oranges confites en rosace avant de servir.

CONSEIL

Les oranges confites sont très fragiles lorsqu'elles sont chaudes. Manipulez-les délicatement et lorsque vous les faites cuire, assurez-vous qu'il n'y ait pas de gros bouillons qui les briseraient.

FRIANDISES

HUMEUR SUCRÉE ? N'OUBLIEZ PAS LES FRIANDISES !

Celles-ci se se cuisinent à l'avance pour être croquées à tout moment de la journée, seules ou accompagnées d'un café ou d'un thé ou même d'un petit verre de vin… les friandises vont avec tout! Tous les prétextes sont bons pour s'offrir une petite douceur !

RECETTE DE BASE

Ce sont les aventures du maréchal Praslin, bien plus que ses faits d'armes, qui firent passer son nom à la postérité. Au fil de ses campagnes, il menait des combats autrement héroïques dans le boudoir des grandes dames. Ses armes, pour obtenir leurs faveurs, étaient aussi innocentes qu'irrésistibles : la mode des chocolats de toutes sortes était lancée ; leur réputation aussi. Voici, pour mettre cette réputation à l'épreuve, une recette de base qui ira droit au cœur des plus difficiles. Si on n'oublie pas que plus les chocolats sont fins, petits et bien moulés, plus il est difficile d'y résister…

QUELQUES CONSEILS AUX ARTISTES CONFISEURS

- *Il faut être soigneux, méticuleux, pointilleux même. Et cela aussi bien pendant le travail de préparation qu'au stade du moulage et de l'enrobage. Les chocolats veulent d'abord séduire l'œil.*
- *Plus ils sont petits, moins on leur résiste : ils doivent être dégustés en une bouchée.*
- *Les ingrédients doivent être de première fraîcheur.*
- *L'apprentissage commence par les bouchées et les truffes qu'on roule dans du cacao, du sucre, etc. L'enrobage de chocolat demande une certaine dextérité.*
- *Il est extrêmement important, pour le chocolat de couverture, d'être travaillé à la bonne température. Un thermomètre de cuisine est indispensable. (Celui utilisé pour la préparation des yaourts, par exemple, en vente dans les magasins d'articles ménagers.)*
- *La température du chocolat qu'on fond ne doit jamais dépasser 32 °C. L'aspect des bouchées est d'autant plus brillant que la couverture aura été refroidie, puis réchauffée souvent.*
- *Le chocolat de couverture ne peut pas être travaillé en quantité moindre que celle indiquée. Il y aura des restes, bien sûr, mais on peut les réutiliser.*
- *Le chocolat de couverture qui a eu trop chaud présente des traces grisâtres quand il est refroidi. Bien que celles-ci n'influencent absolument pas le goût, il est préférable de réserver ce chocolat à un autre usage.*

L'OUTILLAGE DE BASE

Pour découvrir le plaisir de faire des chocolats maison, il est recommandé d'acquérir le matériel du parfait confiseur. Les instruments adéquats facilitent le travail, et les chocolats qu'ils permettent de confectionner peuvent concurrencer ceux des spécialistes. Il faut une grille pour égoutter, une plaque rectangulaire dessous pour récupérer le chocolat et refroidir l'appareil à truffes, et trois « couverts » pour immerger et transporter les chocolats. (Dans les magasins d'articles ménagers).

LA CONSERVATION

Conservés dans de bonnes conditions, les chocolats restent parfaits pendant une dizaine de jours. Dans leur caissette individuelle en papier, ils se gardent dans des boîtes en fer-blanc ou en plastique, ou encore dans des bocaux en verre. Séparez les couches par plusieurs épaisseurs de papier ou un morceau de carton résistant. L'idéal est de les conserver au frais mais pas au froid (dans le bac à légumes du réfrigérateur, par exemple).

LES OPÉRATIONS

Préparation : 20 min
Cuisson : 10 min
Repos : 4 h

LES INGRÉDIENTS

1 gousse de vanille
75 g de beurre doux
250 g de chocolat noir
2 cuil. à soupe de lait
1 cuil. à soupe de très bon whisky
100 g de cacao en poudre

L'OUTILLAGE

– Un couteau pointu
– Une casserole
– 1 cuillère en bois
– 1 moule rectangulaire
– Du film alimentaire
– Des caissettes en papier (3 cm de diamètre environ)

PRÉPARATION ET CUISSON

1

Coupez la gousse de vanille en deux dans le sens de la longueur. De la pointe d'un couteau, retirez les graines se trouvant à l'intérieur. Coupez le beurre en petits morceaux et réservez-le.

2

Concassez le chocolat en petits morceaux et mettez-le dans une casserole au bain-marie avec le lait frais, les graines de vanille et le whisky.

3

Sur feu moyen, mélangez à l'aide d'une cuillère en bois. Lorsque plus de la moitié du chocolat a fondu, retirez la casserole du bain-marie et continuez à mélanger jusqu'à ce que le chocolat ait entièrement fondu.

4

Ajoutez alors le beurre et continuer de mélanger. Lorsque la ganache est homogène, versez-la dans un moule rectangulaire garni de film alimentaire. Vous devez obtenir une épaisseur de 1 cm environ.

5

Placez la ganache au réfrigérateur durant 2 h. Au bout de ce temps, sortez le moule du réfrigérateur et démoulez. Détaillez la ganache en dés d'un peu moins de 2 cm de côté.

6

Roulez ensuite les dés de chocolat dans les paumes de vos mains afin de former des petites boules.

7

Roulez les truffes dans le cacao en poudre. Disposez-les dans de petites caissettes en papier et laissez reposer au frais pendant au moins 2 h avant de déguster.

PREMIÈRE LEÇON : LE DÉCOUPAGE

Même quand on fait ses premiers pas dans le domaine de la confiserie, il suffit d'un peu de précision, d'une règle bien droite et d'un couteau parfaitement aiguisé pour réussir des chocolats irrésistibles.

1 Des chocolats frais à tout moment

Il est en effet parfaitement possible d'avoir toujours en réserve les ingrédients qu'il faut pour les confectionner. La pâte d'amandes s'achète prête à l'emploi chez l'épicier ou dans les grandes surfaces. Une fois l'emballage entamé, enveloppez soigneusement dans de la feuille protectrice. Au réfrigérateur, la pâte d'amandes se garde environ trois semaines. Il faut aussi du sucre glace en quantité suffisante pour pouvoir saupoudrer la surface de travail, les mains et le couteau.

2 Chocolats à la pâte d'amandes

Ce sont les plus simples à faire : la pâte d'amandes a bon caractère. Achetée prête à l'emploi, elle se travaille ensuite très facilement et ne ramollit pas si on la travaille plusieurs fois de suite (au contraire de l'appareil à truffes, qui doit souvent être refroidi en cours de travail pour avoir la fermeté désirée).
Abaissez la pâte d'amandes sur la surface de travail généreusement saupoudrée de sucre glace, à l'aide du rouleau à pâtisserie, lui aussi largement saupoudré, pour éviter que la pâte ne colle. L'abaisse doit avoir de 1 à 1,5 cm d'épaisseur pour qu'on puisse y découper, à l'aide d'un couteau bien aiguisé ou d'un emporte-pièce, des formes au choix : losanges, carrés, trapèzes ou rectangles. Enrobez de chocolat de couverture et décorez à volonté.

3 Bouchées fourrées

Achetez dans le commerce de la pâte pralinée de consistance assez ferme, mais qu'on peut abaisser. Conservez-la, bien enveloppée dans de la feuille protectrice transparente, dans le bac à légumes du réfrigérateur (attention : elle ramollit très vite).
Abaissez la pâte pralinée sur la surface de travail largement saupoudrée de sucre glace, à l'aide du rouleau à pâtisserie lui aussi généreusement saupoudré. Si la pâte ramollit, mettez-la un moment au réfrigérateur pour lui redonner consistance. Lissez la surface et découpez en formes variées, au couteau ou à l'aide d'emporte-pièces au choix. Remettez un moment au frais avant d'enrober de couverture et de décorer.

4 Bouchées en pâte à truffes

Préparez l'appareil à truffes comme dans la recette de base (page 347) et mettez-le au frais. Saupoudrez généreusement de sucre glace et découpez en carrés, en rectangles ou en losanges, ou encore roulez en petites boules. Veillez à vous rafraîchir les mains à l'eau froide avant de les saupoudrer de sucre glace, et travaillez aussi rapidement que possible : l'appareil ramollit très vite et il devient alors difficile de le mouler. S'il fait très chaud dans la cuisine, remettez-le de temps à autre au réfrigérateur pour qu'il ait toujours la bonne consistance.

DEUXIÈME LEÇON : L'ENROBAGE

L'enrobage de chocolat habille les bouchées d'une fine pellicule parfaitement lisse, d'un beau brillant satiné. Il ne reste plus qu'à les décorer pour donner la dernière touche. À moins que l'enrobage ne soit destiné à servir de support à un voile de sucre ou de cacao, ou à une mince couche de chocolat en granulés. Vous n'avez que l'embarras du choix.

CHOISIR LE BON MOMENT

C'est une question d'expérience : pour bien enrober la bouchée, le chocolat doit être refroidi et commencer à se figer ; et si on attend trop longtemps, le décor n'adhère plus. Le bon moment est aussi fonction du décor : le sucre glace ou un nuage de cacao restent collés alors qu'il est trop tard pour du sucre cristallisé ou du chocolat granulé. Plus le décor est léger, plus la couche de chocolat qu'il recouvre peut être durcie.

1

COMMENT RÉUSSIR L'HABILLAGE PARFAIT

Qu'il s'agisse de sucre glace, de cacao, de chocolat en granulés ou de sucre cristallisé, la couche dans laquelle on roule les bouchées doit toujours être épaisse : ils y seront ainsi entièrement plongés et s'enroberont sans trop de manipulations.

LES DÉCORS APPLIQUÉS AU CORNET EN PAPIER

Travaillez les contrastes : décor en chocolat au lait ou noir sur des bouchées enrobées de chocolat blanc ; en chocolat au lait ou blanc sur du chocolat noir : lignes en zigzag, spirales, quadrillage, guirlandes, pointillé, etc. Laissez bien sécher avant d'emballer, pour ne pas abîmer ce qui a été fait avec tant de patience (voir les décors appliqués au cornet aux pages 354-355).

2

1 L'extérieur doit tenir les promesses de l'intérieur

C'est une règle fondamentale en confiserie : le décor doit laisser deviner de quoi est fait le cœur du praliné. Comment varier ce cœur, tel est le propos de la troisième leçon.

2 Les fruits secs

- Cerneaux de noix, amandes et pistaches conviennent aux bouchées à la pâte d'amandes.
- Choisissez du pralin ou des noisettes pour les bouchées fourrées.
- Enfoncez noix, noisettes ou amandes entières dans le chocolat encore malléable.
- Semez le pralin ou les fruits secs hachés ou moulus sur le chocolat avant qu'il ne soit complètement figé.

3

3 Autres décors

Copeaux de chocolat : le losange est plongé dans de la couverture de chocolat au lait, puis garni d'un copeau de chocolat noir (page 332).
Grain de café : bouchée plongée dans de la couverture de chocolat au lait et décorée d'un grain de café.
Surface irrégulière : la bouchée est plongée dans la couverture, puis roulée sur la grille en un mouvement de va-et-vient avant que l'habillage ne soit figé.

4

4 L'enrobage au sucre

Plongez les bouchées dans du chocolat de couverture blanc, égouttez et laissez refroidir juste assez pour que la couverture soit encore malléable. « Enterrez » dans du sucre jusqu'à complet refroidissement du chocolat.

5

6

7

5 Le sucre glace

Plongez les bouchées dans le chocolat fondu, égouttez-les à fond et roulez-les dans une bonne couche de sucre glace, avant que le chocolat soit figé.

6 Le cacao

Plongez les bouchées dans du chocolat de couverture au lait. Égouttez à fond et laissez refroidir juste assez pour que le chocolat soit encore malléable. Procédez ensuite comme avec le sucre glace et ne touchez plus aux bouchées jusqu'à ce que la couverture soit complètement prise, pour éviter que le cacao forme des plaques.

7 Les fruits confits

Ici encore, travaillez les contrastes : enrobage de chocolat blanc et fragment d'écorce de citron vert confite ; chocolat au lait et morceaux d'abricot sec ou moitié de datte colorée ; chocolat blanc et lanières de poire confite.

TROISIÈME LEÇON : DES CHOCOLATS QUI FONDENT SUR LA LANGUE

Les chocolats présentés aux pages précédentes étaient à croquer, avec tout le plaisir que cela comporte. Venons-en maintenant à ces chocolats fondants qu'il suffit de mettre en bouche pour avoir le sourire. Si l'appareil de base ne change guère – il s'agit toujours d'appareil à truffes ou à bouchées à la pâte d'amandes – la forme change et n'est plus symétrique. On se sert de la poche à douille et le résultat… voyons plutôt :

LES TRUFFES

Ce sont des chocolats très délicats, puisqu'ils contiennent de la crème ou du beurre, ce qui limite automatiquement leur conservation. Les truffes fraîches n'en sont pas moins un délice. Voici deux recettes qui ont fait leurs preuves en ne s'écartant guère de la recette de base (page 347). Toutes sont parfumées à l'alcool : eau-de-vie de framboise, de cerise, de poire, de prune ou d'abricot.

PETITES CONFISERIES EN PÂTE D'AMANDES

Plus on ajoute de liquide à la pâte d'amandes, plus elle devient malléable. On peut choisir du rhum, du cognac, de la liqueur de café, de cerise ou d'orange, ou encore du café très fort pour lui donner la consistance voulue. À moins que vous ne préfériez des amandes ou des pistaches moulues très fin, qui donnent à la pâte d'amandes une saveur fort agréable. Il va sans dire que le trou qu'on fait dans le cornet qui servira à appliquer le décor dépend de la consistance de ce dernier.

1 Truffes à la williamine

INGRÉDIENTS POUR 60 TRUFFES

60 caissettes en feuille d'aluminium
600 g de couverture au chocolat noir
250 g de beurre ramolli
80 g de graisse de coco
100 g de sucre glace
250 g de chocolat de couverture au lait
4 à 5 cuil. à soupe d'eau-de-vie de poire (williamine)
50 g de chocolat de couverture au lait

1. Rangez les caissettes côte à côte et remplissez-les de couverture à bonne température.
2. Videz les caissettes en les retournant sur la grille posée sur une plaque.
3. Préparez l'appareil à truffes en mélangeant longuement au mixer (10 min au moins).
4. Incorporez la couverture fondue une nouvelle fois, puis tiédie. Ajoutez l'alcool goutte à goutte.
5. À l'aide de la poche à douille unie, dressez dans les caissettes nappées de chocolat. Laissez prendre pendant quelques heures.
6. Plongez la surface des truffes dans la couverture. Laissez durcir, puis décorez de fins traits avec la couverture de chocolat au lait.

2 Truffes au beurre

INGRÉDIENTS POUR 60 TRUFFES

Appareil à truffes à l'eau-de-vie de poire (ci-contre)
600 g de couverture de chocolat au lait
500 g de sucre

1. Préparez l'appareil à truffes comme dans la recette des truffes à la williamine.
2. À la poche à douille unie, dressez des petites boules sur une plaque chemisée de papier sulfurisé.
3. Mettez au frais pendant toute la nuit.
4. Enrobez de couverture à bonne température, roulez dans du sucre et laissez durcir.

3 Truffes au cognac

Nappez 60 caissettes en feuille d'aluminium, comme dans la recette des truffes à l'eau-de-vie de poire, de couverture de chocolat au lait au lieu de chocolat noir. Préparez l'appareil à truffes (page 347), en ajoutant 12,5 cl de cognac et, dès qu'il est refroidi, travaillez-le en mousse au batteur électrique. À la poche à douille, remplissez les caissettes enrobées de chocolat et laissez durcir toute une nuit. Plongez dans la couverture de chocolat au lait à bonne température et mettez au frais jusqu'à ce que l'enrobage soit figé.

4 Bouchées aux pistaches

INGRÉDIENTS POUR 40 BOUCHÉES

300 g de pâte d'amandes
75 g de pistaches moulues
4 à 5 cuil. à soupe de rhum
500 g de couverture au chocolat noir
20 pistaches pour décorer

1. Mélangez la pâte d'amandes et les pistaches hachées, en ajoutant juste assez de rhum pour obtenir un appareil malléable, comme sur la photo.
2. À l'aide de la poche à douille en étoile de moyenne dimension, dressez des petits tas sur une tôle tapissée de papier sulfurisé.
3. Laissez sécher un jour à température ambiante.
4. Plongez les petits tas séchés dans la couverture fondue, égouttez et laissez durcir sur du papier sulfurisé.
5. Décorez d'un fin quadrillage tracé avec la couverture de chocolat au lait [illegible] de pistache.

LE TRIOMPHE DE L'IMAGINATION

« Petit four, dit le Larousse gastronomique, est le terme générique s'appliquant à des apprêts de pâtisserie et de confiserie très divers, ayant en commun leur taille réduite. » Ces friandises aussi délicieuses que spectaculaires ne sont rien d'autre que des petits morceaux de biscuit ou de pâte d'amandes enrobés d'un glaçage épais et décorés avec art. Le terme de petit four qui, soit dit en passant, s'applique à toutes sortes de petites pièces de pâtisserie (petits fours secs, gâteaux miniatures, fruits déguisés, petits fours salés ou amuse-gueules) remonte à une époque où les pâtisseries de taille réduite étaient cuites « à petit four », c'est-à-dire à four pratiquement éteint, une fois terminée la cuisson des grosses pièces.

RECETTE DE BASE : PETITS FOURS

INGRÉDIENTS POUR 50 PETITS FOURS

1 fond de biscuit rectangulaire (page 65)
4 cuil. à soupe de confiture d'abricots
400 g de pâte d'amandes
500 g de sucre glace
6 cuil. à soupe d'eau

POUR LE GLAÇAGE COLORÉ

6 cuil. à soupe de jus de fruits

POUR LE DÉCOR

25 pistaches décortiquées

1. Tartinez le fond de biscuit de confiture et égalisez les bords.
2. Abaissez la pâte d'amandes aux dimensions du fond de biscuit.
3. Préparez le glaçage avec le sucre glace et le jus de betterave.
4. Le glaçage doit être épais, mais couler le long de la cuillère.
5. Posez les petits fours sur une grille et nappez-les de glaçage.
6. Décorez d'une moitié de pistache avant que le glaçage ne soit figé.

COMMENT DÉCORER LES PETITS FOURS

Voilà un domaine où vous pouvez vraiment laisser libre cours à votre imagination et faire preuve de fantaisie : plus on brode, mieux c'est. Aucune règle de base : les petits fours peuvent se composer de plusieurs couches de biscuit fourrées de pâte d'amandes, mais aussi de confiture ou d'une crème onctueuse. Ils sont ronds, carrés ou en forme d'étoile. La seule chose importante est de préparer le fond de biscuit la veille, pour qu'il ne s'émiette pas quand on le découpe. Vous pouvez colorer le glaçage à volonté avec des couleurs naturelles ou des colorants alimentaires. À moins que vous ne préfériez le laisser blanc et le décorer par la suite. Voici quelques suggestions :

À l'aide d'un cornet en papier et de couverture au chocolat noir, dessinez les contours d'une fleur. Remplissez de couverture au chocolat au lait et posez une goutte de glaçage blanc au centre.

Une bande de glace à l'eau avec une violette cristallisée et une moitié de pistache.

Cerneau de noix dont la moitié a été trempée dans du chocolat, puis roulée dans des pistaches moulues.

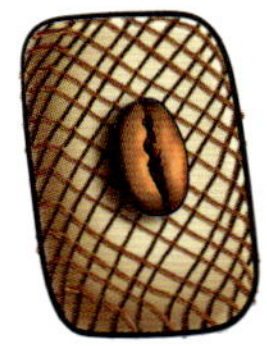

Quadrillage tracé, alternant couverture de chocolat noir et au lait. Au centre, un grain de café.

Quatre pétales dessinés à la couverture de chocolat noir et remplis de chocolat au lait. Le cœur est une goutte de glace à l'eau.

Pétales de violette cristallisés.

La tige de la fleur est tracée avec de la couverture au chocolat noir, la fleur elle-même est un pétale de rose cristallisé, et les feuilles des moitiés de pistache.

Fleur en pâte d'amandes colorée, tige en citron vert confit et nœud tracé avec de la couverture au chocolat noir.

Décor raffiné en couverture de chocolat noir parsemé de pistaches moulues et rehaussé d'un morceau de cerise.

Posez un morceau d'ananas confit sur le glaçage encore mou, tracez une ligne et deux points en chocolat noir.

Pétale de violette cristallisé pour la fleur, chocolat pour la tige et moitié de pistache pour la feuille.

Fleur découpée à l'emporte-pièce dans de la pâte d'amandes colorée. Le cœur est en sucre cristallisé multicolore.

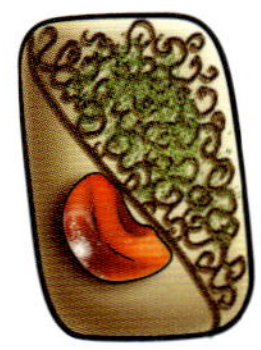

Cerise confite, motif en couverture de chocolat noir et pistaches moulues.

Feuilles de citron vert confit pour une fleur en pâte d'amandes colorée, enrubannée de chocolat noir.

Morceau d'orange confite et fins traits de couverture au chocolat noir.

Petite cerise confite entourée d'une corolle en glaçage au chocolat.

Noisette dont la moitié a été trempée dans du glaçage au chocolat, puis dans des pistaches moulues.

Motif géométrique en chocolat et grain de café.

LES BONBONS SONT LES FRIANDISES PRÉFÉRÉES DES ENFANTS

Et quand ils peuvent les confectionner eux-mêmes, c'est la fête ! Il faut cependant les surveiller pendant qu'ils sont à l'œuvre : le caramel qui en est la base doit être travaillé brûlant, ce qui n'est pas sans danger. Les éclaboussures à elles seules sont méchantes. Pour ne rien dire du doigt qu'on plonge dans le mélange en ébullition pour en vérifier la consistance : il est important de mettre les enfants en garde.

LES GRANDS FAVORIS

Pour les dents, il serait préférable de les sucer plutôt que de les croquer… mais c'est si bon ! Et puis, il y a aussi les caramels mous, qui fondent sur la langue. Leur consistance à tous dépend du degré de cuisson du caramel. Et de la quantité de crème, de beurre ou de lait qu'on ajoute à l'appareil de base. Il suffit de tenir compte des quantités qu'il donne tout en suivant pas à pas la recette de base.

L'OUTILLAGE INDISPENSABLE

- Il faut en tout cas une casserole à fond épais pour préparer le caramel. Elle sera de préférence en acier inoxydable ou, mieux encore, en cuivre (matériaux bons conducteurs) et munie d'un manche plutôt que de petites anses, ce qui permettra de l'éloigner rapidement du feu.
- Une tôle de dimensions moyennes et à bords élevés est indispensable pour couler la pâte à caramels. Tapissez-la de papier sulfurisé. Vous pouvez aussi utiliser un plat à gratin rectangulaire, ou même fabriquer vous-même, sur une planche ou une plaque de marbre, un moule à bords stables en aluminium ménager.

LE PRALIN

Vous pouvez l'acheter tout fait, mais rien n'est plus simple que de le confectionner soi-même. Et c'est tellement meilleur ! Il se conserve pendant plusieurs semaines dans une boîte hermétiquement fermée. Vous pouvez donc toujours en avoir en réserve et il servira en maintes occasions si vous aimez faire de la pâtisserie : pour semer sur les tartelettes, décorer un dessert ou habiller le bord d'un gâteau.

INGRÉDIENTS

10 cuil. à soupe de sucre
4 cuil. à soupe d'eau
100 g d'amandes entières, non mondées

1. Dans une casserole en acier inoxydable ou en cuivre, portez rapidement l'eau et le sucre à ébullition.
2. Laissez cuire à petits bouillonnements jusqu'à ce que le mélange soit d'un beau blond doré et que le thermomètre spécial que vous y plongez indique 150 °C.
3. Ajoutez les amandes et remuez jusqu'à ce qu'elles soient enrobées de toutes parts.
4. Versez sur une plaque de marbre enduite d'huile ou une tôle graissée et laissez refroidir.
5. Écrasez finement au rouleau à pâtisserie.

LES CARAMELS

INGRÉDIENTS

5 morceaux de sucre
1 orange non traitée
300 g de sucre
50 g de miel
5 cuil. à soupe d'eau
2,5 dl de crème
30 g de beurre
Huile de saveur neutre ou huile d'amande pour enduire la feuille de papier sulfurisé qui tapisse la plaque

1. Frottez les morceaux de sucre sur l'orange pour les imprégner de l'arôme du zeste.
2. Chauffez les morceaux de sucre, le sucre, le miel et l'eau, laissez bouillonner à feu vif pendant 2 à 3 min, puis éloignez du feu.
3. Portez la crème à ébullition dans une grande casserole (2 litres au moins, pour éviter les éclaboussures). Ajoutez l'appareil caramélisé. Laissez cuire jusqu'à ce que le mélange prenne une appétissante couleur brune.
4. Incorporez alors le beurre. Éloignez la casserole du feu. Coulez quelques gouttes de pâte à caramels sur une plaque froide froide pour vérifier sa consistance et, le cas échéant, prolongez la cuisson de quelques minutes.
5. Versez sur une plaque tapissée ou de papier sulfurisé huilé et laissez tiédir.
6. Retournez la tôle, enlevez la feuille de protection et, à l'aide d'un couteau huilé, découpez en bandes, puis en morceaux réguliers de la grosseur d'un bonbon.
7. Emballez les caramels refroidis.

DES FRUITS FRAIS EN ROBE ÉCARLATE

Souvenirs nostalgiques des marchés de notre enfance, les pommes d'amour, piquées sur un bâtonnet, croquent sous la dent avant de révéler leur saveur aigrelette. Comme elles sont belles ! C'est presque dommage d'y mordre... Quant aux cerises, enrobées d'un somptueux manteau de chocolat, elles sont irrésistibles.

1 Cerises au chocolat

Il faut choisir de grosses cerises à chair ferme, dont la queue est bien fraîche et verte : c'est très important pour l'aspect de cette délicieuse friandise.

INGRÉDIENTS

500 g de cerises à chair ferme
2,5 dl de cognac
600 g de couverture au chocolat noir

1. Lavez les cerises sans les abîmer et en leur laissant leur queue.
2. Arrosez de cognac dans un récipient haut et étroit et laissez reposer au réfrigérateur pendant deux semaines environ, en veillant à ce que les cerises soient toujours recouvertes d'alcool.
3. Égouttez à fond, puis épongez sur une épaisse couche de papier absorbant.
4. Amenez la couverture fondue à la température voulue.
5. En tenant les cerises absolument sèches par la queue, plongez-les dans le chocolat fondu, puis laissez-les sécher sur une grille ou sur une feuille de papier sulfurisé. Le cas échéant, passez-les une nouvelle fois dans le bain de chocolat.

2 Pommes d'amour

L'enrobage doit être transparent et croquant, et il est essentiel pour cela que le sirop de sucre dont vous nappez les fruits soit à la bonne température, ce qui est à contrôler à l'aide d'un thermomètre spécial (dans les magasins d'articles ménagers). Choisissez des pommes aigrelettes, si possible d'égale grosseur : golden ou reinette, par exemple, qui supportent bien la chaleur et resteront fermes au contact du sirop brûlant.

INGRÉDIENTS

6 pommes
6 bâtonnets
550 g de sucre en poudre
5 cl d'eau environ
1 cuil. à café de colorant alimentaire rouge
1 cuil. à café de vinaigre

1. Lavez les pommes, épongez-les soigneusement, enlevez les queues et remplacez-les par des bâtonnets.
2. Préparez une plaque pour égoutter et parsemez-la de 4 cuil. à soupe de sucre.
3. Dans une casserole en acier inoxydable ou en cuivre, portez l'eau à ébullition avec le sucre, le colorant et le vinaigre.
4. Laissez cuire à petits bouillonnements jusqu'à ce que le thermomètre que vous plongez dans le sirop indique 150 °C.
5. Éloignez aussitôt la casserole du feu. Plongez les pommes une à une dans le sirop coloré, qui doit les enrober de toutes parts.
6. Rangez, tête en bas, sur la plaque saupoudrée de sucre et laissez refroidir.

VARIANTES

Vous pouvez glacer de la même manière toutes sortes de fruits : grains de raisin, quartiers de poire, oranges ou pêches à chair ferme.

MENDIANTS AU CHOCOLAT

Pour 20 mendiants environ
Préparation : 35 min
Réfrigération : 1 h
Coût : €

INGRÉDIENTS

250 g de chocolat (noir, au lait ou blanc)
120 g de fruits secs mélangés de votre choix (noisette, noix, noix de pecan, zeste confit, gingembre confit, raisin sec, abricot sec, figue sèche, etc.)

MATÉRIEL

Papier sulfurisé
Thermomètre de cuisine (facultatif)

1. Faites fondre le chocolat au bain-marie. Si vous avez un thermomètre, évitez que le chocolat ne dépasse la température de 32 °C.

2. Hachez grossièrement les fruits secs. Posez 2 grandes feuilles de papier sulfurisé sur le plan de travail.

3. Avec une cuillère à soupe, formez de 20 à 25 disques de chocolat assez fins (3 à 4 mm d'épaisseur). Au fur et à mesure que vous les formez, parsemez-les de mélange de fruits secs hachés.

4. Laissez les mendiants prendre pendant 1 h dans le réfrigérateur, puis décollez-les du papier. Vous pouvez conserver les mendiants pendant 4 ou 5 jours au frais dans une boîte fermée hermétiquement.

ORANGETTES CONFITES AU CHOCOLAT

Pour 400 g environ
Préparation : 2 h
Cuisson : 45 min
Macération : 6 jours
Séchage : 24 h
Coût : €

INGRÉDIENTS

6 belles oranges
4 kg de sucre en poudre
500 g de chocolat noir râpé

MATÉRIEL

Écumoire
Passoire
Grille à pâtisserie
Papier sulfurisé

1. Avec un couteau bien affûté, épluchez la peau des oranges en évitant de prélever la membrane blanche amère. Rincez les zestes puis égouttez-les. Plongez-les dans une grande casserole d'eau froide et faites-les bouillir pendant 5 min, puis égouttez-les. Répétez 2 fois cette opération.

2. Assemblez 1,5 litre d'eau froide et le sucre en poudre dans une cocotte. Portez à ébullition en remuant constamment. Ajoutez les zestes ébouillantés. Laissez cuire ensuite à tout petit feu pendant 40 min. Écumez avec une petite écumoire. Laissez refroidir complètement. Faites macérer les zestes au réfrigérateur dans leur sirop pendant 6 jours.

3. Égouttez les zestes dans une passoire. Coupez-les en bâtonnets de taille d'un crayon. Étalez ces zestes sur une grille, puis laissez-les sécher dans la cuisine pendant 24 h.

4. Faites fondre le chocolat au bain-marie à faible température. Si vous avez un thermomètre, évitez que le chocolat ne dépasse la température de 32 °C. Plongez ensuite les zestes un à un dans le chocolat, à mi-hauteur, puis posez-les sur du papier sulfurisé. Laissez refroidir un moment avant de servir.

CONSEILS

Pour obtenir des zestes tendres et bien confits, le temps de macération dans le sirop est important. Ne l'écourtez pas. Une fois confits, les zestes peuvent se conserver plusieurs mois : vous pouvez donc en avoir à l'avance dans le réfrigérateur pour ne les enrober de chocolat qu'au dernier moment. Si le sirop cristallise, ajoutez un peu d'eau, refaites bouillir et laissez refroidir.

TRUFFES AU MIEL ET AUX DEUX CHOCOLATS

Pour 30 à 35 truffes
Préparation : 40 min
Réfrigération : 3 h
Coût : €

INGRÉDIENTS

380 g de chocolat noir à 70 % de cacao
20 cl de crème fraîche épaisse
50 g de miel
200 g de chocolat au lait pâtissier

MATÉRIEL

Papier sulfurisé
Film alimentaire
Grille à pâtisserie

1. Râpez finement le chocolat noir. Dans une casserole, portez la crème à ébullition avec le miel, puis sortez aussitôt la casserole du feu. Plongez le chocolat dans la crème et mélangez jusqu'à fonte complète et obtention d'une belle masse brillante.

2. Étalez la ganache dans un plat chemisé de papier sulfurisé et recouvrez-la de film alimentaire. Laissez prendre dans le réfrigérateur pendant 3 h au moins. Faites fondre le chocolat au lait au bain-marie tiède.

3. Démoulez la ganache solidifiée et découpez-la en morceaux, puis roulez-la en boules régulières.

4. Plongez les truffes une à une dans le chocolat au lait, repêchez-les avec une fourchette, puis déposez-les et roulez-les sur une grille avec la fourchette (sans les toucher avec les doigts). Déposez-les sur une assiette. Conservez les truffes dans le réfrigérateur jusqu'au moment de les déguster.

CONSEIL

Pour cette recette, choisissez un miel bien parfumé. Un miel de lavande, par exemple.

GUIMAUVE BICOLORE

Pour 6 personnes
Préparation : 30 min
Cuisson : 10 min
Repos : 4 h
Coût : €

INGRÉDIENTS

7 feuilles de gélatine
3 blancs d'œufs
40 g de miel
250 g de sucre semoule
1 petit verre d'eau
4 cuil. à soupe de coulis de fruits rouges
2 gousses de vanille
100 g de fécule de pomme de terre
100 g de sucre glace

MATÉRIEL

1 fouet
1 casserole à fond épais
1 couteau pointu
1 cadre à pâtisserie carré ou rectangulaire (ou 1 moule)
1 spatule

1. Préparez la pâte à guimauve. Faites tremper les feuilles de gélatine dans un saladier d'eau froide. À l'aide d'un fouet, battez les blancs d'œufs afin qu'ils doublent de volume (ils doivent être blancs et mousseux, mais pas aussi durs que des blancs montés en neige).
2. Mettez le miel, le sucre et un petit verre d'eau dans une casserole. Portez à ébullition jusqu'à ce que vous obteniez un caramel transparent. Si vous possédez un thermomètre, il doit indiquer 130 °C. Égouttez la gélatine et ajoutez-la au caramel.
3. Sans cesser de fouetter les blancs d'œufs, versez le caramel dessus et continuez de fouetter jusqu'à ce que les blancs soient tièdes.
4. Répartissez la pâte à guimauve dans deux saladiers. Dans le premier, mélangez la guimauve au coulis de fruits rouges. Dans le second, mettez les graines des gousses de vanille, récupérées de la pointe de couteau.
5. Versez la pâte au coulis de fruits rouges dans celle à la vanille et mélangez délicatement durant une petite minute. Il ne faut pas rendre la pâte homogène mais simplement mélanger les deux couleurs.
6. Versez la pâte à guimauve dans le cadre à pâtisserie que vous aurez posé sur une feuille de papier sulfurisé (ou dans le moule garni de papier sulfurisé). Égalisez la surface à l'aide d'une spatule et laissez reposer au réfrigérateur pendant 1 h.
7. Démoulez la guimauve et coupez-la en bandes de 4 cm de large, puis redécoupez celles-ci en carrés de 4 cm de côté. Afin que la lame du couteau ne colle pas à la guimauve, passez-la dans l'eau chaude avant chaque découpe.
8. Tamisez dans un saladier la fécule et le sucre glace et enrobez les cubes de guimauve de cette préparation. Tapotez légèrement les guimauves afin de retirer l'excédent de sucre glace.

VARIANTES

Voici d'autres idées d'association de goûts : orange / vanille, fruit de la Passion / citron vert, mangue / myrtilles, orange sanguine / vanille...

PÂTES DE FRUITS BICOLORES

Pour 6 personnes
Préparation : 30 min
Cuisson : 30 min
Repos : 4 h
Coût : €

INGRÉDIENTS

300 g de fraises
500 g de prunes
Le jus de 1 citron jaune
500 g de sucre semoule
50 g de sirop de glucose (à défaut, augmentez la quantité de sucre de 50 g et ajoutez un demi-sachet de pectine de la marque Vitpris, par exemple)
Sucre cristallisé

MATÉRIEL

Moulin à légumes
Thermomètre de cuisson
Moules carrés (environ 15 cm de côté) ou rectangulaires
Spatule
Film plastique

1. Préparez les fruits. Nettoyez et équeutez les fraises. Rincez les prunes, coupez-les en deux et dénoyautez-les. Mettez les fruits dans deux casseroles différentes, et ajoutez un fond d'eau. Portez à ébullition et laissez cuire pendant 10 min à couvert, à feu moyen.

2. Passez les fraises puis les prunes au moulin à légumes muni d'une grille fine. Vous devez obtenir environ 250 g de purée de chaque fruit.

3. Dans deux casseroles, versez les pulpes de fruits et répartissez de façon égale le jus de citron, le sucre et le glucose.

4. Portez à ébullition la pulpe de fraises et laissez cuire de 8 à 10 min. Le coulis doit épaissir et atteindre la température de 106 °C.

5. Versez la pâte de fraises dans un moule recouvert d'un film plastique sur une épaisseur de 1 cm et laissez refroidir 2 h.

6. Faites maintenant cuire la purée de prunes. Portez à ébullition, puis laissez cuire jusqu'à ce que la température atteigne 106 °C.

7. Versez la pâte de prunes sur la pâte de fraises, lissez à l'aide d'une spatule et laissez de nouveau reposer pendant 2 h au réfrigérateur.

8. Coupez la pâte de fruits en bandes de 2 cm puis recoupez celles-ci en carrés de 2 cm et enrobez-les de sucre cristallisé.

À SAVOIR

Pour faire une pâte de fruits, il faut remplacer une grande partie de l'eau contenue dans les fruits par du sucre. C'est pour cela que la température doit dépasser les 105 °C, afin de transformer le sucre en caramel.

BONBONS AU CHOCOLAT ET NOUGATINE AMANDE

Pour 6 personnes
Préparation : 30 min
Cuisson : 10 min
Repos : 3 h
Coût : €

INGRÉDIENTS

50 g d'amandes entières blanchies
100 g de sucre semoule

POUR LA GANACHE

200 g de chocolat au lait avec le taux le plus élevé de cacao que vous puissiez trouver
2 cuil. à soupe de lait frais entier
5 cl de crème liquide
30 g de beurre doux

POUR LA COUVERTURE

100 g de chocolat noir

MATÉRIEL

Couteau éminceur
Thermomètre de cuisson
Papier sulfurisé
Rouleau à pâtisserie
Cuillère en bois
Moules à bonbons
Fourchette à chocolat

1. Commencez par préparer la nougatine. Concassez finement les amandes en vous aidant d'un couteau éminceur.
2. Dans une casserole, mettez le sucre semoule avec un fond d'eau et faites cuire jusqu'à ce que vous obteniez un beau caramel blond doré, voire presque brun (voir conseil). Ajoutez alors les amandes et mélangez rapidement pendant 1 à 2 min.
3. Versez le caramel sur une feuille de papier sulfurisé. Couvrez d'une autre feuille et écrasez la nougatine à l'aide d'un rouleau afin qu'elle soit la plus fine possible. Laissez refroidir. Lorsque la nougatine est bien froide, concassez-la en petits morceaux.
4. Préparez la ganache. Dans un saladier, concassez le chocolat au lait. Faites bouillir le lait et la crème puis versez le tout sur le chocolat. Mélangez à l'aide d'une cuillère en bois. Lorsque la ganache est lisse, ajoutez le beurre et continuez à mélanger.
5. Quand la ganache est bien homogène, ajoutez 5 cuil. à soupe de nougatine. Versez la ganache dans des moules à bonbons. Laissez reposer 2 h au réfrigérateur.
6. Démoulez les bonbons et faites fondre le chocolat noir au bain-marie. En vous aidant d'une fourchette à chocolat, trempez un à un les bonbons dans le chocolat fondu. Disposez-les sur une grille et laissez refroidir 1 h au frais avant de servir.

TABLE DES RECETTES

B

C

P

Q-R

S

T

TABLE DES MATIÈRES

MÉMO POUR MESURER LES INGRÉDIENTS SANS BALANCE

Ingrédients	1 cuil. à café	1 cuil. à soupe	1 verre à moutarde
Beurre	7 g	20 g	–
Cacao en poudre	5 g	10 g	90 g
Crème épaisse	1,5 cl	4 cl	20 cl
Crème liquide	0,7 cl	2 cl	20 cl
Farine	3 g	10 g	100 g
Gruyère râpé	4 g	12 g	65 g
Liquides divers (eau, huile, vinaigre, alcools)	0,7 cl	2 cl	20 cl
Maïzena	3 g	10 g	100 g
Poudre d'amandes	6 g	15 g	75 g
Raisins secs	8 g	30 g	110 g
Riz	7 g	20 g	150 g
Sel	5 g	15 g	–
Semoule, couscous	5 g	15 g	150 g
Sucre en poudre	5 g	15 g	150 g
Sucre glace	3 g	10 g	110 g

PENSE-BÊTE POUR MESURER LES LIQUIDES

1 verre à liqueur = 3 cl
1 tasse à café = 8 à 10 cl
1 verre à moutarde = 20 cl
1 mug = 30 cl
1 bol = 35 cl